PODERES
PARANORMAIS

Dra. Diane Hennacy Powell

PODERES PARANORMAIS

– COMO A CIÊNCIA EXPLICA A PARAPSICOLOGIA

Tradução
Eduardo Rieche

CIP-BRASIL. CATALOGAÇÃO-NA-FONTE
SINDICATO NACIONAL DOS EDITORES DE LIVROS, RJ

P895p Powell, Diane Hennacy
Poderes paranormais / Diane Hennacy Powell;
tradução Eduardo Rieche. – Rio de Janeiro: Nova Era, 2011.

Tradução de: The ESP Enigma
ISBN 978-85-7701-246-6

1. Parapsicologia. 2. Consciência. I. Título.

10-6642

CDD: 133.8
CDU: 133

Título original:
THE ESP ENIGMA

Copyright da tradução © 2011s by EDITORA BEST SELLER LTDA
Copyright © 2009 by Diane Hennacy Powell

Publicado mediante acordo com Walker Publishing Company, Inc., Nova York, EUA.

Texto revisado segundo o novo Acordo Ortográfico da Língua Portuguesa.

Capa: Studio CreamCrackers
Diagramação: editorîarte
Crédito de imagens de miolo: 1. Utilizada sob permissão do Dr. Russel Dewey;
2. Diagrama de Dra. Diane Hennacy Powell; 3. Diagrama de Dra. Diane Hennacy Powell.

Todos os direitos reservados. Proibida a reprodução,
no todo ou em parte, sem autorização prévia por escrito da editora,
sejam quais forem os meios empregados, com exceção das resenhas literárias,
que podem reproduzir algumas passagens do livro, desde que citada a fonte.

Direitos exclusivos de publicação em língua portuguesa para o Brasil
adquiridos pela EDITORA NOVA ERA um selo da EDITORA BEST SELLER LTDA.
Rua Argentina, 171 — Rio de Janeiro, RJ — 20921-380 — Tel.: 2585-2000

Impresso no Brasil

ISBN 978-85-7701-246-6

Seja um leitor preferencial Record.
Cadastre-se e receba informações sobre nossos lançamentos e nossas promoções.

Atendimento e venda direta ao leitor:
mdireto@record.com.br ou (21) 2585-2002

Para minha filha Allie,
cuja presença ilumina a sala,
e à memória da doce Nikki,
minha musa e companheira canina.

SUMÁRIO

Introdução	9
Capítulo 1: A consciência e o cérebro	19
Capítulo 2: Você vê o que eu vejo? Um exame das evidências da telepatia	37
Capítulo 3: Dois corações que batem como um só: gêmeos idênticos e consciências interligadas	61
Capítulo 4: Clarividência: a habilidade da visão remota	77
Capítulo 5: O futuro é agora: evidências de precognição	93
Capítulo 6: A mente sobre a matéria: evidências de psicocinese	113
Capítulo 7: Ela estava fora da mente ou fora do corpo?	133
Capítulo 8: A evolução e as extraordinárias habilidades humanas	165
Capítulo 9: A consciência em compartimentos	189
Capítulo 10: A consciência e a rede da vida	209
Capítulo 11: A essência do tempo	235
Capítulo 12: A soma das partes é maior do que o todo	251
Agradecimentos	283
Notas	285
Índice remissivo	321

INTRODUÇÃO

QUER ACREDITEMOS OU NÃO nos fenômenos parapsíquicos, muitos de nós já enfrentamos situações que nos fizeram pensar sobre o assunto. Pode ter sido alguém que disse estar pensando em nós naquele segundo em que lhe telefonamos, ou vice-versa. Ou uma intuição de escolher um caminho diferente do usual, e descobrir posteriormente que um grande acidente ocorreu na estrada que desistimos de pegar. Talvez tais experiências não ocorram com frequência, mas podem nos deixar com um profundo sentimento de que estamos interconectados, de que podemos estar informados sobre as coisas, mesmo sem compreender como, e de que deve haver mais em nosso universo do que detectamos através dos sentidos habituais.

As pessoas têm acreditado nas habilidades parapsíquicas desde os primórdios dos registros históricos. Certos indivíduos, mais do que outros, relatam experiências com fenômenos parapsíquicos. Considerando que tais experiências normalmente só ocorrem para a maioria de nós de modo espontâneo, muitas culturas desenvolveram ferramentas de adivinhação para acessar as informações parapsíquicas de forma mais imediata. Os dogons, tribo da África Ocidental, jogam conchas de moluscos marinhos em uma cesta e interpretam as configurações. Os chineses inventaram o I Ching, e os sacerdotes egípcios dormiam em templos especiais para ter sonhos proféticos.

Talvez a prática de adivinhação mais famosa tenha sido o oráculo de Delfos, que atraía a atenção de ricos e famosos de todo o mundo grego entre os séculos VI a.C. e IV d.C. O historiador grego Heródoto afirmava que o oráculo falava sob transe, induzido por gases naturais que saíam por entre as pedras. Isso foi considerado um mito até 2001, quando Jelle de Boer, geólogo da Wesleyan University, em Middleton, Connecticut, analisou os gases hidrocarbônicos emitidos pelas fontes próximas ao templo. Ele revelou na revista *Geology* que encontrou etileno em concentrações suficientes para criar um efeito narcótico, que poderia ter sido vivenciado como um estado eufórico de flutuação ou de saída do corpo.

A forma mais disseminada de adivinhação é a cristalomancia (*scrying*, em inglês), oriunda da velha palavra *espreitar* (*descry*), que significa "olhar atentamente", e envolve uma profunda concentração em uma superfície refletora lisa, até que uma imagem apareça. Os antigos gregos procuravam por respostas nas águas de nascente; na antiga Índia, os soldados se debruçavam sobre vasilhas cheias d'água para saber se retornariam das batalhas; os taitianos derramavam água em um buraco em cenas de crime para desvendar a imagem dos culpados. A mais famosa ferramenta de predição do futuro é a bola de cristal, que se tornou um utensílio dos ciganos, dentre outros.

O Velho Testamento e a Bíblia judaico-cristã contêm inúmeros relatos de profetas, mas o Cristianismo baniu todas as formas de profecia, exceto a revelação divina e a astrologia. Com a expansão cristã, muitas formas de profecia caíram em desuso ou se transformaram em práticas subversivas nas regiões cristãs, para que os praticantes não fossem acusados de heresia ou bruxaria. Na Idade Média, os papas ainda consultavam astrólogos em busca de conselhos sobre datas mais propícias para coroações, mas

INTRODUÇÃO

depois que a Revolução Copernicana mudou nosso entendimento sobre os movimentos planetários, a Igreja Católica determinou que a revelação divina era a única forma aceitável de profecia.

A crença cada vez maior dos ocidentais nas habilidades parapsíquicas foi influenciada pelo desenvolvimento do método científico. Durante o Iluminismo do século XVIII, o universo passou a ser visto, cada vez mais, como um sistema mecanicista, só podendo ser acessado com precisão através da observação, do cálculo e da razão. Qualquer coisa associada ao sobrenatural ou aos fenômenos parapsíquicos perdeu a credibilidade.

O ceticismo sobre os fenômenos parapsíquicos foi posteriormente abastecido por escândalos que vinculavam as supostas manifestações de habilidades parapsíquicas a charlatães que se aproveitavam da vulnerabilidade das pessoas. Além disso, quando a psiquiatria surgiu como profissão, os relatos de experiências parapsíquicas passaram a ser frequentemente acompanhados por sinais de pensamento irracional e começaram a ser interpretados como indícios de patologias do cérebro, em vez de dons ou capacidades inatas.

Finalmente, havia a crença de que a mente existe apenas dentro do cérebro. Essa é uma ideia que cresceu desde que François de la Peyronie, cirurgião francês do século XVIII, observou mudanças no comportamento humano que acompanhavam danos cerebrais específicos. Os modelos científicos do cérebro e da consciência que evoluíram nesse contexto histórico não deixavam espaço para os fenômenos parapsíquicos.

O modelo científico está baseado nestes fatos: o cérebro é uma máquina biológica com mais de cem bilhões de neurônios, ou células cerebrais, cada uma delas com uma média de cinco mil conexões com outros neurônios. Os sinais elétricos passam através dos neurônios, causando a liberação de mensageiros químicos, tais como a serotonina e a dopamina, em suas terminações nervosas. Esses mensageiros vão parar nos receptores de neurônios do outro lado da sinapse, ou região entre os neurônios onde se dá a conexão química. Ao receber uma estimulação suficiente dos conectores, os neurônios mandam sinais, através de seus axônios, para outros neurônios. Há um número quase infinito de padrões possíveis de atividade dentro da rede neuronal, e acredita-se que padrões específicos representem conceitos, pensamentos ou memórias. Francis Crick, um dos responsáveis pela descoberta da estrutura molecular do DNA, resumiu esse modelo quando afirmou, "A hipótese mais impressionante é que 'você', suas alegrias e tristezas, suas memórias e ambições, seu senso de identidade pessoal e seu livre arbítrio, nada mais são, na verdade, do que o comportamento de uma grande combinação de células nervosas e suas moléculas associadas".[1]

Embora os cientistas, incluindo Crick, admitam não saber o que é a consciência, ou como ela é produzida, os defensores do modelo atual consideram a consciência um subproduto de um cérebro que consegue acessar novas informações somente por estímulos sensoriais diretos. O corpo tem receptores para o som, o gosto, a visão, o toque, o cheiro e a propriocepção (detecção dos movimentos do corpo e localização espacial), mas não há nenhum disco rígido para acessar as informações sensórias de pontos distantes no espaço e no tempo, isso sem mencionar as informações que são enviadas diretamente de um cérebro a outro. O conceito atual de consciência não consegue abarcar a existência das habilidades parapsíquicas, e, como seres racionais, somos céticos em relação àquilo que não pode ser explicado cientificamente.

Ainda assim, alguns fenômenos parapsíquicos foram medidos e verificados cientificamente. Um exemplo é o trabalho de

INTRODUÇÃO

Adrian Parker e Joakim Westerlund, da Universidade de Gotemburgo, na Suécia. Eles colocaram os "receptores" das informações telepáticas em isolamento e minimizaram os seus estímulos sensoriais, prevenindo, assim, qualquer interferência potencial. Os "transmissores" sentavam-se em uma sala isolada assistindo a um filme, enquanto, simultaneamente, os receptores comentavam quais as informações que lhes vinham à mente. Um registro em tempo real dos comentários dos receptores foi, então, sobreposto ao filme que era transmitido para ser analisado. Um dos participantes descreveu precisamente, em tempo real, uma sequência inteira de eventos, conforme eles aconteciam no filme.[2]

Outro exemplo é a pesquisa do Stanford Research Institute, desenvolvida por Russel Targ e Hal Puthoff, dois físicos especializados em *laser*, que proporcionou informações valiosas para quase todas as ramificações da comunidade de inteligência norte-americana durante a Guerra Fria com a União Soviética. Grande parte do trabalho deles teve por base a visão remota, na qual o transmissor ia para um local secreto e o receptor fazia um desenho daquele local. Um dos melhores receptores era Pat Price, um policial aposentado que ajudara a polícia de Berkeley nas buscas a Patty Hearst. Em sua primeira tentativa de visão remota feita a pedido do SRI, ele alcançou 90% de precisão em seu desenho parapsíquico de um complexo aquático que incluía as dimensões, o tamanho, a localização e a função das piscinas e dos prédios adjacentes.

Apesar de tais experimentos, a comunidade científica ainda questiona a validade dos fenômenos parapsíquicos, exigindo dados de pesquisa que sejam reproduzíveis sob condições rigidamente controladas, de modo a aceitar os fenômenos como verdadeiros. Pelo menos em nível público, a maioria dos cientistas assumiu a posição de que algo tão extraordinário quanto os fenômenos parapsíquicos exige dados igualmente extraordinários.

Uma revisão crítica das informações de laboratório sobre os fenômenos parapsíquicos revela que dados cumulativos teriam sido considerados evidências suficientes em outros campos de pesquisa. Se alguém quer provar a existência da telepatia, um único e convincente exemplo deveria ser suficiente, assim como encontrar um único brontossauro vivo seria prova de que a espécie não está extinta. William James, antigo professor de psicologia de Harvard, partilhava dessa mesma visão sobre as provas consideradas suficientes. Ele descreveu as experiências parapsíquicas como "corvos brancos", e disse que "para se refutar a lei de que todos os corvos são pretos, não é necessário procurar demonstrar que não existem corvos pretos; basta encontrar um corvo branco".[3]

Aplicando a analogia de James para o status da pesquisa científica, muitos pássaros brancos foram localizados. Os cientistas não discutem se eles são brancos, mas apenas se são ou não corvos. É preciso capturar o pássaro branco, inspecioná-lo detidamente, e talvez, até mesmo, testar o seu DNA para provar que se trata de um corvo. Qualquer coisa inferior a isso seria considerada insuficiente para uma revolução científica. A tecnologia avançou a tal ponto que podemos identificar com mais precisão o "pássaro branco" nas pesquisas sobre o parapsiquismo, e ele não se parece muito com um corvo.

Mas a prova da existência de algum fenômeno parapsíquico significaria que teríamos de compreender como ele seria possível, dada nossa compreensão da consciência e do cérebro. Isso nos colocaria diante de um grande desafio, caso o modelo atual fosse completo e os fenômenos parapsíquicos fossem o único mistério. Mas, ao contrário, sabe-se relativamente pouco sobre a consciência. Por exemplo, ninguém conseguiu responder o que foi denominado de "a grande questão" da consciência: como algo tão imaterial como a consciência surge a partir de algo material como o cérebro? O modelo também não explica o livre arbítrio ou nosso sentimento de que há um "eu" que vivencia as coisas. Para além disso, há relatos de sobreviventes de experiências de quase-morte que sugerem que a consciência pode continuar a existir mesmo quando o cérebro para de funcionar, enquanto o paradigma científico atual continua a compreender a consciência como um produto da química e das interconexões cerebrais.

Uma das razões principais para a grande contestação dos fenômenos parapsíquicos pela comunidade científica é que a validação de tais fenômenos significaria uma grande revolução na ciência, semelhante à revolução copernicana, que nos forçou a aceitar o sol como o centro do sistema solar. As revoluções científicas não são assuntos fáceis. Thomas Kuhn, físico e ex-professor de história da ciência no Massachusetts Institute of Technology (MIT), comparou as revoluções científicas às revoluções políticas, e com uma boa justificativa. Elas envolvem muita política. Alguns cientistas fascinados pelo tema afirmaram abertamente que temiam perder sua credibilidade se passassem a investigar os fenômenos psi, o termo técnico para as habilidades parapsíquicas. Como resultado parcial dessas preocupações, hoje em dia existem apenas cinquenta cientistas ao redor do mundo envolvidos em tempo integral com esta área de pesquisa. Mas é o estudo das anormalidades, tais como as experiências parapsíquicas, que fornecerá uma melhor compreensão da consciência.

Quando um cientista dedica sua carreira a estudar as habilidades parapsíquicas, de um modo geral, deve-se a uma experiência pessoal intelectualmente instigante. Um dos muitos exemplos é Hans Berger, o inventor do eletroencefalograma (EEG), usado clinicamente para medir as ondas cerebrais. Berger inventou esse dispositivo como meio de investigar a telepatia, depois de uma experiência extraordinária com sua irmã, que lhe enviou um telegrama dizendo que estava muito preocupada de que algo ruim fosse acontecer a ele. Sua precisão foi impecável. Mais cedo, naquele mesmo dia, ele quase morrera enquanto cavalgava. A oportuna preocupação de sua irmã foi tão impressionante que Berger levantou a hipótese de que os cérebros podem ser capazes de enviar sinais uns aos outros. Pelo fato desse acontecimento ter se passado na época em que o eletromagnetismo era um empolgante e novo campo de investigação, ele pensou que encontraria a resposta desenhando uma máquina que medisse a atividade eletromagnética do cérebro. Embora o EEG não fornecesse nenhuma prova da telepatia, foi de grande ajuda para ampliar nosso entendimento do cérebro.

De minha parte, o interesse existe desde meus treze anos. Por meio de uma amiga próxima, conheci um mágico de circo, famoso especialmente por seus truques de desaparecimento, à moda de Houdini. Na sala de estar da casa da minha amiga, ele fez um número surpreendente. A uma distância de seis metros, do outro lado da sala, o mágico lia, palavra por palavra, o conteúdo de qualquer livro que eu escolhia aleatoriamente entre as centenas de livros das prateleiras. Não havia nenhum espelho às minhas costas, e eu sabia que esses livros pertenciam à minha amiga, não ao mágico. Mesmo que ele tivesse memorizado todos os livros, também teria de ter uma sorte excepcional para adivinhar quais as páginas eu havia escolhido. Não havia nenhuma explicação racional, à época, para o que eu observava, mas isso me despertou uma profunda e permanente curiosidade.

Em certo sentido, eu já estava familiarizada com habilidades mentais extraordinárias. Fui uma criança prodígio em matemática, alguém que poderia estudar na nona ou na décima série aos sete anos de idade. E, aos quatro anos, minha avó era um prodígio musical, conseguindo tocar músicas sem nenhum erro depois de ouvi-las apenas uma vez. Muito depois, fiquei sabendo dos autistas Savant e de outros prodígios cujas habilidades eram bem documentadas, mas, assim como os fenômenos parapsíquicos, não eram explicadas pela compreensão usual da consciência e do cérebro humano.

Meu interesse me levou a estudar neurociência na universidade e a me especializar em neuropsiquiatria na Escola de Medicina da Johns Hopkins University. Durante o curso na Harvard Medical School, conheci uma paciente que alegava ser paranormal. Ela me contou, então, inúmeros detalhes precisos sobre sua vida e fez previsões específicas sobre o meu futuro, todas as quais, no fim das contas, se tornaram verdadeiras. Depois desse encontro, decidi investigar sistematicamente os fenômenos parapsíquicos. E, ao longo dos últimos vinte anos, consegui ter insights valiosos de pacientes que compartilharam detalhes de suas experiências parapsíquicas.

Poderes paranormais apresenta um resumo das pesquisas sobre as quatro habilidades parapsíquicas básicas: telepatia (a habilidade de acessar a consciência de outras pessoas); psicocinese (a habilidade da intenção consciente agir diretamente sobre o corpo físico); clarividência (a habilidade de ver algo remotamente no espaço ou no tempo), e a precognição (a habilidade de acessar o futuro). Alguns estudos tomaram por base grandes grupos de pessoas, sob a hipótese de que as habilidades parapsíquicas podem ser uma capacidade inata em todos nós. Outros pesquisaram indivíduos que pareciam possuir tais habilidades em níveis extraordinários.

O livro também se concentra em outra questão: como os fenômenos parapsíquicos são possíveis? Houve avanços suficientes na ciência nos últimos vinte anos, de sorte que, agora, podemos propor um mecanismo aceitável que explique essa possibilidade de ocorrência. O novo modelo do cérebro e da consciência tem o potencial de reformular não apenas nossas atitudes em relação aos fenômenos parapsíquicos, mas também a compreensão de nossas próprias mentes.

Capítulo 1

A CONSCIÊNCIA E O CÉREBRO

As maiores atividades da consciência têm suas origens nas ocorrências físicas do cérebro, da mesma forma como as mais lindas melodias, por mais sublimes que sejam, são expressas em notas.

— W. Somerset Maugham

Todos nós experienciamos a consciência, ainda que ela continue sendo um dos maiores mistérios da vida. As pessoas discordam, até mesmo, quanto às questões fundamentais: o que é a consciência? De que ela é feita? Ninguém pode afirmar com certeza, a não ser defini-la como o fluxo de pensamentos e sensações que vivenciamos enquanto acordados. Tal definição deixa sem resposta a primeira questão, relativa à sua essência. Nossos pensamentos são tão efêmeros quanto o pó das fadas. Eles emergem dos profundos reservatórios de nossa consciência, mas serão tais reservatórios uma forma de energia, algo material, outra força da natureza, ou alguma coisa completamente diferente?

Outras questões polêmicas são: o cérebro realmente cria a consciência? Ou ele meramente a processa, transmutando-a em suas inúmeras formas? E como as nossas experiências internas do mundo, moldadas por nossos cérebros, se relacionam de fato com a realidade externa? Nossos órgãos sensoriais e nossos cérebros nos limitam a uma pequena parte do amplo espectro de sons e visões, mas será que eles nos limitariam também de outras maneiras desconhecidas?

Filósofos e teólogos fizeram essas perguntas por milênios, inicialmente no contexto dos paradigmas que tornaram possíveis os fenômenos parapsíquicos. Mas ao longo do século passado os questionamentos levaram os neurocientistas a desenvolver um padrão que considera ser impossível a existência desses fenômenos. Ainda assim, no século passado, descobertas na física subatômica propiciaram um enquadramento conceitual para os fenômenos parapsíquicos, embora muitos estudiosos da consciência não tenham incorporado tais descobertas aos seus pensamentos.

As questões sobre a consciência são a base deste livro, e as teorias que sustentam as respostas determinam amplamente o grau de facilidade ou de dificuldade com que os fenômenos parapsíquicos são aceitos. Quando se analisa a evolução das teorias, percebe-se que, normalmente, os fatos conduzem a teorias, mas, por outro lado, as teorias também norteiam o que pode ser admitido como fato. Num plano ideal, as teorias e os fatos evoluem conjuntamente, e novos modelos surgem para incluir fatos derivados de antigas hipóteses, enquanto ideias ultrapassadas são descartadas pelo advento de novas informações. As pessoas podem ter dificuldades em separar as hipóteses dos fatos. Quando estiver lendo este livro, pense sobre o que você realmente sabe e como você sabe. Algumas crenças podem se revelar meras suposições.

MONISMO *VERSUS* DUALISMO

Os filósofos dividem as formas de se entender a consciência em duas categorias básicas: o monismo e o dualismo. Quase todos os acadêmicos dedicados ao estudo da consciência se alinham a um desses dois campos.

No monismo, um conjunto universal e unificado de leis dá sustentação à natureza. Os domínios mental e físico não podem ser separados, pois são uma única coisa. O mentalismo, a forma mais antiga de monismo, entende o intelecto como a única coisa real. O mentalismo data de milhares de anos, tendo surgido com os primeiros filósofos orientais. Eles estudavam a consciência por meio de técnicas de meditação que propiciavam experiências diretas de vários níveis de percepção. A crença hindu e budista de que tudo é pura consciência provém de experiências místicas tão poderosas que, sob o ponto de vista dessas religiões, revelam a "verdadeira realidade". Segundo essa visão, nossa percepção usual do mundo é ilusória, e todas as coisas são, na verdade, "uma só", ou inseparáveis.[1] Tal perspectiva não apenas aceita os fenômenos parapsíquicos; ela os torna bastante prováveis, uma vez que não há diferença ou separação entre as realidades interna e externa de um indivíduo. Tudo é, simplesmente, um produto de nossas mentes e, portanto, tudo é possível.

No dualismo, o mental e o psíquico estão separados e são radicalmente contrários um ao outro. Assim como a relação entre o monismo e as religiões orientais, o dualismo foi um componente das religiões ocidentais. Tanto Platão quanto Aristóteles eram dualistas e tiveram grande influência sobre as religiões ocidentais. Platão foi um dos primeiros a propor que somos almas aprisionadas em nossos corpos.

René Descartes é outro dualista famoso. Em 1641, ele formulou uma distinção entre mente-cérebro que provinha das diferenças qualitativas entre a experiência consciente e a matéria física. A consciência parece, de fato, imaterial e diferente de todas as outras coisas do mundo físico. Além disso, durante a experiência da consciência, temos a sensação irrefutável de que existe um "eu" que testemunha e influencia nossos pensamentos. Também sentimos que há um mundo separado e externo, e que temos livre arbítrio para interagir com ele.

Descartes identificou a glândula pineal como o lugar no cérebro onde a alma, ou a mente, poderia tangenciar e afetar o mundo físico.[2] O dualismo de Descartes é altamente compatível com os fenômenos parapsíquicos e com os vários relatos de paranormais, de que suas consciências deixam seus corpos para acessar informações ou influenciar o mundo físico. Sua teoria dualista perdurou por séculos, já que se adequava confortavelmente a muitas perspectivas religiosas.

Mas, dentro da ciência, o dualismo de Descartes guardava uma grande deficiência. A teoria de Descartes foi alvo de comentários sarcásticos, como o do filósofo britânico Gilbert Ryle, que, em 1949, afirmou haver um "fantasma na máquina". Em seu livro *The Concept of Mind*, Ryle argumentou que os sistemas dualistas como o de Descartes eram absurdos, pois não havia meios do corpo e da mente interagirem. Para Ryle, a teoria de Descartes significava que o corpo era uma máquina biológica magicamente controlada por uma alma, ou um "fantasma".

William James foi outro dualista importante. Ele realizou experimentos pessoais com o óxido nítrico, ou gás hilariante, com o qual ele sentia a consciência se libertar do corpo. Isso o levou a questionar publicamente, em 1898, se o cérebro de fato produzia a consciência. Na seguinte afirmação, ele propõe que o cérebro poderia ser apenas um meio de transmissão da consciência:

> Da mesma forma como um prisma altera a luz branca captada para formar o característico espectro de cores, mesmo não sendo ele a fonte da luz; e assim como o comprimento dos tubos de um órgão determina os sons produzidos, embora não sejam, eles próprios, a fonte do ar, o cérebro pode ter uma função permissiva, transmissiva ou expressiva, em vez de unicamente produtiva, em termos de pensamentos, imagens, sensações e de outras experiências que comporta.[3]

Aldous Huxley disse quase a mesma coisa em 1954.[4] Ele era outro dualista que entendia o cérebro como um filtro que, antes de mais nada, bloqueia a consciência, em vez de efetivamente gerá-la. Para ele, a função do cérebro é unicamente a de permitir o registro e a expressão de uma porção limitada da realidade, que poderia ser expandida durante os estados alterados de consciência, como a meditação e os sonhos.

Mais ou menos na mesma época de Descartes, uma segunda forma de monismo, o monismo neutro, foi sugerido pelo filósofo Baruch de Spinoza. Para esta linha de pensamento, tanto o nível mental quanto o físico são redutíveis a uma terceira entidade, chamada de "Deus" ou "natureza". Pelo fato de o monismo neutro descrever o mistério abstrato da consciência em termos de outro mistério abstrato, ele se mostra insatisfatório para aqueles que buscam respostas concretas. No que tange aos fenômenos parapsíquicos, a teoria não é nem compatível nem incompatível com eles. Ela não os inclui, mas tampouco os exclui.

O terceiro e mais recente tipo de monismo é a perspectiva partilhada pela maioria dos neurocientistas. O materialismo assume que somente o mundo físico é real, e que a mente pode ser reduzida ou equiparada a algo físico. Os materialistas concordam com W. Somerset Maugham quando ele diz que nossos cérebros produzem os fluxos de consciência que podem nos conduzir a uma ilha tropical imaginária ou nos fazer lembrar vividamente do Dia de Ação de Graças na casa de nossas avós quando tínhamos 11 anos de idade. Em *A hipótese espantosa*, Francis Crick expressou sua crença de que nossa consciência e nosso senso de "eu" resultam estritamente de processos cerebrais químicos e elétricos. Por estar em desacordo com muitas crenças dos não cientistas, Crick a chamava de "uma hipótese espantosa". Os fenômenos parapsíquicos não são possíveis dentro do materialismo, porque não há mecanismos dentro de um cérebro para permitir que duas consciências se comuniquem a distância. O materialismo também não admite que alguém consiga prever o futuro, influenciar o mundo físico apenas com uma intenção.

A ASCENSÃO DO MATERIALISMO

O materialismo se tornou o principal modelo acadêmico da consciência, por conta de evidências irrefutáveis que ligavam o cérebro à consciência. Lesões no cérebro podem causar a perda da consciência. Derrames no tronco cerebral podem levar uma pessoa ao estado de coma. Além disso, ataques epiléticos do tipo "grande mal" levam a uma perda temporária da consciência, que sempre é acompanhada por mudanças específicas no EEG do indivíduo.

Danos bastante discretos ao cérebro levam a alterações específicas da experiência da consciência. Por exemplo, um pequeno derrame na área do córtex visual que processa a cor (V4) faz com que vejamos o mundo como se tivéssemos entrado em um filme em preto e branco. O neurologista Oliver Sacks relatou o caso de um paciente cujo dano à área V4 levara-o a perder interesse no sexo, pois a pele de sua mulher lhe parecia cinza, como se ela estivesse morta. A comida lhe parecia pouco atraente porque também era cinza, uma cor que, naturalmente, associamos à deterioração.

Um derrame na área cortical denominada MT elimina especificamente a habilidade de perceber os movimentos. Como resultado, qualquer objeto móvel é visto como uma série de imagens estáticas, e a pessoa com derrame nessa área não consegue aferir a velocidade com que um objeto está se movendo. O neurologista V. S. Ramachandran descreveu a maneira pela qual isso impacta a vida de uma pessoa. Uma paciente com derrame na área MT ficou com medo de cruzar as ruas sempre que havia algum carro na pista, e quando ela se servia de alguma bebida, seu copo transbordava.

Algumas estruturas cerebrais estão intimamente envolvidas com o conteúdo de nossos pensamentos conscientes. Por exemplo, os hipocampos são necessários para consolidar a memória de longo prazo. Se eles forem danificados, a pessoa fica congelada no tempo. Embora seja capaz de se lembrar de tudo o que aconteceu antes da lesão, é incapaz de formar novas memórias. A pessoa pode parecer normal à primeira vista, mas se lhe perguntarmos sobre algo que aconteceu há apenas alguns minutos, não terá nenhuma memória disso.

Ela não vai confessar que esqueceu, pois esses pacientes tendem a confabular ou a inventar alguma coisa para responder às nossas perguntas. Eles não são mentirosos. O cérebro cria informações nas quais ele verdadeiramente acredita. É uma estratégia análoga ao preenchimento automático dos pontos cegos de nosso campo de visão, que o cérebro executa para que não vejamos áreas escuras. Quando o paciente está vivendo em uma descontinuidade temporal progressiva, seu cérebro passa a confabular, como forma de preservar o senso de que seu fluxo de consciência permanece contínuo.

Outra evidência da conexão entre o cérebro e a consciência é a reprodução de experiências conscientes específicas por estimulação elétrica direta de áreas cerebrais. Durante os anos 1940 e 1950, o neurocirurgião canadense Wilder Penfield mapeou várias regiões do cérebro aplicando estímulos elétricos direto em células nervosas dentro da sala de operações, antes de remover os tecidos cerebrais lesionados. Pelo fato do cérebro não ter receptores para a dor, ele conseguia manter os pacientes acordados e perguntar-lhes sobre suas experiências durante a estimulação. Entre outras descobertas, Penfield mapeou as regiões chamadas de homúnculos, ou "homenzinhos", localizadas na parte central em ambos os lados do cérebro. A porção posterior do homúnculo recebe o estímulo sensorial (toque, dor, vibração, senso de localização, temperatura) do corpo, e a porção anterior está encarregada da resposta motora ou muscular.[5]

Quando os neurocirurgiões estimulam repetidas vezes uma área específica do cérebro no mesmo paciente, por exemplo, com uma canção do Led Zeppelin, eles evocam sempre a mesma memória. Os neurocirurgiões também utilizaram eletrodos para registrar as condições sob as quais as células cerebrais entram em atividade elétrica, ou "disparam". Neurônios específicos no hipocampo disparam quando se mostra a um paciente um determinado rosto, como o de Bill Clinton ou o de Jennifer Aniston. O neurônio parece estar comprometido com aquele único rosto, e não disparará para outros estímulos visuais. De forma ainda mais surpreendente, ele disparará quando forem mostradas ao sujeito imagens de vários ângulos e de várias épocas, desde que sejam da mesma pessoa. É como se a célula cerebral fosse parte de uma rede que tem uma concepção de "Bill Clinton" ou de "Jennifer Aniston".

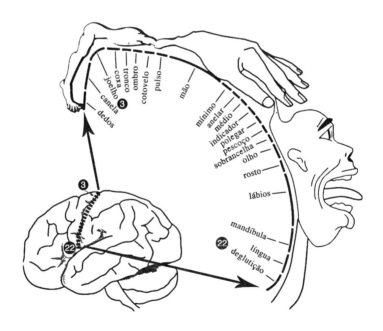

Figura 1. O homúnculo, baseado no diagrama de Penfield. As localizações no cérebro correspondem a partes do corpo, tais como o joelho (3), e também a atos motores, como a deglutição (22).

O reforço da visão materialista de que o cérebro cria a consciência provém de estudos de neuroimagem, que revelam quais as áreas cerebrais ativadas durante a execução de determinadas tarefas.[6] Os setores cerebrais ativados durante a operação de adição são diferentes daqueles utilizados quando se traz à memória todas as palavras que começam com r. Os cérebros também mostram padrões diferentes quando nos lembramos de algo ou quando estamos inventando ou mentindo. Aliás, as ressonâncias magnéticas funcionais (IRMfs) foram criadas para a detecção de mentiras. As pessoas podem vivenciar coisas imaginárias como se elas fossem verdadeiras, e estudos mostram que as mesmas áreas cerebrais são ativadas quando elas vivem de fato tais experiências. A neuroimagem também apresenta um padrão característico nos estados de humor normal, deprimido, maníaco, sob o uso de drogas ilícitas ou triste.

O DIFÍCIL PROBLEMA DA CONSCIÊNCIA

O cérebro tem uma importância fundamental na formatação de nossas experiências conscientes, mas isso é diferente de afirmar que ele cria a consciência, embora o paradigma materialista assuma isso. O professor de filosofia David Chalmers chamou essa inabilidade de entender como algo tão imaterial como a consciência poderia surgir do cérebro de "o difícil problema da consciência". A ausência de qualquer resposta para o difícil problema cria um elo perdido no paradigma materialista.

A primeira abordagem para descobrir esse elo foi procurar algo relacionado ao cérebro que o tornasse único, diferenciado de outros órgãos, de modo que pudesse ser considerado a fonte exclusiva da consciência. Mas as células cerebrais têm mais coisas em comum com as outras células do que diferenças. Todas as células dos mamíferos têm núcleos que contêm o mesmo material genético das células cerebrais. As células dos mamíferos, exceto pelo esperma, contêm mitocôndrias que lhes fornecem energia; todas apresentam membranas que mantêm o conteúdo interior intacto mesmo quando interagem com outras células; e a maioria delas têm, em volta de suas membranas, receptores para substâncias químicas que influenciam a atividade celular. De fato, várias células fora do cérebro apresentam receptores para neurotransmissores, tais como a serotonina, o mensageiro químico que ficou famoso com o aparecimento do Prozac.

O que, então, torna o cérebro diferente das outras partes do corpo? As células cerebrais se diferem das outras por apresentarem atividade elétrica, também denominada potencial de ação, que percorre os axônios, ou as finas extensões que se irradiam desde o corpo da célula cerebral para estabelecer conexões com outras células. As únicas células fora do sistema nervoso que funcionam por atividade elétrica são as células do coração, que coordenam sua atividade umas com as outras para produzir a contração muscular daquele órgão. Ao contrário das células cardíacas, as células do cérebro são isoladas umas das outras por camadas de gordura, cuja função é conduzir a eletricidade com mais rapidez e ter mais seletividade quanto à atividade elétrica que as afeta. Se as células cerebrais disparassem de um modo ondulatório, como fazem as células do coração, essa atividade anormal causaria um curto-circuito.

Outra diferença entre as células cerebrais e as cardíacas é que estas últimas geram sua corrente elétrica sem estimulação, ao passo que as células do cérebro exigem estimulação. Uma única célula do coração isolada em laboratório terá uma pulsação própria, enquanto uma célula do cérebro apresentará atividade elétrica somente em resposta à estimulação externa, que pode ser de uma sonda elétrica ou de outra célula do cérebro.

A maioria dos estímulos provêm de outras células cerebrais, mas alguns provêm da interação com os sistemas sensoriais. Ao contrário das células da maior parte dos órgãos, que se conectam somente com células adjacentes, as células cerebrais podem apresentar uma infinidade de conexões. Por exemplo, os neurônios da parte frontal do cérebro podem se conectar com seus vizinhos, com os neurônios da parte traseira do cérebro e com vários outros neurônios que estejam no caminho.

Por conta das diferenças de conectividade entre as células cerebrais, cada uma tem sua própria identidade, da mesma forma com que certas pessoas derivam grande parte de seu senso de "eu" das relações que mantêm com os outros. Pode haver uma considerável sobreposição entre os amigos que eu compartilho com meu melhor amigo, mas também há diferenças entre nós quanto a quem conhecemos e com que frequência nos comunicamos com eles.

Ao contrário das células de outros órgãos, as conexões entre as células cerebrais podem sofrer mudanças significativas. Novas conexões são formadas quando aprendemos coisas novas. As lesões também podem alterar as conexões. Se alguém fica cego, algumas das células do córtex visual podem ser recrutadas por outro sentido, como o tato, e elas podem fortalecer aquele outro sentido para além de sua capacidade usual.

Qualquer que seja a fonte da consciência humana, ela deve ser complexa. O cérebro certamente satisfaz esses requisitos. Grande parte de sua complexidade provém do enorme número de conexões potenciais entre suas células. O cérebro tem aproximadamente 100 bilhões de neurônios, cada um deles apresentando de mil a dez mil conexões, em ligações chamadas sinapses. O número estimado de permutações possíveis ou de combinações de atividade cerebral dentro desta rede excede o número de partículas elementares no universo.[7]

Outra fonte de complexidade é a enorme variabilidade de conexões entre as células do cérebro. Algumas células cerebrais se conectam por meio de uma sinapse elétrica direta, mas grande parte das conexões é feita por neurotransmissores, os mensageiros químicos que passam de uma célula à outra nas sinapses químicas. Há mais de cem neurotransmissores e múltiplos subtipos de receptores para cada um deles. A serotonina, a norepinefrina e a dopamina são os neurotransmissores mais usualmente citados, pelo fato de sofrerem a ação dos antidepressivos, embora não sejam os mais abundantes.[8] Entre os neurotransmissores mais onipresentes, estão o GABA e o glutamato. O GABA diminui a probabilidade de disparo de uma célula em conexão, enquanto o glutamato é excitatório e aumenta o potencial de disparo da célula seguinte.

O cérebro é uma rede de inúmeros interruptores, que ligam e desligam. Em resposta aos estímulos cumulativos, os neurônios podem disparar ou não. Para que um neurônio dispare, é preciso que atinja um patamar, mas, quando ele dispara, o resultado permanece o mesmo. Não importa se o patamar foi ultrapassado em maior ou menor grau. Esse processo de tudo-ou-nada fez os cientistas computacionais se lembrarem de seu código binário, para o qual se escreve 0s (desligado) e 1s (ligado). Isso levou a psicologia cognitiva a desenvolver e abarcar uma "teoria computacional da mente", que entende o funcionamento do cérebro como um computador digital biológico.

A teoria computacional da mente ajuda a entender razoavelmente alguns aspectos funcionais do cérebro, mas ela não dá conta do aspecto empírico da consciência. Em outras palavras, ela não responde como podemos experienciar os gostos, cheiros, visões ou sons do mundo à nossa volta. Como sentimos a cor fúcsia, o cheiro de uma madressilva ou o gosto de um pão de alho? De onde vem o "eu", dono dessas sensações, e onde ele reside? Como os nossos cérebros assimilam estímulos sensoriais distintos em uma experiência multissensorial e os combinam de modo que os experienciemos como uma coisa externa, em vez de algo que acontece dentro de nossas mentes?

Uma das principais diferenças é que os computadores podem tomar decisões de acordo com a lógica, mas eles não podem vivenciar o livre arbítrio ou a sensação de controle sobre decisões que serão tomadas. Eles agem como um algoritmo predeterminado. Mesmo que a aleatoriedade esteja implícita no algoritmo para lhe conferir alguma imprevisibilidade, não se trata da mesma coisa que o livre arbítrio. O conceito do cérebro como uma rede biológica que funciona como um computador sugere que somos apenas "zumbis", ou autômatos, sendo esta uma das principais desvantagens do modelo.

Se a explicação de como o cérebro material pode criar uma consciência aparentemente imaterial é o "difícil problema", qual é o problema fácil? Os cientistas se sentem razoavelmente confiantes de que irão localizar a região cerebral responsável pela experiência consciente, em oposição às regiões cuja atividade permanece inconsciente. Os lobos temporais, certa vez, foram identificados como os sítios do conhecimento consciente, por sua associação com o simbolismo, que é importante para uma considerável parcela de nosso raciocínio. Entretanto, isso não deve estar correto, porque as pessoas cujos lobos temporais foram removidos devido a tumores ou à epilepsia ainda parecem estar inteiramente conscientes. Francis Crick propôs outra área do cérebro como potencial, especialmente porque sua função ainda é desconhecida, mas atribuir uma utilidade à revelia não é algo satisfatório. Portanto, identificar o local em que a experiência consciente de fato ocorre ainda permanece uma questão bastante discutível.

A questão fácil se tornou mais complicada quando cientistas britânicos e belgas estudaram o cérebro de uma mulher que havia sofrido sérias lesões cerebrais em um acidente de carro.[9] Ela estava em estado vegetativo, no qual conseguia abrir os olhos, mas não era capaz de responder fisicamente a visões, sons ou toques. Ainda assim, quando lhe pediam para imaginar que estava jogando tênis, a ressonância magnética funcional de seu cérebro mostrava os mesmos padrões de uma pessoa normal: as regiões ativadas eram aquelas responsáveis pelos movimentos. As áreas associadas ao deslocamento no espaço e ao reconhecimento de ambientes se tornavam mais ativas quando lhe pediam para imaginar a sala de visitas de sua casa. Antes desse estudo, acreditava-se que as pessoas em estado vegetativo não estavam conscientes. No momento, os cientistas estão revendo sua definição de consciência.

O PRÓXIMO PASSO PARA ENTENDER
A CONSCIÊNCIA

Considere a seguinte analogia: em um nível, entendemos tanto a música quanto a consciência ao vivenciá-las. Mas tentar entender a consciência pela investigação da matéria cinzenta que está em nossas cabeças é a mesma coisa que tentar compreender a música desmontando CD players e analisando suas partes constituintes. É por isso que alguns neurocientistas estão, agora, trabalhando em conjunto com experientes meditadores que dedicaram suas vidas ao aprofundamento da experiência da consciência.

Se o que queremos compreender é como os CD players conseguem reproduzir músicas, precisamos ter conhecimentos de física, incluindo os ramos que se dedicam ao *laser* e aos computadores. Acredito que é igualmente impossível compreender a relação entre o cérebro e a consciência sem atentar para a física moderna, que estuda a essência da matéria e da energia e suas interações nos níveis atômico e subatômico.

O cérebro é composto por átomos, e, portanto, os princípios da física quântica estão operando em nosso cérebro, embora a maioria dos neurocientistas ainda tenha de dar a devida importância aos princípios quânticos. Mas um modelo que reconheça que a física quântica também opera em nossos cérebros pode explicar muitos dos indecifráveis mistérios da consciência. Em outras palavras, a física quântica pode fornecer, simplesmente, o elo que falta para explicar a relação entre algo tão imaterial quanto a consciência e algo tão material quanto o cérebro.

A maioria dos neurocientistas e psiquiatras está acostumada a interpretar certas síndromes absolutamente estranhas como um resultado de disfunções cerebrais, e muitas síndromes hoje em dia aceitas como autênticas foram, a princípio, mal interpretadas ou, de um modo geral, descartadas. Presumo que, por fim, os fenômenos parapsíquicos serão igualmente aceitos, desde que haja informações suficientes sobre eles. E se ficar provada a validade dos fenômenos parapsíquicos, eles poderão servir tanto como indícios quanto como confirmação desse modelo desenvolvimentista do funcionamento cerebral.

Capítulo 2

VOCÊ VÊ O QUE EU VEJO? UM EXAME DAS EVIDÊNCIAS DA TELEPATIA

Outro componente determinante dos sonhos que merece ser mencionado é a telepatia. A autenticidade desse fenômeno não pode mais ser posta em dúvida hoje em dia. Com certeza, é muito fácil negar a sua existência sem examinar as evidências, mas esse é um procedimento pouco científico que não merece crédito. Descobri, pela experiência, que a telepatia de fato influencia os sonhos, como vem sendo afirmado desde os tempos mais remotos. Certas pessoas são particularmente sensíveis a esse respeito. (...) O fenômeno, indubitavelmente, existe, embora a teoria que o fundamenta não me pareça tão simples.

— C. G. JUNG, IN
A UTILIZAÇÃO PRÁTICA DA ANÁLISE DOS SONHOS (1934)

O TERMO *TELEPATIA* PROVÉM do grego *tele-*, que significa "distante", e *pathos*, que significa "sentimento". A telepatia é a habilidade de sentir a distância, e envolve a comunicação entre duas mentes sem o uso de meios visuais, táteis ou auditivos. Em alguns casos, ela é descrita como uma "transmissão de pensamento".

Observou-se que a telepatia é mais comum entre pessoas que guardam entre si um forte vínculo social e um alto grau de intimidade. Isso significa que as barreiras que as pessoas impõem à intimidade podem ser também barreiras à telepatia. Um dos relacionamentos íntimos no qual não há nenhuma barreira é entre mães e seus filhos recém-nascidos. De fato, as mães geralmente mencionam um senso de conexão telepática com seus filhos pequenos, especialmente com crianças que são jovens demais para terem criado seus próprios sensos de identidade ou de limites pessoais.

As situações mais comuns que suscitam comunicação telepática espontânea parecem ser as que envolvem ameaça a um dos membros da relação íntima. O psiquiatra Ian Stevenson afirma que de 50% a 80% de tais comunicações ocorrem durante uma crise séria.[1] Outra origem comum é quando há um segredo ou algo que a outra pessoa está tentando esconder. Há vários casos curiosos de mães que sabem quando seus filhos estão em dificuldades e de esposas que suspeitam convenientemente de seus parceiros quando eles as estão traindo. Mas seria isso telepatia, intuição ou a detecção de pistas sutis?

Em uma família bastante unida, adivinhar o que o outro está pensando pode acontecer até mesmo nos assuntos mais mundanos. Berthold Schwarz, psiquiatra, mantinha um diário sobre as coincidências que ocorriam em sua família e que lhe remetiam à telepatia, tendo escrito sobre isso no livro *Parent-Child Telepathy*.[2] Um dos tipos de coincidência era quando seus filhos deixavam escapar um comentário como se estivessem respondendo diretamente ao que os pais estavam pensando.

Muitos de nós podemos nos identificar com os exemplos acima, mas eles não interessam aos pesquisadores, por não serem exemplos dramáticos ou evidentes da existência do fenômeno. Das experiências telepáticas espontaneamente mencionadas, aproximadamente 65% ocorrem durante os sonhos.[3] Isso sugere que o estado de sono pode contribuir para a recepção de informações telepáticas, e, portanto, os sonhos vêm desempenhando um papel histórico na investigação da telepatia.

A correlação entre sonhos e fenômenos parapsíquicos tem sido observada há milhares de anos. As antigas culturas orientais acreditavam que nossa consciência saía de nossos corpos durante os sonhos, acessando, assim, informações de outras localidades e outros domínios. Muitos psicanalistas junguianos acreditam na telepatia e consideram que os sonhos, carregados de símbolos, são a chave do mistério para nossa mente inconsciente, que é um portal das informações telepáticas.[4] De qualquer forma, a correlação entre a telepatia e o sonho resulta de um afastamento da consciência de vigília normal. Os sonhos exploram o mundo usualmente inacessível de nosso inconsciente, um mundo rico de conteúdos e de origens misteriosas.

SONHOS TELEPÁTICOS

A "telepatia nos estados de crise" é uma das categorias mais comuns e bem documentadas dos sonhos telepáticos, ocorrendo quando a pessoa que está dormindo sonha com alguém que está acordado e sob perigo. No artigo "um sonho de despedida", um dos parceiros estava de fato morrendo enquanto o outro sonhava simultaneamente com a morte. O explorador Henry Stanley teve um dos sonhos de despedida mais conhecidos da história. Enquanto estava preso durante a Guerra Civil americana, ele sonhou, em riqueza de detalhes, com a inesperada morte de sua tia no País de Gales. Logo depois, ficou sabendo que ela morrera no momento em que estava sonhando.

Histórias curiosas como as de Stanley foram um estímulo para que se começasse um sério estudo científico sobre a telepatia, e, assim, foi fundada a Society for Psychical Research (SPR), em 1882. A SPR reuniu descobertas científicas de 149 sonhos telepáticos no histórico trabalho *Phantasms of the Living*. Uma das histórias típicas do livro é o sonho a seguir, que coincidiu com o exato momento em que o evento acontecia, guardando com ele muitas semelhanças:

> Vi meu pai conduzindo um trenó puxado por um cavalo acompanhado por outro, dirigido por meu irmão. Eles tinham de cruzar uma estrada na qual estava um viajante que seguia em alta velocidade, também em um trenó puxado por um cavalo. Meu pai parecia conduzir sem observar o outro viajante, que (...) fez com que seu cavalo se empinasse (...). Vi meu pai indo parar embaixo das patas do animal. A cada momento, eu esperava que o cavalo fosse cair e esmagá-lo. Eu gritei, "Pai! Pai!", e acordei amedrontada.[5]

Embora muitos dos relatos dos 149 casos fossem impressionantes, a pesquisa da SPR não causou nenhum grande impacto na comunidade científica, principalmente porque os relatos de caso costumam ser anedóticos, não acontecendo sob condições controladas. Também não são o tipo de fenômeno que pode ser reproduzido com segurança. Ainda assim, vale a pena registrar as conclusões da SPR. Mais da metade dos sonhos telepáticos diziam respeito à morte, e um número bastante alto fazia referência a situações de emergência. Na maioria dos casos, a pessoa que sonhava e o sujeito do sonho eram parentes ou amigos. Nenhum dos sonhadores apresentaram um histórico de habilidades parapsíquicas antes ou depois dos sonhos. E os que sonhavam não eram propensos a ter pesadelos com pessoas e, portanto, aqueles sonhos eram perturbadores. A combinação das descobertas levou os pesquisadores a levantar a hipótese de que todos possuímos essa capacidade de sonhos telepáticos, talvez como um mecanismo adaptativo de sobrevivência.

Uma questão levantada pela pesquisa da SPR é descobrir se sonhar com a morte de alguém é algo comum para se esperar que, estatisticamente, pelo menos alguns sonhos coincidam efetivamente com um momento crítico ou a morte. Os pesquisadores da SPR tentaram responder a esta questão enviando questionários a 5.360 pessoas, perguntando-lhes se elas haviam sonhado nitidamente com a morte de algum conhecido nos últimos doze anos. Menos de 4% responderam que haviam tido esse tipo de sonho ao longo daquele período de 4.380 dias. Considerando a baixa frequência, os pesquisadores concluíram que as probabilidades de um sonho de despedida na noite exata da morte daquela pessoa eram reduzidas, e deviam-se ao acaso.

Outro tipo de sonho telepático, o "sonho compartilhado", foi investigado a fundo por Hornell Hart.[6] Hart definiu-o como um sonho "no qual duas ou mais pessoas sonham uma com a outra em uma situação comum de tempo e espaço, e se lembram, individualmente, de praticamente todo o ambiente em que estavam, de sua conversa, e de suas interações durante o sonho". A frequência com que os sonhos compartilhados ocorrem espontaneamente é desconhecida, pois eles são geralmente esquecidos ou não são discutidos, particularmente se não forem sonhos alarmantes.

As pessoas tentaram vigorosamente cultivar os sonhos compartilhados. Os místicos sufis do século XVI, isolados em um monastério na ilha de Rodes, foram às últimas consequências para que os sonhos compartilhados fizessem parte de sua prática espiritual. O mestre sufi e seus discípulos repetiam juntos uma fórmula secreta e submetiam-se à purificação conjunta de seus corpos, mentes e espíritos antes de dormir em uma enorme cama, compartilhada por todos. Sob essas condições ritualísticas, eles tinham os mesmos sonhos. Mas, uma vez que o que fazemos antes de dormir torna-se parte de nossos sonhos, tais sonhos compartilhados podem ter sido causados pelas experiências idênticas antes de adormecer do que propriamente pela telepatia.

Relatos espontâneos de sonhos compartilhados, como o que apresentaremos a seguir, são mais convincentes acerca da existência da telepatia. A Dra. Adele Gleason sonhou ter sido abandonada em uma floresta bastante escura. Ela levou um susto ao perceber que um conhecido seu chegava de repente e sacudia uma árvore perto dela, um gesto que fazia com que as folhas das árvores se incendiassem. O sonho ocorreu entre 2h e 3h da manhã, em 26 de janeiro de 1892. Quatro dias depois, ela procurou o homem que aparecera em seu sonho. Ela queria lhe contar, mas ele a interrompeu e insistiu em lhe contar sobre o sonho que ele próprio tivera, certo de que seria o mesmo que o dela. De fato, em torno das 3h, naquela mesma manhã, ele havia sonhado que se aproximara dela em uma floresta escura, balançara uma árvore, e as folhas caíram e se incendiaram.[7]

Uma vez que não se fez referência ao contexto dos sonhos mencionados, não se pode afirmar que eles estavam inteiramente independentes de circunstâncias compartilhadas. Entretanto, os sonhos são altamente simbólicos e as semelhanças são bastante impressionantes. Outro exemplo interessante vem de um casal que conheci muito antes de ouvir falar de sonhos compartilhados. Quando Bob e Sally se encontraram, eles se reconheceram instantaneamente, pois eram amantes em uma série de sonhos compartilhados que haviam tido durante um período de dez anos. Eles se casaram três meses depois de se conhecerem pessoalmente.

PESQUISAS DE LABORATÓRIO SOBRE SONHOS TELEPÁTICOS

Depois da pesquisa da SPR, o passo lógico seguinte seria fazer com que a pesquisa sobre a telepatia durante o sono se transferisse para o laboratório, para ser estudada sob condições controladas. A invenção do EEG, que mede as ondas cerebrais, e do eletro-oculograma (EOG), que mede o movimento dos olhos, permitiu aos investigadores saber quando uma pessoa estava sonhando, já que a fase do sono de rápidos movimentos oculares (REM, na sigla em inglês) apresenta ondas cerebrais e movimentos oculares diferenciados. A maior parte dos trabalhos de laboratório sobre a telepatia durante o sono foi desenvolvida no Maimonides Dream Laboratory, em Nova York, por Montague Ullman, M.D., e Stanley Krippner, M.D., durante os anos 1970 e 1980.[8]

Os dois realizaram seu maior experimento com sonhos telepáticos em 1971.[9] Ullman e Krippner pediram a duas mil pessoas que assistiam a um concerto do Grateful Dead para transmitir telepaticamente a Malcolm Besant, que dormia a setenta quilômetros dali, no Maimonides Dream Laboratory, uma imagem que estava sendo exibida. A imagem era a de uma pessoa na posição de lótus, com chakras, ou centros de energia, bastante coloridos, ao longo de sua coluna. Besant, paranormal inglês muito bem-sucedido, e avô de um dos fundadores da Sociedade Teosófica, sonhou com um homem "suspenso no ar". Ele também viu "luz do sol (...) em sua coluna".

Ullman e Krippner também fizeram uma série de experimentos nos quais um "agente", em outra sala ou prédio, se concentrava em uma pintura escolhida ao acaso e tentava transmiti-la a um voluntário que estava adormecido. Eles eram despertados quando os registros elétricos indicavam que haviam sonhado. O conteúdo de seus sonhos era, então, comparado à imagem. Em geral, os sonhos apresentavam um tema ou um conteúdo bastante similar àquele da pintura. Por exemplo, se a pintura fosse *A última ceia* e a pessoa mencionasse um sonho com um banquete ou com Jesus, isso era computado como um resultado positivo. Os pesquisadores declararam haver uma precisão de 83,5% naqueles 12 experimentos, mas os critérios para um resultado positivo não pareciam estar claramente definidos.

Ao longo dos anos, os procedimentos do Maimonides foram revistos. Um dos protocolos exigia que as pessoas observassem entre oito e 12 imagens depois de serem despertados.

VOCÊ VÊ O QUE EU VEJO? 45

Pedia-se, então, que eles classificassem as imagens em uma ordem de relevância em relação ao conteúdo dos seus sonhos. Considerava-se um acerto os casos nos quais a imagem "transmitida" estava entre as quatro ou seis primeiras da escala, e um erro quando ela estava na metade inferior. Isso facilitou as análises estatísticas das informações, mas também tornou as informações menos contundentes do que se os sujeitos tivessem sido forçados a escolher apenas uma das imagens. As mudanças no protocolo ao longo dos anos tornaram mais difícil fazer uma análise global de seus 450 testes do que se os pesquisadores tivessem mantido o mesmo formato. Entretanto, realizou-se uma análise combinada, ou meta-análise, e concluiu-se que o coeficiente global de sucesso foi de 63%, contra o coeficiente relacionado ao acaso de 50%; as probabilidades eram de 75 milhões para 1 contra as informações serem geradas pelo acaso ou por adivinhação.[10]

Alguns dos resultados mais fascinantes nos testes do Maimonides tiveram de ser computados como erros na análise estatística. Por exemplo, Alan Vaughn descreveu um caso em que a pessoa que sonhava selecionara alguma coisa de outro membro da equipe, e não do remetente.[11] Sol Feldstein estava encarregado de monitorar o equipamento enquanto o remetente se concentrava em uma pintura de arte e o sujeito estava adormecido, sonhando. O sonho relatado foi de estátuas de mulheres com os seios desnudos, que não se relacionava com a pintura em questão. Entretanto, quando Feldstein ouviu os resultados, revelou que, naquele período, estava lendo um artigo ilustrado da revista *Life* sobre a prática de *topless*.

Em outro exemplo das pesquisas do Maimonides, a pessoa sonhara com a Polícia Montada do Noroeste, organização policial do Canadá, sem nenhuma relação com a imagem-alvo. Quando a equipe estava discutindo os resultados, o monitor do turno da noite se mostrou constrangido e confessou que adormecera no trabalho e tivera um sonho com a organização.

Algumas vezes, informações pessoais sobre os pesquisadores também contaminaram o conteúdo dos sonhos. Robert Van de Castle era professor de psiquiatria na Escola de Medicina da Universidade da Virgínia e era considerado por Ullman e Krippner um dos melhores sonhadores telepáticos. Ele sonhou que a declaração de despesas de Krippner apresentava uma diferença de U$ 25. Quando ele e Krippner analisaram o sonho no dia seguinte, Krippner confirmou que não havia sido reembolsado de uma despesa de U$ 25, relativa a uma viagem de negócios.

Depois que a pesquisa do Maimonides terminou, 47 estudos de sonhos telepáticos foram conduzidos de modo radicalmente diferente dos estudos precedentes, no sentido de que permitiam que os voluntários dormissem em casa, em vez de no laboratório. Era um método consideravelmente mais barato e que permitia a realização de mais testes, mas significava também que os sujeitos não seriam despertados imediatamente após os sonhos, nem monitorados pelo EEG/EOG. Os psicólogos britânicos Simon Sherwood e Chris Roe, da Universidade de Northampton, Inglaterra, realizaram uma meta-análise desses 1.270 testes.[12] Houve um coeficiente de acerto de 59,1%, que era 9,1% maior do que o coeficiente relativo ao acaso, de 50%. Não é de surpreender que o coeficiente de acerto tenha sido inferior ao dos testes do Maimonides, porque existe menos chances de os sonhos serem lembrados quando as pessoas não são imediatamente despertadas. Entretanto, pelo fato de haver quase três vezes mais testes do que no laboratório, e considerando 9,1% um número não tão inferior aos 13% dos testes do Maimonides, as probabilidades de que os estudos realizados em casa não fossem um resultado do acaso

VOCÊ VÊ O QUE EU VEJO? 47

acabaram sendo maiores do que o coeficiente de probabilidades do laboratório, atingindo a marca de 22 bilhões para 1.

PESQUISAS DURANTE ESTADOS ALTERADOS, EXCETUANDO-SE OS SONHOS

Estados alterados de consciência também foram explorados, de modo a verificar se facilitavam a comunicação telepática. Um método para induzir um estado alterado é o procedimento *ganzfeld*, que teve seu nome derivado de uma palavra alemã que significa "campo total", como se fosse um campo total de consciência. Ele envolvia uma forma mais branda de privação sensorial, originalmente desenvolvido em 1964 pelos psicólogos Mario Bertini, Helen Lewis e Herman Witkin, para estudar estados alterados de consciência.[13]

Charles Honorton, William Braud e Adrian Parker aplicaram esta técnica no estudo de habilidades parapsíquicas, de modo que seus voluntários pudessem focar sua atenção sem nenhuma estimulação externa concorrente. Eles produziam o estado de *ganz feld* colocando as metades de uma bola de pingue-pongue sobre os olhos do receptor, que devia olhar na direção de uma luz vermelha, e reduzindo a informação auditiva através do ruído rosa, que é o ruído branco sem os componentes de alta frequência. Uma cadeira reclinável e sugestões quase hipnóticas relaxavam o receptor. O transmissor olhava para uma figura e tentava enviá-la mentalmente para o receptor, enquanto este estava no estado de *ganzfeld*. Depois disso, mostrava-se ao receptor quatro imagens e pedia-se que ele identificasse a imagem-alvo.

De 1974 a 2004, 88 experimentos *ganzfeld* foram realizados, e 1.008 dos 3.145 testes foram bem-sucedidos. Dean Radin, parapsicólogo experimental do Institute of Noetic Sciences (IONS), relatou em seu livro *Mentes interligadas* que o coeficiente combinado de acertos foi de 32%, isto é, 7% superior aos 25% de expectativa de acerto ao acaso.[14] Radin afirma que as probabilidades contrárias desses resultados terem sido obtidos estritamente pelo acaso são astronômicas: 29 quintilhões (29.000.000.000.000.000.000) para um.

A técnica *ganzfeld* foi posteriormente refinada por Adrian Parker e Joakim Westerlund. Nesses experimentos, uma pessoa via um filme e telepaticamente enviava as imagens para uma pessoa em estado de *ganzfeld*. O tempo preciso de transmissão era monitorado, de modo que os relatos do sujeito em estado de *ganz feld* pudessem ser comparados com o que acontecia exatamente naquele momento do filme. Os relatos eram posteriormente sobrepostos em tempo real ao filme, como se a pessoa estivesse narrando-o. Isso permitia uma comparação segundo a segundo do que estava sendo "transmitido" e do que estava sendo "visto". Um exemplo de acerto foi quando o participante disse, "Parece que algo está sendo levantado, uma espécie de chave de grifo, que está pegando alguma coisa". A sequência simultânea do filme, de cinco segundos de duração, mostrava um homem em dificuldades, levantando um objeto usando uma espécie de chave de grifo.[15] Esses resultados combinavam a impressionante especificidade encontrada nos casos curiosos com as condições controladas de um laboratório, uma combinação que contribuiu muito com o corpo de pesquisas.

As pesquisas sobre telepatia também foram realizadas em pessoas que conseguiam entrar sozinhas em um estado meditativo especial. Algumas das primeiras pesquisas desse tipo vieram de uma fonte inusitada: Upton Sinclair, o famoso ativista social e escritor que expôs as terríveis condições das indústrias de carne de Chicago, em seu livro *A selva* (1906), e vencedor do Prêmio Pulitzer por *Os dentes do dragão* (1942), um livro sobre a ascensão dos nazistas na Alemanha. Ele se tornou convencido da clarividência e da telepatia por causa de sua esposa, Mary Craig Sinclair, que conseguia reproduzir esboços feitos por outras pessoas em localidades remotas. A esposa de Sinclair era capaz de entrar voluntariamente em um profundo estado meditativo ou transe para obter tais informações.

Sinclair conduziu a pesquisa de modo científico, mesmo sem ser um cientista formado. Apesar de preocupado em arriscar sua reputação, Sinclair escreveu sobre esses experimentos em um livro chamado *Mental Radio* (1930).[16] Albert Einstein escreveu um prefácio a *Mental Radio,* no qual afirmava que o livro merecia uma sincera consideração pelos profissionais de psicologia, e que confiava na integridade do autor por conhecê-lo bastante.

O escritor classificou os 290 esboços feitos por sua esposa em três categorias: sucessos, sucessos parciais e fracassos. Sessenta e cinco desenhos, ou 23%, foram considerados sucessos, e 155 desenhos, ou 53%, sucessos parciais. Embora alguns dos "sucessos" não fossem muito impressionantes, a maioria era.

Em um dos exemplos de sucesso, o cunhado de Sinclair recebera instruções para, em 13 de julho de 1928, permanecer em casa, em Pasadena, Califórnia, escolher algum objeto ao acaso às 11h30, fazer um desenho dele, e, então, concentrar-se inteiramente no desenho por um período de 15 a 20 minutos. Naquele exato momento, a Sra. Sinclair estava deitada em sua casa em Long Beach, a 65km de distância. Ela estava na penumbra, com seus olhos fechados, absorvida em uma técnica de concentração que praticava há vários anos. Quando uma imagem persistia em sua mente, ela a considerava correta e a colocava no papel. No dia 13 de julho, ela escreveu que viu

50 Poderes paranormais

apenas um garfo de mesa e nada mais, precisamente o que havia sido desenhado.

PESQUISAS SOBRE TELEPATIA EM ESTADOS DE VIGÍLIA

A telepatia também foi relatada e estudada em estados de vigília. O trabalho de Sinclair sobre os desenhos atraiu a atenção de Whately Carington, psicólogo da Universidade de Cambridge que conduziu, nos anos 1940, experimentos mais cientificamente sofisticados do que os de Sinclair.[17] Os experimentos envolviam seleção randômica de imagens, uma grande precaução para prevenir qualquer possibilidade de fraude, e um perito que desconhecia os conteúdos dos desenhos originais ou sua correlação com aqueles desenhados parapsiquicamente. O perito tinha de estabelecer a ligação entre as imagens originais e as desenhadas somente através da semelhança de conteúdo. De 2.200 desenhos, 1.209 foram corretamente correlacionados às suas contrapartes. Estatisticamente, esses resultados ocorreriam com base exclusivamente no acaso somente um em 30 mil vezes. Pelo fato dessa pesquisa ter sido realizada com 250 pessoas que não eram consideradas paranormais, Carington concluiu que as habilidades parapsíquicas podem ser um atributo comum a todos nós.

O eminente psicólogo William McDougall, da Universidade de Harvard, também foi influenciado pela Sra. Sinclair. Durante uma visita, ele pediu que ela descrevesse a imagem do cartão postal que estava no bolso de sua jaqueta (um prédio do Oxford College, coberto de heras). A Sra. Sinclair descreveu um prédio com paredes de pedra, janelas estreitas e coberto de folhas verdes. Convencido de que as habilidades parapsíquicas mereciam um estudo mais detalhado, McDougall deu início a um projeto na Universidade de Duke.

Uma das mais famosas pesquisas de laboratório sobre a telepatia em estado de vigília foi realizada na Universidade de Duke entre 1929 e 1962, por J. B. Rhine, com um baralho de percepção extrassensorial de 25 cartas. As cartas continham cinco símbolos diferentes (círculo, estrela, quadrado, linhas onduladas e cruz). Em um experimento típico, uma pessoa escolhia aleatoriamente uma carta e tentava transmitir mentalmente o símbolo para outra pessoa. Uma série de tentativas foi publicada em 1940 no livro *Extra Sensory Perception After Sixty Years*. Os experimentos citados com mais frequência foram realizados entre 1933 e 1934 com Hubert E. Pearce Jr., que afirmou ter herdado de sua mãe as habilidades parapsíquicas. Depois de setecentas rodadas com as cartas, sua precisão foi de 32%, 12% superior à probabilidade relativa ao acaso, de 20%.[18]

Outro pesquisador experiente da telepatia foi René Warcollier, que se interessou pelo assunto depois de ter uma série de sonhos telepáticos. Warcollier publicou mais de 56 artigos sobre telepatia e clarividência durante o tempo em que esteve no Institut Métapsychique International, em Paris.[19] Em 1948, ele publicou o livro *Mind to Mind*, que contém muitas imagens, tanto aquelas transmitidas como imagens-alvo quanto as que foram desenhadas pelos receptores.[20] Muitas imagens-alvo são extremamente semelhantes às suas imagens correspondentes. Uma das imagens é a de um óculos. Parece quase igual à imagem-alvo dos óculos, embora o desenhista não tenha reconhecido o objeto.

Warcollier tentou entender as diferenças entre as imagens e os alvos. Ele observou temas recorrentes nos tipos de erros cometidos. Também tentou discernir as propriedades que transformavam certos objetos em alvos mais bem-sucedidos. Suas conclusões podem ser sintetizadas como a seguir:

1. Estados emocionais são mais facilmente percebidos do que o material intelectual.
2. As imagens abstratas estão sujeitas a certos tipos de distorção. Um quadrado pode ser desenhado como dois ou mais ângulos retos desarticulados. Círculos concêntricos podem ser desenhados como uma série de arcos separados.
3. O receptor não precisa reconhecer a imagem-alvo para fazer um desenho preciso.
4. As proporções entre as partes individuais de um objeto podem ser desenhadas corretamente, mas as partes podem estar maldefinidas.
5. Analogamente ao imaginário dos sonhos, muitas imagens podem ser condensadas em uma única.
6. Imagens-alvo que se movem parecem ter mais força.
7. Imagens-alvo são melhores se apresentam um contraste nítido entre forma e fundo.
8. As imagens-alvo têm mais força se forem compostas de partes divididas equitativamente, ou repetidas.
9. Pode-se perceber a cor de uma imagem-alvo independentemente de sua forma.
10. A imaginação pode interferir na correta percepção da imagem-alvo.

As conclusões de Warcollier podem ser apenas tentativas de encontrar uma conexão significativa entre os desenhos e as imagens-alvo originais. Mas se a telepatia for algo real, tais conclusões podem ser válidas para nos revelar algo sobre o portal da comunicação telepática. Muitas das conclusões sugerem que o circuito cerebral que regula os sonhos está envolvido na telepatia. A noção de que os estímulos emocionais funcionam melhor do que os não emocionais, uma descoberta a que a SPR também chegou, corresponde ao uso do processamento emocional do circuito cerebral dos sonhos para resolver conflitos e emoções durante o sono.[21] Outra observação — que a forma e a cor podem estar separadas no imaginário telepático — também descreve o que acontece nos sonhos, que, de um modo geral, são em preto e branco. Warcollier também descobriu que a mente racional interferia na precisão, e, nos sonhos, a mente racional está recolhida ou em silêncio. Além disso, as imagens percebidas eram geralmente condensadas, como as imagens dos sonhos.

TELEPATIA ANIMAL

Embora este livro seja sobre a consciência humana e as habilidades parapsíquicas, todo capítulo sobre telepatia pareceria incompleto sem fazer referência à telepatia animal. Rupert Sheldrake, bioquímico com formação na Universidade de Cambridge, e que logo depois mudou o foco de suas habilidades de pesquisa para o comportamento animal, conduziu pesquisas com norte-americanos e britânicos selecionados para descobrir como muitos deles acreditavam que seus animais de estimação conseguiam responder telepaticamente aos seus pensamentos. Uma média de 48% dos donos de cães e 33% dos donos de gatos acreditavam que seus animais têm essa capacidade. Além disso, a maioria das pessoas que trabalha profissionalmente com cachorros e cavalos acredita na telepatia animal. Barbara Woodhouse, famosa treinadora britânica de cachorros disse "deve-se sempre ter em mente que o cachorro capta seus pensamentos através de um agudo senso de telepatia, e não adianta pensar uma coisa e dizer outra; você não consegue enganar um cachorro".

Mas existe algum estudo que prove isso? Uma das primeiras pesquisas sobre telepatia animal foi realizada nos anos 1920 por Vladimir Bekhterev, neurofisiologista russo.[22] Ele ficou intrigado após testemunhar um número de circo em São Petersburgo, no qual um cachorro fox terrier parecia responder aos comandos mentais de seu treinador, Vladimir Durov. Durov descreveu o seu método como olhar nos olhos do cachorro enquanto visualizava a tarefa que o animal deveria executar, como, por exemplo, pegar um determinado item que estava sobre uma mesa. Certificando-se de que não estava oferecendo nenhuma pista sutil, Bekhterev fez uma série de testes bem-sucedidos com o fox terrier. Então, fez alguns testes com seu próprio cão, que também foram bem-sucedidos. Ele descobriu que era possível se comunicar telepaticamente mesmo quando ele e o cachorro estavam separados por anteparos, ou quando o cachorro estava com os olhos vendados.

Em seu livro *Cães sabem quando seus donos estão chegando*, Rupert Sheldrake oferece inúmeros relatos de animais que parecem saber telepaticamente quando seus donos decidem voltar para casa.[23] Sua pesquisa foi documentada filmando simultaneamente o dono e seu animal de estimação em localidades diferentes. Um estudo característico mostra um cachorro ou gato que vai até a porta da frente da casa no mesmo instante em que o dono pega a sua pasta e começa a se encaminhar para a porta do escritório. A hora do dia em que os donos retornavam às suas casas variava, mas o comportamento do animal, ainda assim, ocorria em sintonia com o do dono. Se o dono mudasse de ideia e permanecesse no trabalho, o animal imediatamente deixava a porta da frente e retornava para o seu local de praxe. Sheldrake também montou um banco de dados com mais de 108 relatos de pessoas testemunhando cachorros que pareciam aflitos no exato momento de um acidente à distância ou da morte de seus companheiros humanos, e 51 relatos de gatos que fizeram o mesmo.

EXPERIMENTOS SOBRE CONSCIÊNCIAS INTERLIGADAS

Se as pessoas vivenciam mudanças concomitantes e idênticas em suas atividades cerebrais quando apenas uma delas recebe um estímulo, isso sugeriria uma interligação entre as consciências. Marilyn Schlitz e Dean Radin realizaram pesquisas com 26 pares de voluntários, cujas ondas cerebrais eram medidas simultaneamente por EEG enquanto ficavam em salas separadas. Quando imagens de vídeo eram exibidas para um dos elementos, o outro parceiro apresentava alterações correspondentes no EEG, como se as imagens estivessem sendo exibidas para ele também. Uma parte desse trabalho mostrou resultados positivos mesmo quando a dupla era formada por estranhos, com a condição de que eles criassem algum vínculo, convivendo pelo menos uma hora. No entanto, essa poderia ser uma tarefa difícil, considerando o curto espaço de tempo.

Estudos similares foram realizados por Jacobo Grinberg-Zylberbaum e Julieta Ramos, na Universidade Nacional Autônoma do México.[24] Pediu-se a 13 pares e quatro trios de voluntários, isolados em salas separadas e em gaiolas de Faraday (salas metálicas que propiciam a obstrução eletromagnética), que sentissem a presença uns dos outros.[25] Os resultados mostraram que os

EEGs deles começaram a entrar em sincronismo uns com os outros quando deram início à tarefa. Além disso, a atividade elétrica dentro e entre os hemisférios cerebrais dos voluntários começou a entrar em sincronismo, mostrando uma maior coordenação entre os hemisférios esquerdo e direito durante as tentativas de estabelecer o contato telepático. Em uma das sessões, eles disseram que haviam experimentado uma sensação de "ter se misturado" com o outro membro da dupla, e seus padrões de EEG eram praticamente idênticos.

A ressonância magnética funcional foi utilizada por vários pesquisadores da Bastyr University e da University of Washington, Seattle, para observar as consciências interligadas. Algo parecido com um tabuleiro de xadrez era mostrado interruptamente a um dos membros de um casal, produzindo um aumento de atividade no córtex visual. O cérebro do outro membro era simultaneamente escaneado. Percebeu-se que o homem não apresentava nenhuma alteração quando o tabuleiro era mostrado para a mulher, mas a mulher, sim. Trata-se de uma descoberta interessante, já que o sexo feminino é predominante no relato de telepatia.

Outras pesquisas sugerem que o cérebro pode não ser a única parte do corpo envolvida na telepatia. Acredita-se que um "cérebro" mais primitivo ou uma rede neural localizada nos intestinos esteja envolvida nas respostas emocionais, ou "reações viscerais", que podem ocorrer independentemente do cérebro. Os intestinos contêm mais de 100 milhões de neurônios e é o único órgão além do cérebro com uma rede neural tão complexa.[26] Eletrodos sobre a pele do abdômen conseguem medir a atividade dos intestinos, assim como o eletrocardiograma (EKG, na sigla em inglês) consegue medir os batimentos cardíacos a partir da pele do tórax. O registro é chamado de eletrogastrograma (EGG), e um ritmo típico dos intestinos é três "batidas" por minuto, embora isso se altere em resposta a fortes emoções.[27]

Dean Radin e Marilyn Schlitz usaram o EGG para verificar se os indivíduos poderiam se comunicar telepaticamente em um "nível visceral".[28] Vinte e seis pares participaram. Cada um tinha um transmissor e um receptor. Quando o transmissor vivenciava emoções fortes, o EGG do receptor assinalava uma alteração maior do que quando o transmissor se mostrava emocionalmente neutro. Isso foi estatisticamente significativo, tanto para as emoções positivas quanto para as negativas. Embora não se pudesse concluir que as alterações nos intestinos dos receptores fossem inteiramente independentes de suas atividades cerebrais inconscientes, esse estudo demonstrou outra forma de medir as reações interligadas entre transmissores e receptores.

O QUE PODEM SIGNIFICAR AS INFORMAÇÕES SOBRE TELEPATIA

As pesquisas discutidas aqui oferecem resultados significativos segundo os padrões científicos. A probabilidade é que pelo menos um desses resultados represente um caso verdadeiro, o que, pelos critérios de James, é suficiente para afirmar que o fenômeno existe. Na verdade, há muito mais estudos positivos do que os mencionados aqui; essa pequena revisão oferece apenas uma amostra representativa das pesquisas realizadas. Nem todos os resultados foram positivos, mas um número significativo, sim. A causa disso não é o conhecido "efeito gaveta", que se refere à apresentação distorcida de dados, quando as pessoas publicam apenas os resultados positivos.

Em *Mentes interligadas*, Dean Radin mostra que o efeito gaveta pode ser facilmente detectado através da representação gráfica dos resultados de todos os estudos publicados. Já foram elaborados tantos gráficos em outras áreas de pesquisa, que existe um modelo esperado para essa representação. Se alguém divulgar dados indesejáveis, isso aparecerá como uma distorção característica no formato do gráfico. Os dados parecerão ter sido selecionados a dedo, em vez de *au naturel*. A análise de Radin mostrou que o efeito gaveta não era aplicável no caso das pesquisas sobre telepatia.

De um ponto de vista qualitativo, os estudos de laboratório são menos impressionantes do que os casos relatados, mas os experimentos também apresentavam as características mencionadas nas conclusões da SPR como propícias à telepatia. As pesquisas de laboratório não envolviam uma emergência ou situação crítica com o ser amado, algo que seria antiético de se produzir experimentalmente. Ao contrário, elas faziam com que as pessoas focassem em coisas emocionalmente neutras, como arte ou cartas Zener de percepção extrassensorial. Além disso, tem sido constatado que a telepatia é mais comum em pessoas criativas. Talvez, assim como a criatividade, ela aconteça geralmente de modo espontâneo, tornando-se difícil despertá-la apenas ligando uma chave.

Outra crítica a esse tipo de pesquisa é que os cientistas que acreditam em fenômenos parapsíquicos tendem a apresentar resultados positivos, enquanto os céticos tendem a apresentar resultados negativos. Essa situação é chamada de "experimentador psi". Em outras palavras, se a intenção do pesquisador pode influenciar o resultado, o que seria uma forma de psicocinese, então as crenças dos experimentadores influenciarão seus próprios experimentos. Se for esse o caso, os céticos nunca conseguirão reproduzir os resultados daqueles que acreditam. O problema desse argumento é que os céticos em outras áreas de pesquisa têm sido capazes de provar a si mesmos que estão errados. Outra explicação para essa diferença nos resultados talvez esteja no fato de que a maioria dos céticos não tem nenhum interesse em realizar pesquisas sobre habilidades parapsíquicas e, portanto, dispõe de muito menos dados que possam ser estatisticamente significativos. Uma diferença de 10% é mais significativa caso já tenha havido milhares de tentativas, e não apenas dez. Pense em um jogo de cara ou coroa. Conseguir seis caras e quatro coroas é mais provável do que conseguir 600 caras e 400 coroas. Outro fator é que os céticos também podem criar um ambiente menos facilitador.

Embora tenhamos evidências estatísticas que sugiram a telepatia, sobram-nos duas formas básicas de interpretar esses dados. Os resultados positivos podem ser exemplos de sincronicidades, coincidências que parecem fazer sentido por desafiarem as probabilidades de ocorrência. Outra alternativa é que os resultados podem ser evidências de que os indivíduos são capazes de entrar em sincronismo ou de estabelecer interligações entre as suas consciências e as dos outros.

Não resta dúvida de que coincidências ocorrem e que algumas das informações podem representar apenas isso. Mas os dados apresentados neste capítulo sugerem, pelo menos, a possibilidade de consciências interligadas. Os estudos utilizando EEGs e IRMfs são bastante compatíveis com essa hipótese. E se a telepatia é possível, ela seria uma vantagem evolutiva, especialmente durante um momento de crise. Talvez a telepatia tenha evoluído há muito tempo nos animais, permanecido oculta durante o desenvolvimento de nossos cérebros analíticos e, agora, esteja reaparecendo, principalmente em nossos sonhos.

Capítulo 3

DOIS CORAÇÕES QUE BATEM COMO UM SÓ: GÊMEOS IDÊNTICOS E CONSCIÊNCIAS INTERLIGADAS

Nossa separação uns dos outros é uma ilusão ótica da consciência.

— ALBERT EINSTEIN

O DEBATE TELEPATIA *VERSUS* sincronicidades é particularmente importante quando se observam dados de gêmeos idênticos, sobre quem as histórias curiosas não são apenas abundantes, são notáveis. Em 1876, o eminente cientista britânico Francis Galton publicou um pequeno artigo, no qual comentava haver testemunhos de que certos gêmeos, na companhia um do outro, "faziam as mesmas observações no mesmo instante", ou "cantavam a mesma canção no mesmo momento".[1]

Mas mesmo quando estão separados, gêmeos idênticos geralmente agem da mesma forma. Há inúmeras histórias de gêmeos idênticos que, sem saber, compraram os mesmos presentes e os ofereceram ao mesmo tempo um para o outro. As pesquisas da SPR constataram que havia uma incidência maior de telepatia entre gêmeos do que entre outros pares de irmãos. E, segundo Guy Playfair, autor de *Twin*

Telepathy, cerca de 30% dos gêmeos idênticos parecem experienciar uma interconexão telepática.[2]

PESQUISAS SOBRE TELEPATIA
ENTRE GÊMEOS

O gêmeo Horatio Newman, chefe do departamento de zoologia na Universidade de Chicago, foi quem realizou uma das primeiras pesquisas sobre o assunto. Ele considerou ter tido experiências telepáticas com seu irmão e publicou um livro chamado *Twins and Super-Twins*, em 1942, que incluía uma seção sobre telepatia.[3] Newman falava sobre si e seu gêmeo idêntico, ambos biólogos preservacionistas. Eles estavam fascinados pela forma com que conseguiam se comunicar um com o outro sem qualquer troca verbal.

Robert Sommer, Humphry Osmond e Lucille Pancyr entrevistaram um total de 14 pares de gêmeos e mais sete separadamente para verificar quantos deles relatavam experiências de telepatia.[4] Doze dentre os 35 participantes acreditavam que conseguiam se comunicar telepaticamente com seu irmão gêmeo. Eles fizeram afirmações como "ambos pensamos as mesmas coisas ao mesmo tempo", "consigo dizer o que ela está sentindo", e "quando meu irmão gêmeo sai, consigo imaginar o que ele está fazendo e ver o lugar em que ele está, como agora, mesmo que eu nunca tenha estado lá ou visto o lugar descrito". Corroborando as conclusões da SPR, a telepatia entre gêmeos acontecia com mais frequência durante momentos de crise.

O termo "telepatia em estados de crise" foi cunhado depois de inúmeros relatos dramáticos, tais como este: um dia, em 1977, Martha Burke pareceu "ter sido cortada ao meio", ao sentir uma dor lancinante percorrer-lhe o tórax e o abdômen. Horas depois, descobriu que sua irmã gêmea havia morrido em um acidente de avião do outro lado do mundo. Da mesma forma, em julho de 1975, Nita Hurst sentiu uma dor muito forte em sua perna esquerda, e manchas roxas começaram a aparecer espontaneamente no lado esquerdo de seu corpo. Ela descobriu depois que sua irmã gêmea, Nettie Porter, se envolvera em um acidente de carro naquele exato momento, a 640km de distância.

Infelizmente, não há muitos dados de laboratório sobre gêmeos idênticos e telepatia. A parapsicóloga britânica Susan Blackmore, cética, testou gêmeos em salas separadas para a detecção da telepatia.[5] Primeiramente, ela lhes pediu para desenhar o que lhes viesse à mente. De um modo geral, eles desenharam as mesmas coisas. Entretanto, quando ela pediu a um deles para desenhar um objeto e transmiti-lo telepaticamente ao outro gêmeo, os resultados foram decepcionantes. Blackmore concluiu que esses gêmeos não eram clarividentes ou telepáticos, mas que apenas pensavam de modo parecido.

Frank Barron, da Universidade da Califórnia, em Berkeley, conduziu, em 1968, um estudo com 26 pares de gêmeos idênticos.[6] Em salas separadas, um dos irmãos assistia a filmes com fortes estímulos emocionais enquanto, o outro, tinha sua condutividade cutânea, batimentos cardíacos e respiração medidos. Somente um dos pares de gêmeos mostrou resultados positivos. Entretanto, Barron percebeu, retrospectivamente, que suas condições de testagem estavam longe das ideais. Para começar, muitos dos voluntários estavam apreensivos; não haviam tido chance de conhecer melhor o experimentador, e o ambiente do laboratório, muito desfavorável, não permitia que eles relaxassem. Portanto, se os parâmetros fisiológicos medidos refletiam o aumento do estado de alerta dos gêmeos, do mesmo modo que o "efeito do jaleco branco" aumenta a pressão arterial das pessoas no consultório médico, seria difícil detectar as alterações no sentido de se obter um resultado positivo.

Edward Charlesworth, da University of Houston, também realizou uma pesquisa com gêmeos. Durante a experiência, um dos irmãos deveria analisar uma imagem[7] enquanto o outro, instalado em um ambiente confortável, era solicitado a devanear, e, então, classificar seis imagens em uma escala, da mais provável para a menos provável, quanto ao nível de semelhança com a imagem-alvo. Nos gêmeos idênticos, sete entre os vinte pares apresentaram resultados positivos, menos do que a probabilidade relativa ao acaso, de dez entre vinte. Entretanto, os resultados positivos dos gêmeos não idênticos foram de 15 em vinte. Confusos com os dados, os pesquisadores aplicaram testes de personalidade em seus voluntários e descobriram que era possível chegar a resultados telepáticos mais elevados quando os gêmeos eram mais extrovertidos.

Ser geneticamente idêntico pode auxiliar a telepatia entre os gêmeos, mas não parece ser a variável mais importante. Uma vez que as pessoas extrovertidas, por natureza, sentem-se mais à vontade na companhia de outros, elas tendem a formar mais vínculos sociais. Dados complementares mostraram que as relações sociais favorecem a telepatia. Talvez os gêmeos desinibidos estivessem mais ligados e fossem mais íntimos entre si. Outra possibilidade é que a química do cérebro dos extrovertidos facilite a telepatia. Também pode parecer mais fácil, para eles, conseguir relaxar em um ambiente de laboratório.

DOIS CORAÇÕES QUE BATEM COMO UM SÓ

Uma pesquisa posterior, realizada nos anos 1980 por um médico francês chamado Fabrice-Henri Robichon, testou voluntários extrovertidos para a detecção de telepatia.[8] Foi utilizado um conjunto de cartas Zener de percepção extrassensorial com cinco símbolos: linhas onduladas azuis, estrelas verdes, quadrados negros, círculos amarelos e cruzes vermelhas. Embora Robichon tenha testado apenas um par de gêmeos, seus resultados foram notavelmente melhores do que os relativos ao acaso, de 20%. Ele os testou cinco vezes, e seus escores foram de 64%, 92%, 72%, 80% e 88%. O tamanho da amostra era muito pequeno, mas a grande diferença em relação ao acaso sugere que esses gêmeos eram mais capazes de estabelecer um contato telepático do que outros.

Outra abordagem foi a medição simultânea dos EEGs de gêmeos idênticos em salas separadas, para verificar se apresentavam consciências interligadas. O primeiro estudo foi realizado em 1965 por dois oftalmologistas da Filadélfia, T. D. Duane e Thomas Behrendt. Os EEGs mostravam correspondências surpreendentes em dois dos 15 pares de gêmeos. Neles, verificou-se que quando um dos irmãos fechava os olhos, o outro também demonstrava um aumento nas ondas alfas — característico do fechar de olhos — mesmo com os olhos abertos. Esses resultados foram publicados na revista *Science*, em 1965.[9]

A reação ao artigo dos oftalmologistas foi violenta. A *Science* é uma revista de elite, lida principalmente por cientistas profissionais. Os editores da revista receberam muitas reclamações contra esse artigo. As principais diziam que a amostra era muito pequena e que os detalhes da proposta de estudo eram muito vagos. Mais de trinta anos depois, revelou-se que o estudo fora patrocinado pela CIA e ainda era confidencial no momento de sua publicação. Isso pode explicar a sua indefinição e por que os pesquisadores não defenderam seus resultados oferecendo mais informações.

GÊMEOS IDÊNTICOS CRIADOS SEPARADAMENTE

A pesquisa da Universidade de Minnesota sobre gêmeos idênticos criados separadamente levou a descobertas surpreendentes, muitas das quais são discutidas no livro *Entwined Lives*, da Dra. Nancy Segal.[10] Sessenta e oito casos foram estudados extensivamente. Quando reunidos, esses gêmeos geralmente tinham a sensação de conhecer um ao outro por toda a vida. Eles mostravam uma facilidade imediata de comunicação entre si, como se estivessem estado em contato há muito tempo. As semelhanças de personalidade e aparência eram notáveis, embora não inesperadas, devido à sua genética idêntica. O que espantou os pesquisadores foram os inúmeros detalhes de vida compartilhados entre os gêmeos, que desafiavam as probabilidades do acaso e da compreensão convencional. Os seguintes exemplos ilustram esse ponto.

Os "gêmeos Jim" foram separados com quatro semanas de idade e ficaram afastados por 39 anos. Ambos foram batizados com o nome Jim, casaram-se com mulheres chamadas Linda, divorciaram-se, e, então, casaram-se novamente com mulheres chamadas Betty. Entretanto, apenas um dos irmãos Jim se casou uma terceira vez. Ambos tiveram cães de estimação chamados Toy e filhos com o nome James. O de um era James Allen e o de outro, James Alan. Ambos tinham se tornado bombeiros e xerifes. Ambos roíam as unhas, sofriam de enxaqueca, fumavam cigarros Salem e bebiam cerveja Miller Lite. Eles mediam 1,83m e pesavam exatamente 82kg, mas usavam cortes de cabelo diferentes. Dentre os mais notáveis detalhes compartilhados, estava o fato de que ambos desenvolveram o impulso de construir um banco branco em torno de uma árvore no jardim de suas casas, imediatamente antes de se encontrarem. Além disso, ambos iam regularmente com seus Chevrolets azuis claros para Pass-a-Grille Beach, na Flórida, nas férias familiares. Eles também espalhavam pela casa bilhetinhos carinhosos para suas esposas. Suas expressões faciais, QIs, hábitos, ondas cerebrais e caligrafia eram praticamente idênticos. Para completar, morreram da mesma doença, no mesmo dia.[11]

Bridget Harrison, de Leicester, Inglaterra, e Dorothy Lowe, de Burnley, Lancashire, Inglaterra, foram reunidas em 1979, depois de 34 anos separadas. Quando se encontraram, ambas estavam usando sete anéis, duas pulseiras em um dos punhos, e um relógio e um bracelete no outro. O filho de uma se chamava Richard Andrew, e o da outra Andrew Richard. Ambas tinham um gato chamado Tiger, haviam parado de tocar piano na mesma idade, e escreveram um diário em 1960. Haviam escolhido exatamente o mesmo tipo e a mesma cor de diário e deixado em branco os mesmos dias do ano.

Barbara Herbert reencontrou sua irmã gêmea perdida, Daphne Goodship, depois de quarenta anos de separação. Ambas cresceram nas cercanias de Londres, deixaram a escola aos 14 anos de idade, caíram da escada e machucaram seus tornozelos aos 15, trabalharam no governo local, encontraram seus futuros maridos em salões de dança da cidade aos 16, abortaram no mesmo mês, e, então, deram à luz dois meninos e uma menina. Ambas pintaram o cabelo de ruivo quando eram mais jovens, tinham medo de altura e de sangue, preferiam tomar café gelado e riam com muita facilidade. Tinham um hábito que, independentemente, chamavam de "meleca": empurrar a ponta do nariz com a palma das mãos. Elas também estavam vestidas de modo parecido quando se encontraram: ambas usavam vestidos beges e jaquetas de veludo marrom.

Outros dois gêmeos que voltaram a se encontrar descobriram, ao esvaziar suas bagagens, que usavam a mesma loção de barba (Canoe), o mesmo tônico capilar (Vitalis) e a mesma pasta de dentes (Vademecum). Ambos fumavam Lucky Strike e enviaram posteriormente pelo correio presentes de aniversário idênticos um ao outro.

Oskar Stohr, da Alemanha, e Jack Yufe, da Califórnia, foram separados logo depois de nascer, em Trinidad. Yufe foi criado como judeu em Trinidad, enquanto Stohr cresceu na Tchecoslováquia ocupada e cursou uma escola dirigida por nazistas. Ambos usavam um bigode pequeno e bem aparado, costumavam usar elásticos nos pulsos, liam as revistas de trás para frente e tinham o hábito de espirrar alto em público para chamar a atenção.

As gêmeas Adriana Scott e Tamara Rabi nasceram no México e cresceram a 40km de distância uma da outra, nas cercanias da cidade de Nova York, mas só se reencontraram depois de vinte anos de separação. Adriana estava saindo com um rapaz chamado Justin Lattore, cujo amigo apresentou-o em seguida a uma moça chamada Tamara. Justin ficou chocado com a semelhança entre as duas. Ele ficou sabendo, então, que Tamara, assim como Adriana, havia sido adotada no México e nascera no mesmo dia que Adriana. Ele contou a história para ambas. Quando elas se encontraram, estavam usando casacos com estampas de bolinhas, sendo uma preta e a outra roxa.

Claramente, essas coincidências desafiam as probabilidades. Para se fazer o cálculo exato, seria necessário uma grande pesquisa sobre a frequência de nomes próprios específicos nos anos próximos ao seu nascimento; a frequência de divórcios e novos casamentos em suas regiões e nas suas gerações; o número de certos itens de vestuário que foram vendidos, e a incidência de vários detalhes singulares que não estariam estatisticamente disponíveis. Entretanto, para ilustrar como as probabilidades poderiam ser calculadas se dispuséssemos de tais números, derivei alguns dados hipotéticos conservadores. Digamos que as probabilidades de um menino ser batizado de Jim sejam de um em 50; as probabilidades de se casar com alguém chamado Linda sejam de um em 100; as probabilidades de divórcio de um em 2, e as probabilidades de um novo casamento com alguém chamado Betty de um em 300. As probabilidades dessa combinação são derivadas multiplicando as probabilidades de cada componente, o que equivale a um em 3 milhões. Em relação aos gêmeos Jim, esse valor é até bastante conservador, pois não inclui a cerca em torno da árvore, ou tornar-se bombeiro, ou tirar férias na mesma praia, ou morrer no mesmo dia, ou ter filhos e cachorros com os mesmos nomes.

QUAIS FATORES CONHECIDOS INFLUENCIAM AS SEMELHANÇAS ENTRE GÊMEOS IDÊNTICOS?

Conheci 15 pares de gêmeos idênticos e três grupos de trigêmeos idênticos durante minha vida. Eles são uma das razões pelas quais sempre fui tão curiosa sobre o que nos faz ser o que somos. Quanto é fruto de nossa genética e quanto deve ser creditado ao ambiente? E como essas duas influências interagem? Cada um dos gêmeos e trigêmeos que conheci foi criado com seus irmãos idênticos nos Estados Unidos, onde ser reconhecido como um indivíduo é muito valorizado. A necessidade de estabelecer suas próprias identidades fizeram-nos lutar para ser diferentes uns dos outros. Quando gêmeos idênticos são criados em lares totalmente diferentes (algumas vezes em culturas diferentes), nenhuma de suas escolhas tem origem no fato de ser um irmão gêmeo. Portanto, gêmeos criados separadamente têm a oportunidade dos mesmos níveis de autoexpressão quanto cartas avulsas de um naipe.

Os pesquisadores usaram os dados de gêmeos separados ao nascimento para justificar a ideia de que a genética desempenha um papel muito mais importante na determinação de quem nós somos do que imaginamos. Mas o problema é que o genoma humano não é tão complexo assim. O Projeto do Genoma Humano previu que os humanos teriam mais de 100 mil genes. Foi uma surpresa quando se constatou que todo o genoma humano contém apenas algo em torno de 35 mil genes. Considerando que a planta de mostarda tem 25 mil genes, a complexidade de uma forma vital não é proporcional ao seu número de genes. E a coincidência entre os genomas humanos e os de uma bananeira é de 43%, enquanto que entre chimpanzés e humanos é de 98,5%. Obviamente, o número de diferenças genéticas entre dois humanos com parentesco longínquo é muito menor. Estimativas dizem que apenas 3 milhões de pares de nucleotídeos (os componentes básicos do DNA) distinguem cada um de nós de qualquer outra pessoa do planeta. Isso pode parecer muito, mas o genoma humano contém aproximadamente 3 bilhões de pares de nucleotídeos. Portanto, o

DNA característico corresponde a apenas um milésimo do total. As complexas semelhanças entre os gêmeos criados separadamente não podem ser simplesmente creditadas ao modelo genético da ciência.

Noventa e oito por cento de nossos cromossomas contêm o que foi chamado de "DNA lixo". Ele foi classificado como "lixo" porque, embora seja constituído pelas mesmas bases de DNA dos genes, não pode ser traduzido diretamente na fabricação de proteínas, que é a forma dos genes produzirem seus efeitos. Mutações dentro do "DNA lixo" são comuns, não parecendo ter consequências ou ter sido eliminadas pelo processo evolutivo da seleção natural. Portanto, o "DNA lixo" foi considerado apenas um espaçador, ou ferramenta, para o DNA importante. Mas agora que o genoma humano se revelou muito pequeno para explicar a complexidade humana, os pesquisadores estão se voltando para o "DNA lixo" em busca de respostas. Essas respostas exigiriam, no entanto, um mecanismo diferente da produção de proteínas.

Um campo chamado de epigenética é a ciência do controle da atividade genética, ou daquilo que faz com que os genes sejam ligados e desligados. Os genes são desligados pela metilação, isto é, a adição de uma pequena molécula carbonática à espinha dorsal do DNA, por meio de uma substância chamada doador de metil. Os fatores ambientais podem desencadear essa metilação de genes a qualquer momento da vida, incluindo estágios críticos de desenvolvimento dentro do útero.

Randy Jirtle e Robert Waterland, da Duke University, alimentaram ratas grávidas com uma dieta rica em doadores de metil, encontrados em cebolas, alho e outros tipos de alimento.[12] As ratas grávidas tinham um gene conhecido como *agouti*, que as tornava amareladas, gordas e propensas a diabetes e cânceres. Os doadores de metil de sua dieta ligavam-se aos cromossomas de seus embriões em desenvolvimento e modificavam a expressão do gene agouti nas ratas. Como resultado, a ninhada de ratos era menor, amarronzada e tinha uma expectativa de vida maior. Jirtle afirmou: "Antes, os genes predeterminavam os resultados. Agora, tudo o que fazemos, tudo o que comemos ou fumamos pode afetar a expressão de nossos genes e das gerações futuras." Gêmeos idênticos, mesmo separados ao nascer, tiveram as mesmas influências epigenéticas no útero. Mas depois do nascimento, eles são expostos a diferentes fatores, especialmente se crescerem separados. Assim como a genética, a epigenética não consegue explicar as misteriosas semelhanças entre eles.

Explicá-las por causa das interconexões cerebrais compartilhadas também não parece satisfatório. O cérebro tem uma qualidade "plástica", significando que é altamente influenciado pelo ambiente. Suas conexões sofrem alterações continuamente, em resposta ao que é aprendido, reforçado ou ignorado. Há tantas variações nas interconexões cerebrais entre os indivíduos que os neurocirurgiões testam áreas nos cérebros de seus pacientes antes de operá-los, para evitar interferências desnecessárias nas regiões mais críticas. Um sistema dessa ordem, com alterações e influências ambientais tão elevadas, torna ainda mais notável muitos dos atributos comuns entre gêmeos separados.

Richard Rose, professor de psicologia e genética médica da Universidade de Indiana, em Bloomington, estudou a personalidade de mais de 7 mil pares de gêmeos e acredita que o ambiente, compartilhado e não compartilhado, desempenha um papel muito mais importante na personalidade do que a genética. Ele também examinou um fator que vai além da

DOIS CORAÇÕES QUE BATEM COMO UM SÓ   73

genética e da educação, e que explica por que alguns gêmeos têm mais semelhanças entre si do que outros: o ritmo de divisão do embrião em gêmeos idênticos. Gêmeos idênticos acontecem quando um único óvulo é fertilizado e dividido em dois embriões logo em seguida. Esse ritmo não se aplica a gêmeos não idênticos, ou gêmeos fraternos, pois eles são o resultado da fertilização de dois óvulos distintos. Geneticamente, eles não são mais semelhantes do que outros pares de irmãos, porém compartilham mais influências no útero entre si do que com seus outros irmãos.

Gêmeos originados de um único óvulo terão sempre uma genética idêntica, mas o grau de compartilhamento do mesmo ambiente uterino é determinado pelo momento em que foram divididos em dois embriões distintos. Se a divisão acontecer nos primeiros quatro dias de gravidez, cada gêmeo terá a sua própria placenta, saco coriônico e saco amniótico, da mesma forma que os gêmeos não idênticos. Se a divisão acontecer entre o quinto e o oitavo dia, os gêmeos idênticos terão sacos amnióticos distintos, mas placentas e sacos coriônicos compartilhados. Os gêmeos cuja divisão ocorrer entre o oitavo e o décimo segundo dia compartilharão todos os três. Eles também ficarão tão próximos que seus cordões umbilicais poderão se emaranhar um no outro. Quando o embrião se divide depois do décimo segundo dia, eles são gêmeos siameses, o que significa que seus corpos não se separaram completamente.

Rose estudou diversos gêmeos idênticos cujo ritmo de divisão poderia ser estimado pelo exame visual de suas secundinas, de modo a detectar diferenças no compartilhamento de seus sacos coriônicos, placentas e sacos amnióticos. Ele descobriu que quanto mais cedo o óvulo se divide, menos probabilidades há dos gêmeos terem personalidades parecidas. Alguns pesquisadores atribuíram o maior número de semelhanças em embriões divididos tardiamente a um ambiente uterino mais intimamente compartilhado, mas outra possibilidade é que tais semelhanças sejam resultado do maior tempo em que viveram como apenas "um".[13]

POR QUE AS DESCOBERTAS DA TELEPATIA DESAFIAM AS EXPLICAÇÕES CONVENCIONAIS

As evidências de consciências interligadas ou de telepatia entre gêmeos idênticos são impressionantes, apesar de primariamente baseadas em relatos. A escassez de evidências convincentes de estudos de laboratório sobre gêmeos pode ser resultado da exiguidade de estudos, assim como da forma como são conduzidos. Nenhum dos ambientes de laboratório envolvia crises ou perigos iminentes para o outro gêmeo, o que teria aumentado as chances da telepatia. Alguns ambientes tampouco propiciavam o relaxamento dos voluntários, o que diminuía a probabilidade de conexão entre as consciências. Outros fatores associados aos resultados positivos não estavam presentes. Isso incluiria a testagem apenas dos extrovertidos, a garantia da crença na telepatia (tanto da parte do experimentador quanto dos sujeitos), e a realização durante os estados de sonho, meditativo ou de *ganzfeld*. Portanto, os estudos de laboratório com gêmeos não foram ideais para demonstrar a existência da telepatia.

No entanto, os dados de gêmeos criados separadamente revelaram paralelos entre suas vidas que eram de fato muito maiores do que os relativos ao acaso. Os paralelos, obviamente, não provinham de um ambiente compartilhado. Os gêmeos tinham genéticas idênticas e compartilhavam, em graus diferenciados, fatores ambientais no útero. Pode-se explicar algumas dessas semelhanças pelos genes (talvez seus gostos semelhantes por cigarros ou colônias, interesses, carreiras, aparências e QIs parecidos etc.), mas há outros paralelos (como construir uma cerca branca circular em volta de uma árvore) que não têm explicação genética. Se tais coisas fossem genéticas, isso sugeriria que seríamos apenas máquinas biológicas. Mas se esse fosse o caso, por que os gêmeos idênticos não são ainda mais semelhantes? E como os genes poderiam ser codificados para isso, considerando o tamanho do genoma humano?

Portanto, quais são as possíveis explicações para os misteriosos paralelismos? Algumas coisas, como casar com pessoas de mesmo nome, parecem se encaixar na categoria das sincronicidades, mais do que da telepatia, enquanto as experiências simultâneas de dor quando o outro gêmeo está sendo ferido parecem se encaixar na categoria da telepatia. Há muitas coisas indefinidas, como comprar o mesmo presente um para o outro. Os gêmeos que foram batizados de Jim por seus pais adotivos podem ter algum aspecto que os faça se parecer com um "Jim". Seus nomes também podem ter sido uma coincidência, uma vez que Jim não é um nome incomum. Mas o nome, em combinação com tantas outras semelhanças, se torna parte de uma megassincronicidade.

Em vez de nos fixarmos na determinação de qual é qual, outra maneira de observar as sincronicidades e a telepatia é que elas podem ser manifestações dos mesmos princípios subjacentes de funcionamento do universo. Na qualidade de cientista, não encaro esses fenômenos como sobrenaturais. Quando algo é rotulado de "sobrenatural", significa apenas que ainda não descobrimos as leis naturais de funcionamento. A telepatia e a sincronicidade são pistas importantes de uma compreensão maior dos mistérios do universo e da mente humana.

Capítulo 4

CLARIVIDÊNCIA:
A HABILIDADE DA VISÃO REMOTA

Todos os homens usam os limites de seu próprio campo de visão como limites para o mundo.

— ARTHUR SCHOPENHAUER

ENQUANTO A TELEPATIA SIGNIFICA conjugar a consciência de alguém com a de outro ser humano, a clarividência é a visualização de imagens distantes ou ocultas, como se a pessoa tivesse um telescópio, um periscópio ou uma câmera parapsíquicos. Afirma-se que a clarividência (algumas vezes chamada de visão remota) já foi responsável por encontrar petróleo, depósitos minerais, tesouros escondidos e pessoas desaparecidas. Também se tem notícia de que foi utilizada para diagnosticar problemas médicos e mecânicos, vendo o interior de pessoas doentes e de máquinas em mau funcionamento.

Experiências semelhantes à telepatia (como pensar em algo ao mesmo tempo em que outra pessoa) são mais comuns do que enxergar parapsiquicamente o que está por trás de uma porta fechada, dentro de um envelope ou do outro lado do mundo. Entretanto, relatos de clarividência não são raros. Pesquisas em inúmeras nações mostram que entre um terço e metade da população em geral acredita ter experienciado a telepatia, e um quinto relata experiências parecidas com a clarividência.[1]

Há, pelo menos, dois tipos diferentes de experiências de clarividência. Para algumas pessoas, as imagens surgem de seus inconscientes da mesma forma que os pensamentos telepáticos. A imagem pode vir espontaneamente em um *flash*, ou pode evoluir ao longo do tempo, enquanto a pessoa se concentra em acessá-la. No outro tipo, as experiências de clarividência ocorrem no que se chama de "experiências fora do corpo" (EFCs). Durante uma EFC, as pessoas não sentem mais que suas consciências estão confinadas no corpo; a perspectiva visual que elas vivenciam seria impossível se isso acontecesse. Elas podem ver algo remoto ou de um ângulo diferente do que suas mentes permitiriam (como observar a sala a partir do teto).

CLARIVIDÊNCIA E DIAGNÓSTICOS MÉDICOS

Um dos mais famosos clarividentes de todos os tempos foi o "profeta adormecido", Edgar Cayce, que nasceu em 1877 e morreu em 1943. Cayce provinha de uma família de prósperos fazendeiros de tabaco de Kentucky, e seu avô era conhecido na região como paranormal. Assim como em muitos outros casos, as habilidades de Cayce só apareceram depois de uma lesão no cérebro. Quando tinha 3 anos de idade, ele caiu da estaca de uma cerca em cima de uma tábua com um prego protuberante que perfurou não apenas o seu crânio, como também seu cérebro. Ao que consta, ele escapou de quaisquer consequências mais graves.

No começo de 1901, Edgar Cayce realizou mais de 14 mil leituras clarividentes, baseando-se apenas no nome e no endereço do cliente. Durante estados de EFCs autoinduzidos, ele ditava a uma estenógrafa o conteúdo de suas visões. Dessas leituras, mais de 9.400 diziam respeito a diagnósticos médicos e recomendações de tratamento. Originalmente, Cayce queria viver uma vida normal como fotógrafo profissional e, assim, nos primeiros dez anos suas previsões não passavam de um *hobby*. Mas seu *hobby* auxiliava tantas pessoas que se tornou uma "vocação" e continuou pelo resto de sua vida. Embora nunca tenha ganhado nada financeiramente com suas leituras, outros lucraram com suas previsões sobre a bolsa de valores e sugestões sobre onde procurar petróleo.

A fama de Cayce se disseminou em 1910, depois de conhecer o Dr. Wesley Ketchum, um respeitado homeopata que decidiu obter uma leitura para si mesmo. O Dr. Ketchum sofria de um problema que ele próprio havia autodiagnosticado como apendicite, e que fora confirmado por outros médicos. Ele estava prestes a fazer uma cirurgia, mas Cayce lhe deu o diagnóstico de um problema na coluna, que estaria lhe causando o pinçamento de um nervo. Depois do diagnóstico de Cayce ter sido confirmado por uma manipulação bem-sucedida na coluna, o Dr. Ketchum passou a se consultar com Cayce nos seus casos mais difíceis, e submeteu um artigo à American Society of Clinical Research em que chamou Cayce de "uma maravilha médica". O *New York Times* divulgou a notícia. Em 9 de outubro de 1910, a manchete dizia: "Homem analfabeto se transforma em médico ao ser hipnotizado".

Entre os pacientes de Cayce estavam Woodrow Wilson, Henry Wallace, Nikola Tesla, Thomas Edison e muitos industriais, banqueiros e médicos. A psicóloga Gina Cerminara passou um ano estudando os registros das previsões de Cayce e expôs suas conclusões em *Muitas moradas*.[2] Ela descobriu que muitas leituras eram extremamente precisas e que os clientes melhoravam após seguir as recomendações de Cayce. Outro dos inúmeros livros sobre ele é *Edgar Cayce in Context: The Readings — Truth and Fiction*, de Kenneth Paul Johnson.[3] Considerado objetivo e imparcial, Johnson concluiu que Cayce tinha um dom genuíno. Cayce também foi qualificado como um autêntico místico por Baba Faqir Chand, um guru indiano conhecido por sua crítica explícita a muitos gurus, profetas e místicos, por acreditar que eles enganam milhões de pessoas. Os filhos de Cayce, Edgar Evans Cayce e Hugh Lynn Cayce, compilaram seu próprio estudo do trabalho do pai. Eles descobriram apenas duzentas previsões erradas dentre as 14.246 realizadas.[4]

Edgar Cayce é considerado o "pai da medicina holística", pois suas recomendações formam a base de grande parte da medicina holística praticada até hoje. Os médicos ocidentais mais tradicionais consideram seus tratamentos, como a colonterapia (enemas) para desintoxicação do corpo, uma charlatanice. Mas milhões de pessoas seguem e acreditam nas práticas introduzidas por Cayce, e algumas delas ganharam até validade científica. Por exemplo, ele defendia a ingestão de amêndoas, que foi provada trazer muitos benefícios à saúde. Ele também destacou a importância de questões espirituais e psicológicas para a saúde das pessoas.

Assim como Cayce, médicos intuitivos diagnosticam parapsiquicamente as doenças em pacientes, sem informações provenientes de exames ou consultas. De um modo geral, os médicos intuitivos afirmam não ter nenhuma outra habilidade parapsíquica, enquanto Cayce se desdobrou posteriormente em áreas mais esotéricas e controversas, tais como leitura de vidas passadas e de culturas antigas. E Cayce deu diagnósticos médicos sob transes profundos, mas a maioria dos médicos intuitivos não age desta forma.

A médica Norman Shealy pesquisou a medicina intuitiva nos anos 1980 com Caroline Myss, médica dessa corrente. O estudo envolveu cinquenta pacientes, que se sentaram um de cada vez no consultório de Shealy, enquanto Myss fazia diagnósticos com base em seus nomes e datas de nascimento, em seu consultório, situado a 19km de distância. Ela considerava a distância física uma vantagem, pois as conexões pessoais com os pacientes bloqueavam, algumas vezes, a sua habilidade. Os resultados foram descritos no livro *The Creation and Health*[5]. Shealy afirma que Myss apresentou uma precisão geral de 93%. Exemplos de diagnósticos que Myss e Shealy deram em conjunto foram esquizofrenia, dores de cabeça motivadas por enxaqueca, dor miofascial, depressão, problemas sexuais, herpes venérea, dor nas costas, ansiedade, degeneração do cérebro ou Alzheimer, e epilepsia.

PESQUISAS SOBRE VISÃO REMOTA

A visão remota se diferencia dos diagnósticos médicos remotos porque seu alvo é um objeto ou uma cena. No diagnóstico médico remoto, o paranormal pode se valer de alguém que sabe, consciente ou inconscientemente, o que há de errado. Para que a visão remota possa ser definida como algo distinto da telepatia, ninguém mais deveria conhecer o objeto-alvo. Mas muitos experimentos de visão remota foram intencionalmente concebidos com uma pessoa se concentrando no objeto-alvo, de modo a dar ao vidente o máximo de oportunidades para a correta identificação.

Um estudo famoso sobre EFCs e clarividência foi conduzido por Charles Tart, quando ele era psicólogo da University of California, em Davis. A voluntária de seu experimento era uma mulher chamada Senhorita Z, que dizia ter várias EFCs por semana. Tart a levou para o laboratório para investigar o fenômeno.[6] Ela conseguia ler um número de cinco dígitos que estava longe de seu campo de visão. Ela não poderia ter se levantado fisicamente para ver os números, pois estava presa a um EEG que media suas ondas cerebrais. Qualquer movimento físico mais brusco teria atrapalhado os registros. Ela afirmou que sua consciência deixava o corpo, atingia a altura necessária e lia o número lá do alto. Pelo fato de Tart conhecer o número, a Senhorita Z pode tê-lo captado através da telepatia, mas sua descrição era coerente com o tipo de visão remota da EFC.

Pesquisas sobre visão remota foram realizadas no Stanford Research Institute (SRI), por Russell Targ e Harold Puthoff, dois ex-físicos do *laser*, e Edwin C. May, ex-físico nuclear.[7] A pesquisa do SRI foi patrocinada, em grande parte, pelo governo dos Estados Unidos durante a Guerra Fria, pois o serviço de inteligência norte-americano estava preocupado com o envolvimento da União Soviética em pesquisas sobre o parapsiquismo. Os Estados Unidos ficariam em desvantagem significativa se as habilidades parapsíquicas fossem verdadeiras e eles não tivessem o seu próprio programa.[8] Depois do enorme empenho por parte dos pesquisadores, algumas das pesquisas se tornaram públicas em 1995, quatro anos depois do fim da Guerra Fria.

A maior parte das pesquisas no SRI foi realizada com a colocação dos paranormais dentro de gaiolas de Faraday. Levando em consideração a hipótese de que as habilidades parapsíquicas envolviam transmissão eletromagnética, as gaiolas foram inicialmente utilizadas para verificar se o bloqueio da radiação eletromagnética impediria a telepatia e a clarividência. De fato, a blindagem parece ter ajudado os paranormais, o que se mostrou compatível com descobertas de pesquisas posteriores, de que quanto menor a atividade eletromagnética da Terra, maiores são as habilidades parapsíquicas.[9] A razão para isso não é clara, mas uma possibilidade é que a atividade elétrica do cérebro se torna mais coerente quando há menos ruídos eletromagnéticos ambientais. E a coerência da atividade cerebral, que acontece durante a meditação, parece ser um facilitador dos fenômenos parapsíquicos.

Muitos experimentos do SRI pediam que o vidente fizesse um desenho do que outro membro da equipe estava observando naquele momento, em um lugar distante e randomicamente escolhido. Alguns experimentos usavam um entrevistador para fazer perguntas ao vidente, enquanto este se concentrava em receber psiquicamente informações sobre o objeto-alvo. Considerando que um entrevistador que conhece o objeto-alvo pode, involuntariamente, fornecer pistas subliminares, ele normalmente ficava alheio a essa informação. Como precaução extra, as perguntas do entrevistador eram abertas e não influenciavam a resposta. Perguntava-se aos videntes: *Qual o aspecto do objeto? Ele brilha? Qual a sua cor? O que você acha que pode fazer com esse objeto? Ele tem cheiro?*

Inicialmente, os estudos do SRI foram realizados com Ingo Swann e Pat Price. Swann era um artista de Nova York conhecido por habilidades parapsíquicas e por ter escrito um livro chamado *Natural ESP*.[10] Price era um comissário de polícia aposentado de Burbank, Califórnia, que usara por anos as habilidades parapsíquicas para solucionar crimes.

O estilo de Price era recostar-se em sua cadeira e fechar os olhos. Depois de um breve silêncio, ele descrevia o que vira. Durante o período em que trabalhou para o SRI, pediu-se a Price que ajudasse a resolver o sequestro de Patricia Hearst, 19 anos, herdeira de um conglomerado de jornais que foi transformada em refém pelo Exército Simbionês de Libertação em 1974. Ele visitou o local onde ocorreu o sequestro e pediu para ver fotografias de identificação criminal de pessoas que haviam conseguido fugir, ou que haviam sido recentemente devolvidas à comunidade local. Entre quarenta fotos, Price identificou corretamente Donald DeFreeze como um dos sequestradores. Ele, então, visualizou um local em que DeFreeze abandonara um carro. Depois de descrever em detalhes o carro e sua localização, o veículo foi rapidamente encontrado.

Swann se impacientou com os experimentos iniciais do SRI, nos quais tinha de descrever imagens escondidas em envelopes em outra sala. Ele conseguiu convencer os cientistas do SRI que poderia fazer muito mais, como visualizar localidades remotas em todo o mundo sem precisar recorrer a um observador em cada um dos lugares. Ele demonstrou essa habilidade para as agências de inteligência, e os pesquisadores obtiveram financiamento com facilidade, pois era precisamente nessa habilidade que os militares estavam interessados.

Tanto Swann quanto Price se tornaram peritos em descrever com precisão localidades distantes sem um espectador local, tendo como informações a latitude e a longitude ou o endereço daquela localidade. Como precaução adicional científica, as coordenadas geográficas eram geralmente apresentadas em código binário, que é uma série de 0s e 1s. Em um dos experimentos, Price desenhou um laboratório secreto soviético de bombas atômicas, em Semipalatinsk, Sibéria, conhecendo apenas a latitude e a longitude do local.[11] Seus desenhos mostravam estruturas externas que eram previamente desconhecidas, mas que foram confirmadas posteriormente por fotografias via satélite. A descrição de Price era tão precisa que levantou suspeitas de violação da segurança nacional. Uma investigação formal foi solicitada pelo Congresso, que concluiu não haver violação de segurança.

Ainda mais intrigante foi a descrição de Price de uma tentativa soviética de construir uma esfera de 1,80m de diâmetro a partir de blocos de metal espesso. Price viu o metal sendo empenado no processo de solda. Pelo fato desse esforço de construção ter acontecido dentro de um prédio de laboratórios protegido em Semipalatinsk, não se pôde verificar a informação naquela época. Mas, anos depois, o projeto foi descrito na revista *Aviation Week* como uma esfera de metal de 1,76m de diâmetro, que os soviéticos haviam tentado inutilmente construir, usando peças de aço espesso. Seria um meio de capturar e armazenar energia de explosivos nucleares e derivados, mas eles se depararam com as dificuldades técnicas descritas por Price.

Os pesquisadores se perguntavam se haveria um limite físico para a distância na qual a visão remota poderia ser bemsucedida. Para testar isso, pediu-se que Swann fizesse um desenho de Júpiter, imediatamente antes de uma demonstração aérea da Pioneer 10 da NASA, em 1973. Ele desenhou um anel em torno de Júpiter, considerado um erro até que a NASA finalmente descobriu a existência do anel.

Outro resultado também foi considerado um erro inicialmente. O desenho de Price de um local em Palo Alto tinha alguma semelhança com o objeto-alvo, mas era menos preciso do que ele costumava fazer. Anos depois, Targ leu um artigo sobre a história daquele local. O artigo incluía uma foto exatamente igual ao desenho de Price. O local havia sido uma fábrica de processamento de água cinquenta anos antes do experimento. As estruturas do passado haviam sido incorporadas ao desenho de Price. A única explicação lógica, para Targ, era que a visão remota não está limitada ao tempo presente.

Durante uma demonstração para a CIA, outro erro levou a informações proveitosas sobre a visão remota. Embora Price e Swann tivessem sido testados separadamente, ambos descreveram um local secreto da National Security Agency em vez do verdadeiro objeto-alvo, um abrigo de férias para um agente da CIA, localizado próximo ao local secreto. O local da NSA foi desenhado corretamente, mas, ainda assim, isso foi considerado um erro, pois não estava exatamente de acordo com as coordenadas geológicas oferecidas. Price atribuiu esse erro ao impacto do sigilo nos fenômenos parapsíquicos: "Quanto mais você tenta esconder algo, mais isso brilha como um farol no espaço parapsíquico." Outra possibilidade é que o erro surgiu por causa da expectativa, uma vez que o interesse da CIA na visão remota era a possível detecção de locais secretos.

Um dos melhores espectadores remotos do SRI era Joe McMoneagle. Enquanto esteve na Alemanha, ele passou por uma experiência de quase-morte (EQM), na qual viu, do alto, seu corpo inerte no chão. Suas habilidades parapsíquicas diferenciadas apareceram depois desse episódio, o que não é uma história incomum. Os paranormais geralmente afirmam que suas habilidades tiveram início depois de uma EQM, o que sugere que ela pode quebrar permanentemente as barreiras para outros domínios da experiência consciente.

McMoneagle escreveu sobre suas habilidades em vários livros, um dos quais é *Mind Trek: Exploring Consciousness, Time, and Space Through Remote Viewing*. Outro é *Remote Viewing Secrets: A Handbook*.[12] Muitos dos desenhos de seus experimentos no SRI podem ser encontrados em *Miracles of Mind*.[13] Seus resultados mais surpreendentemente precisos incluem o momento em que ele desenhou a posição de uma equipe da CIA enquanto os agentes estavam se escondendo na região de São Francisco. Inicialmente, os agentes se esconderam no Lawrence Livermore Laboratory, a 160km do SRI. McMoneagle desenhou muitos dos prédios e estruturas do laboratório sob a perspectiva do portão oeste do Lawrence Livermore, incluindo um prédio em forma de T, com seis andares, coberto de vidro e ao lado de uma série de árvores. A equipe se transferiu para a próxima posição-alvo, a fazenda Livermore Valley Foothills Windmill, e McMoneagle desenhou as estruturas do moinho e das montanhas do local com quase 100% de precisão.

Os experimentos iniciais de Targ e Puthoff careciam de grupos de controle que pudessem mostrar o coeficiente de precisão de pessoas sem habilidades parapsíquicas. Usualmente, os grupos de controle são necessários em experimentos de psicologia para provar que os fenômenos ocorrem em um coeficiente muito maior do que o relativo ao acaso. Quando eles passaram a usar como voluntários pessoas sem nenhum histórico de paranormalidade, muitas delas demonstraram ter habilidades parapsíquicas.

Uma voluntária de controle era Hella Hammid, fotógrafa profissional que se revelou uma das videntes mais confiáveis. Em uma série de experimentos, pediu-se que ela descrevesse o conteúdo de latas de filme de 35mm. Em cada experimento, uma entre dez latas era escolhida randomicamente e colocada em um estacionamento do outro lado da rua do laboratório do SRI. O uso de latas seladas e randomicamente selecionadas eliminava a chance de uso da telepatia.

Hammid fez um desenho e descreveu verbalmente o que viu. Uma das latas continha um carretel de linha e um alfinete com uma cabeça proeminente. Ela o descreveu como "algo definitivamente fino e comprido, com uma cabeça na ponta (...), de cor prata". Outra lata continha uma folhagem retorcida. Seu desenho trazia linhas retorcidas, que ela descreveu como "uma forma ondulada, com uma cauda". A lata com um chaveiro preso a um tira de couro levou a um desenho que era muito semelhante ao objeto. A resposta verbal foi "a imagem mais forte que me vem é a de um cinto". Outra lata foi preenchida com areia, que se revelou um alvo fraco. O desenho ficou parecido com a própria lata, o que faz sentido, já que a areia assumiu a forma da lata. Dentro de uma lata, uma pena de escrever, nas cores cinza e branca, foi descrita "parecida com um pinguim (...) cinza, preto e branco (...), com uma ponta fina ou ligeiramente arredondada no topo (...), e aberta ou com uma ponta fina na base". Os resultados foram avaliados por árbitros que não estavam cientes da correspondência entre as latas e os desenhos. Os árbitros combinaram os desenhos e os conteúdos das latas pela semelhança entre eles, e o número de combinações corretas foi estatisticamente significativo.

Um total de 411 testes de visão remota foram realizados e publicados ao longo de 25 anos na Universidade de Princeton, pela psicóloga Brenda Dunne e um decano emérito de engenharia, Robert Jahn.[14] Assim como Trag e Puthoff, eles descobriram que a distância entre o objeto-alvo e o espectador não importava. Entretanto, seu coeficiente de sucesso declinou com o decorrer dos anos, à medida que os voluntários ficavam enfastiados com os experimentos e recebiam menos *feedback* sobre sua precisão. Essa diminuição de precisão ao longo do tempo foi uma das razões pelas quais os cientistas se mostraram céticos em relação ao fenômeno. A ciência exige reprodutibilidade, e os cientistas esperam que os resultados verdadeiros mantenham a constância ou sejam aprimorados com a prática. Entretanto, pelo fato de as habilidades parapsíquicas serem mais comuns em pessoas criativas, forçá-las a executar tarefas rotineiras e repetitivas no laboratório pode sufocar o dom, da mesma forma que sufoca a criatividade.

Portanto, os resultados mais dramáticos são, geralmente, os espontâneos. Uma amostra de visão remota espontânea aconteceu durante um experimento *ganzfeld* de rotina, feito por Charles Honorton. Esse exemplo também demonstra o poder que o perigo ou os estados de crise têm em evocar habilidades parapsíquicas. A pessoa no estado de *ganzfeld* ficou subitamente agitada e disse, "Alguém está apontando uma arma!". O comentário não tinha nenhuma relação com o alvo, mas, logo depois, tudo se esclareceu quando o telefone tocou. Era um segurança alertando que um paciente psiquiátrico estava à solta nos corredores e portava uma arma.[15]

O QUE SUGEREM AS PESQUISAS SOBRE CLARIVIDÊNCIA

A clarividência parece, de fato, existir como uma habilidade diferenciada da telepatia. Isso é referendado por pesquisas nas quais ninguém conhecia o objeto-alvo. Mas na maior parte dessas pesquisas, a visão remota se baseou em coordenadas geográficas, o que fez com que as pessoas desconfiassem e tivessem dificuldades de se relacionar com ela. Ao longo de duas décadas, várias agências de inteligência norte-americana continuaram a defender os estudos, que foram positivamente avaliados pelo Comitê de Inteligência e Segurança do Parlamento. Entretanto, pelo fato de as pesquisas terem sido realizadas sob a mentalidade de "espião contra espião" da Guerra Fria, e não terem sido divulgadas por completo, levantou-se suspeitas sobre a verdadeira intenção do programa. Poderia ele ter sido uma tentativa de persuadir os soviéticos de que os norte-americanos tinham poderosos paranormais trabalhando para eles? Parece improvável, já que a pesquisa do SRI continuou por pelo menos mais quatro anos após o término da Guerra Fria.

A pesquisa do SRI levou a inúmeras conclusões sobre a visão remota. Uma delas é que a precisão e a resolução não parecem ser afetadas pela distância. Isso é uma característica muito incomum em qualquer tipo de processamento de sinal, já que os sinais eletromagnéticos se tornam mais fracos com a distância. Uma vez que as gaiolas de Faraday não interferiram, é ainda menos provável que o mecanismo envolva ondas eletromagnéticas. Portanto, os cérebros dos paranormais provavelmente não recebem sinais eletromagnéticos como nossas televisões ou telefones celulares.

Outra conclusão foi que os resultados dos estudos eram menos precisos quando os paranormais conheciam o valor potencial do objeto-alvo. Assim como na telepatia, os preconceitos ou expectativas do indivíduo podem afetar negativamente os resultados, comprometendo as capacidades analíticas do cérebro. Isso pode explicar por que pessoas extremamente analíticas parecem ter menos experiências parapsíquicas. Também pode explicar por que experiências parapsíquicas espontâneas parecem ter um grau maior de precisão do que aquelas realizadas dentro de laboratórios.

Tudo isso sugere que o material parapsíquico se torna disponível primeiramente para o inconsciente não analítico. Swann e McMoneagle corroboraram isso quando esboçaram seus processos de visão remota e seus distintos estágios. Inicialmente, eles experimentavam sensações sinestésicas e viam imagens fragmentadas. No estágio seguinte, experimentavam sensações emocionais e estéticas sobre o objeto-alvo, como medo, solidão ou um senso de beleza. No estágio número três, percebiam características físicas, isto é, se o objeto-alvo era grande, pesado ou leve. No estágio final, a função ou o propósito do objeto-alvo se tornavam claros. Os dois primeiros estágios envolvem partes do cérebro que também são usadas nos sonhos: os sistemas de processamento sensorial e emocional. Os últimos dois estágios envolvem partes analíticas do cérebro que interpretam as informações.

Muitos "voluntários de controle" do SRI conseguiram desenvolver a visão remota, e, portanto, outra conclusão foi que ela pode ser uma habilidade latente em todos nós.[16] Para desenvolver essa habilidade é preciso que o indivíduo só tenha conhecimento do que é o objeto-alvo posteriormente, e esse *feedback* ensina às pessoas, em um nível inconsciente, a não usar a imaginação. Não é necessário saber quais as partes de nosso cérebro são ativadas para que aumentemos sua ativação por meio de um *feedback* imediato. As habilidades parapsíquicas são como as habilidades motoras, elas se aperfeiçoam quando a mente analítica não está a cargo de sua execução.

Assim como o *biofeedback* auxilia a diminuir os batimentos cardíacos ou a aumentar a temperatura das mãos, as ressonâncias magnéticas funcionais podem ser úteis para desenvolver as habilidades parapsíquicas. Uma vez que as IRMfs conseguem apontar a diferença entre a mentira e a lembrança de uma memória verdadeira, ou entre as tarefas de somar números e soletrar palavras, elas podem ajudar os pesquisadores a determinar se alguém está acessando informações parapsiquicamente ou apenas imaginando-as. Esse *feedback* instantâneo pode auxiliar a precisão de percepção parapsíquica do sujeito da pesquisa.

Capítulo 5

O FUTURO É AGORA: EVIDÊNCIAS DE PRECOGNIÇÃO

Prever o futuro é fácil. Tentar descobrir o que está acontecendo agora é que é difícil.

— FRITZ R. S. DRESSLER

A PRECOGNIÇÃO É O conhecimento de algo antecipadamente, por algum meio extrassensorial, como a clarividência. Carl Jung acreditava na precognição e observava que a telepatia nos estados de crise poderia ocorrer antes de um evento, e não apenas durante ou após o episódio. Alan Vaughn, colaborador de Montague Ullman e Stanley Krippner, mantinha um diário de seus sonhos e os verificava para buscar evidências de precognição. Ele conseguiu identificar 61 daqueles sonhos como precognitivos, após a ocorrência dos eventos. Por exemplo, em uma manhã de 25 de maio de 1968, ele teve dois sonhos que indicavam que a vida de Robert Kennedy estava em risco. Robert Kennedy foi assassinado em 5 de junho de 1968. Foi uma sincronicidade, ou é possível predizer o futuro? As evidências sugerem que a última opção pode ser verdadeira.

PETER HURKOS

Um dos mais famosos paranormais com habilidades precognitivas foi Peter Hurkos, apelidado de "o sensitivo holandês".[1] Ele não possuía nenhum registro de habilidades parapsíquicas até 1941, quando caiu de um altura de nove metros enquanto pintava um prédio. Hurkos sofreu traumatismo craniano e ficou hospitalizado em coma durante três dias. Imediatamente após retomar a consciência, começou a receber impressões sobre as pessoas, particularmente quando elas cumprimentavam-no com um aperto de mãos. Inicialmente, tanto Hurkos quanto a equipe do hospital acreditaram que ele tivesse enlouquecido.

Durante sua hospitalização na Holanda ocupada pelos nazistas, ele conheceu um homem que vinha a ser um agente secreto britânico. Depois de cumprimentá-lo, Hurkos teve certeza de que ele estava prestes a ser assassinado pelos alemães. Hurkos avisou uma enfermeira, em uma tentativa de proteger o homem. Depois que o agente foi assassinado, alguém do grupo de resistência holandês veio até o hospital para matar Hurkos, pois suspeitaram que o conhecimento prévio sobre o assassinato significava que ele era um traidor. Exatamente no momento em que o assassino estava a ponto de sufocá-lo com um travesseiro, Hurkos falou qualquer coisa em espanhol. Isso surpreendeu o assassino, porque naquele momento ele estava pensando, em espanhol, sobre o quanto detestava ter de matar pessoas. Ele se deu conta de que Hurkos tinha dito a verdade sobre o fato de possuir habilidades parapsíquicas. Hurkos, posteriormente, se uniu ao grupo de resistência para usar essas habilidades no combate aos nazistas.

A especificidade particular de Hurkos foi chamada de "psicometria", que era a habilidade de ver o passado, o presente e o futuro tocando em objetos específicos. Hurkos descreveu assim sua experiência: "Vejo imagens em minha mente como em uma tela de televisão. Quando toco algo, posso, então, dizer o que estou vendo." Em 1956, Hurkos foi levado aos Estados Unidos por Andrija Puharich, M.D., para ser testado sob condições rigidamente controladas no laboratório de pesquisas do Dr. Puharich, em Maine. Depois de dois anos e meio, o Dr. Puharich concluiu que as habilidades parapsíquicas de Hurkos eram muito maiores do que as de qualquer outra pessoa que ele já havia testado.[2] Ele conseguia obter precisão em 90% dos casos. Entretanto, assim como ocorreu com outros paranormais famosos, as habilidades de Hurkos se tornaram alvo de críticas. Algumas vezes, incluindo aquela em que foi testado pelo parapsicólogo Charles Tart, ele não conseguiu demonstrá-las.

SONHOS PRECOGNITIVOS

Assim como na telepatia, muitas histórias curiosas e estudos de pesquisas sobre precognição envolveram sonhos. O trecho seguinte é um exemplo famoso:

> Cerca de uns dez dias atrás, (...) comecei a sonhar. Parecia haver, à minha volta, um silêncio de morte. Subitamente ouvi soluços convulsivos (...). Cheguei à Sala Oriente (...). Diante de mim erguia-se um cadafalso, no qual repousava um cadáver envolto em vestes fúnebres. Em volta perfilavam-se soldados,

fazendo guarda, e uma enorme multidão. Alguns contemplavam lamentosamente o corpo cuja face estava coberta. Outros soluçavam piedosamente. "Quem morreu na Casa Branca?", perguntei (...). "O presidente (...). Ele foi assassinado." Da multidão veio, então, uma explosão ruidosa de dor que me despertou do sonho. Não dormi mais naquela noite e, se bem que se trate de um sonho, desde então me encontro estranhamente indisposto.[3]

Abraham Lincoln contou esse sonho para sua esposa e para alguns amigos três dias antes de ser morto. O assassinato era há muito tempo uma possibilidade concreta para Lincoln, por conta das iras despertadas com a Guerra Civil, e, portanto, seu sonho pode ter simplesmente refletido uma preocupação cabível. O que torna o sonho intrigante é o seu desenrolar e o grau com que o perturbou. Ele conseguiu prever o que iria acontecer? Ou terá se ajustado telepaticamente à consciência do assassino? Foi uma sincronicidade?

Outro exemplo é o seguinte sonho de Heinz Pagels:

Há pouco tempo sonhei que me agarrava a uma rocha que subitamente se desprendeu. Pedregulhos começaram a desmoronar. Tentei agarrar-me a um arbusto que cedeu e, num terror gelado, caí no abismo (...). Aquilo que eu representava, o princípio da vida, não pode ser destruído. Está escrito no código cósmico, na ordem do universo. À medida que eu continuava caindo no buraco negro, abraçado pela abóbada celeste, cantei a beleza das estrelas e reconciliei-me com a minha escuridão.[4]

O FUTURO É AGORA: EVIDÊNCIAS DE PRECOGNIÇÃO

Pagels, físico e montanhista, escreveu sobre seu sonho em *The Cosmic Code,* seis anos antes de morrer precisamente da maneira como havia descrito. Pode ter sido um sonho ansioso de um montanhista, consciente de que sua atividade poderia colocá-lo em risco, mas, ao contrário da maioria, esse sonho o incomodava a tal ponto que o levara a escrever sobre isso e, portanto, pode ser considerado um sonho precognitivo.

Outra categoria de sonhos precognitivos sem comprovação científica diz respeito a tragédias de alto impacto. É comum aparecerem pessoas depois de uma tragédia para dizer que haviam sonhado com ela previamente. Pelo fato desses relatos acontecerem depois do episódio, eles podem comprovar apenas debilmente a precognição, mas não deixam de ser dignos de nota. Depois do dia 11 de setembro, centenas de pessoas descreveram sonhos recentes nos quais dois aviões destruíam as torres gêmeas. O psiquiatra Ian Stevenson descreveu dez casos de precognição do naufrágio do *Titanic,* oito dos quais estavam relacionados a sonhos.

Pelo fato de ter surgido muito tempo antes do incidente, mais interessante é o romance *Futility,* escrito em 1898 por Morgan Robertson, sobre o naufrágio de um enorme navio chamado *Titan.* Robertson, comprovadamente, criou o enredo durante uma fantasia onírica. As semelhanças entre os detalhes do romance e o desastre do *Titanic* quatorze anos depois são impressionantes. O *Titan* era considerado incapaz de afundar, deslocava 70 mil toneladas, tinha 243m de comprimento, 24 botes salva-vidas, transportava 3 mil passageiros e afundou em abril, depois de bater em um iceberg a 25 nós. O *Titanic* deslocava 66 mil toneladas, tinha 252m de comprimento, 24 botes salva-vidas, transportava quase 3 mil passageiros e afundou em abril, depois de bater em um iceberg a 23 nós.

Mais uma vez, isso poderia ser interpretado tanto como precognição quanto sincronicidade.

Outro exemplo foi a avalanche de carvão em Aberfan, uma cidade mineradora no País de Gales, que soterrou 140 pessoas em outubro de 1966. Um número tão grande de pessoas apareceu depois com sonhos precognitivos que o British Premonitions Bureau e o American Central Premonitions Registry foram criados em 1967.

John William Dunne, engenheiro aeronáutico britânico, teve um sonho em 7 de maio de 1902 prevendo a erupção do Monte Pelée, na Martinica. Em seu sonho, ele alertava as autoridades francesas sobre o risco de perda de 4 mil vidas. De fato, o acontecimento estaria nas manchetes dos jornais na manhã seguinte. Dunne tomou conhecimento de que havia cerca de 40 mil vítimas, e, assim como a fascinação de Warcollier pelos erros nas transmissões telepáticas, ficou intrigado pelo fato de que o número de mortes estava impreciso, mas era um múltiplo de dez. Ele levantou a hipótese de que havia lido erroneamente a matéria de jornal sob a tragédia em seu sonho precognitivo. Outras recorrências levaram-no a acreditar que os sonhos podem se originar de eventos futuros com a mesma facilidade com que se originam de eventos passados. Ele desenvolveu uma teoria para dar conta das viagens no tempo, publicando-a em 1927, em *An Experiment with Time*.[5] Dunne concluiu que o passado, o presente e o futuro devem coexistir, da mesma forma que em um filme que já foi filmado, mas que é visto quadro a quadro.

Em *Extensões da mente*, Targ mencionou que um pesquisador associado da CIA teve um sonho particularmente assustador sobre estar envolvido em um acidente aéreo, o que o fez protelar sua saída de Detroit. Por conhecer as pesquisas

O FUTURO É AGORA: EVIDÊNCIAS DE PRECOGNIÇÃO

sobre precognição, ele levou o sonho a sério. Mesmo assim, a companheira do associado resolveu embarcar no avião e morreu quando ele colidiu. Isso nos faz pensar sobre o fato de que havia muito menos passageiros nos quatro aviões envolvidos no dia 11 de setembro do que o normal. O website 911research.wtc7.net relata que 51% dos assentos estavam ocupados no voo 11 da American; 31% no voo 175 da United; 20% no voo 77 da American, e 16% no voo 93 da United. Segundo o 911review.org, a ocupação média de voos nos Estados Unidos era de 71%. Um de meus pacientes havia planejado voar em um desses aviões, mas por razões vagas resolveu permanecer em Boston por mais um dia. Poderia isso ser uma precognição em um nível inconsciente? Ou apenas sorte? E se tiver sido sorte, o que é a sorte? Talvez indivíduos com sorte estejam se valendo, consciente ou inconscientemente, de suas habilidades parapsíquicas.

A escolha do pesquisador associado da CIA de não embarcar naquele voo leva a uma questão central, levantada pela precognição: alguém pode mudar favoravelmente o curso de eventos futuros depois de passar por uma experiência precognitiva? Algumas vezes, isso parece possível. Eis aqui um exemplo dramático, originalmente publicado no livro *Man and Time*, de J. B. Priestley:

> Eu tinha de lavar algumas peças de roupa (...) e fui até o riacho (...). Coloquei o bebê e as roupas no chão. Percebi que havia esquecido o sabão e, então, me encaminhei de volta à barraca. O bebê ficou ao lado do riacho, jogando algumas pedrinhas na água. Peguei o sabão e voltei, e encontrei o bebê de bruços, com o rosto afundado na água. Arranquei-o de lá,

100   Poderes paranormais

> mas ele já estava morto. Então eu acordei, soluçando
> e chorando. Que alegria indescritível me invadiu
> quando percebi que eu estava a salvo na cama e que
> ele estava vivo.[6]

A mulher foi até um riacho no verão seguinte para lavar algumas roupas. Assim como acontecera em seu sonho, ela percebeu que havia esquecido o sabão logo depois de ter colocado o bebê e as roupas no chão. Ela voltou para pegar o sabão, mas deu meia-volta e reconheceu uma das cenas de seu sonho. O bebê usava o mesmo vestido branco, tinha um punhado de pedrinhas na mão e as estava jogando na água. "Instantaneamente, meu sonho veio à mente. Era como em um filme (...). Quase tive um colapso." Em vez de ir pegar o sabão, ela apanhou o bebê e sentiu que o salvara do afogamento.

PESQUISAS SOBRE PRECOGNIÇÃO

Embora eu tenha fornecido apenas histórias curiosas até aqui, a pesquisa sobre precognição abriu caminho até o laboratório. Uma parte das pesquisas foi realizada entre 1966 e 1972 no Maimonides Dream Laboratory, em Nova York, por Montague Ullman, Stanley Krippner e Charles Honorton. Um dos melhores voluntários era Malcolm Besant, que já possuía um histórico de sonhos precognitivos. Os pesquisadores criaram várias "cartas de experiências", que continham descrições de experiências pouco comuns às quais a equipe deveria submeter Besant. Sem mostrar nenhuma das cartas a ele, os pesquisadores o acordaram durante o sono REM e registraram os seus sonhos. No dia seguinte, outros membros da equipe que desconheciam os conteúdos do sonho usaram um gerador de números aleatórios para escolher uma das "cartas", e os relatos do sonho de Besant da noite anterior eram, então, comparados à experiência. Em um desses experimentos, Besant sonhou estar em uma sala branca, com pequenos objetos azuis, sentindo muito frio. A carta de experiência escolhida naquele dia instruía a equipe a levá-lo para uma nova sala, colocar cubos de gelo dentro de sua blusa e soprar ar frio sobre ele com dois ventiladores azuis. Das 12 séries de tentativas usando esse protocolo, nove apresentaram resultados altamente significativos.[7]

Muitos estudos de laboratório sobre experiências precognitivas no estado de vigília foram realizados entre 1935 e 1987. Sessenta e dois pesquisadores diferentes usaram um protocolo chamado de "escolha forçada", que exige que a pessoa adivinhe, entre um número fixo de possibilidades, qual alvo será escolhido aleatoriamente em uma data futura. Alguns experimentos pediam que os voluntários dissessem com antecedência entre quatro botões coloridos qual seria aceso. Outros pediam que eles escolhessem qual entre cinco cartas seria escolhida no futuro. O intervalo de tempo entre as adivinhações e o alvo variava de milissegundos a um ano. Os pesquisadores não sabiam nunca quais botões ou cartas seriam mostrados, porque eles eram escolhidos por um gerador de eventos aleatórios. Ao longo desse período de 52 anos, houve mais de 2 milhões de testes e 50 mil participantes. Os resultados foram submetidos a uma meta-análise por Charles Honorton e Diane Ferrari, que descobriram que 37% dos estudos apresentavam resultados positivos, enquanto a amostra relacionada estritamente ao acaso era de apenas 5%.[8] Por causa do número elevado de testes, a probabilidade de que

102 Poderes paranormais

tais resultados não fossem devido ao acaso era maior do que um quintilhão para um.

O Stanford Research Institute também conduziu experimentos sobre precognição. Em 1975, realizou-se uma série de testes precognitivos com Hella Hammid, que foi solicitada a descrever onde as pessoas estariam em um momento futuro. Em um dos testes, ela informou a Russell Targ que via um lugar com "árvores e arbustos tratados e um jardim simétrico". Quando posteriormente, no mesmo experimento, outras pessoas lhe descreveram os jardins do Hospital Universitário de Stanford, isso soou como *déjà vu*, pois a descrição se casava perfeitamente com a de Hammid.

Robert Jahn, Brenda Dunne e Roger Nelson, da Universidade de Princeton, realizaram 227 experimentos nos quais um vidente descrevia a localização futura de um pesquisador.[9] A precisão foi semelhante, não importando se o vidente via horas, dias ou semanas no futuro. As probabilidades contra os resultados serem fruto do acaso eram de 100 bilhões para um.

Na "visão remota associativa", o vidente é solicitado a descrever algo que foi arbitrariamente associado a um resultado, em vez de descrever o resultado de fato. Isso é útil quando o vidente tem dificuldades em estabelecer um vínculo emocional com o ocorrido. Esta técnica pode ser ilustrada por um experimento no qual os nomes dos cavalos de corrida foram aleatoriamente associados a objetos domésticos, mas o vidente não fora informado sobre as associações ou sobre os objetos. Antes da corrida, o vidente foi solicitado a descrever o objeto associado ao cavalo que venceria e, depois da corrida, o objeto foi mostrado ao vidente. Elizabeth Targ, psiquiatra e filha de Russell Targ, descreveu uma "esfera de vidro" uma hora antes de uma corrida na qual Shamgo venceu contra

O FUTURO É AGORA: EVIDÊNCIAS DE PRECOGNIÇÃO 103

todas as probabilidades. Uma jarra de vidro esférica de suco de maçã havia sido associada a Shamgo.[10]

Dean Radin abordou a precognição de um modo diferente. Ele mediu a condutividade cutânea de voluntários que observavam um monitor de computador no qual, aleatoriamente, eram exibidas imagens associadas a várias emoções. A condutividade cutânea muda quando suamos e, portanto, é uma boa medida para emoções exacerbadas. As imagens eram serenas, tal como paisagens, ou despertavam fortes emoções, como um material erótico ou violento. As imagens eram oriundas de um conjunto padronizado de estímulos emocionais, usados em pesquisas psicológicas. Três segundos antes da exibição das imagens, a condutividade cutânea dos voluntários mudou de modo discreto, mas estatisticamente significante. A mudança foi na direção esperada em relação ao conteúdo emocional da imagem, e aumentava quando este crescia em magnitude. Radin qualificou o fenômeno como "efeito de pressentimento", e conduziu quatro estudos diferentes sobre isso, tendo de 25 a cinquenta voluntários em cada um. O coeficiente de probabilidade total era de 125 mil para um, em favor de um verdadeiro efeito de pressentimento. Um dos sujeitos era Kary Mullis, vencedor de um prêmio Nobel de química. Mullis ficou "assombrado" pelo fato de sua condutividade cutânea ter se alterado aproximadamente três segundos antes de ver as imagens.[11]

Outro experimento sobre pressentimento foi realizado por James Spottiswoode e Ed May com 125 voluntários.[12] Em vez de imagens, eles usaram sons transmitidos por fones de ouvido. Os participantes ouviam, aleatoriamente, um segundo de um som bastante alto ou, então, de silêncio absoluto. Houve mais flutuações na condutividade cutânea antes dos estímulos sonoros do que antes do segundo de silêncio, o que levou a

104   Poderes paranormais

uma probabilidade de efeito de pressentimento de 1.250 para 1 em relação ao acaso.

Dick Bierman, psicólogo da University of Amsterdam, realizou um estudo de IRMf em dez voluntários adultos, para verificar se o efeito de pressentimento se manifestava na atividade cerebral das pessoas. Nas mulheres, ele descobriu um efeito de pressentimento tanto para as imagens eróticas quanto para as violentas, enquanto nos homens o efeito estava presente somente para as imagens eróticas. O estudo foi pequeno, mas sugestivo, com coeficientes de probabilidades variando de cinquenta para um.[13]

PRECOGNIÇÃO EM ANIMAIS

Assim como a telepatia, a precognição pode não estar limitada aos seres humanos. Dez por cento dos "cães que reagem a convulsões", treinados para cuidar de pessoas que têm ataques epiléticos, se tornam "cães de alerta a convulsões". Em outras palavras, eles são capazes de prever um ataque epilético antes que a pessoa que está prestes a ter a convulsão experimente qualquer sintoma. Os cães conseguem alertá-las em qualquer lugar, com uma antecedência que varia entre alguns segundos até 45 minutos. Como eles fazem isso ainda é um mistério. Geralmente, assume-se que isso se deva ao sentido de olfato dos cães, altamente preciso e desenvolvido, mas nenhum cheiro foi identificado no início de uma convulsão. O fenômeno pode ser parecido com a precognição.

Outro exemplo de possível precognição nos animais ocorreu na tarde de 7 de agosto de 1959, quando milhares de andorinhas, gaivotas e aves marinhas bateram em revoada depois de terem se estabelecido por vários meses no Lago Hebgen, em Montana. Embora a superfície do lago estivesse praticamente sem nenhuma ondulação no momento em que as aves partiram, inúmeros terremotos atingiram o lado ocidental de Montana horas depois. Quando os movimentos da terra sacudiram o dique de Hebgen, ele se partiu, e a inundação matou habitantes e turistas nas cercanias, em Yellowstone. Segundo o Serviço de Pesca e Vida Selvagem do Departamento do Interior, os cães farejadores não encontraram nenhuma carcaça de animal na zona afetada pelo terremoto. Parecia que outros animais, além dos pássaros, também conseguiram evacuar a área a tempo.

Há inúmeras histórias iguais a esta acima. Trata-se de precognição? Ou de um senso auditivo apurado? Os animais detectam vibrações na terra ou mudanças no campo magnético? O Dr. J. B. Rhine acreditava que, entre os relatos de caso de "comportamentos incomuns em animais, há um bom número de casos nos quais a reação é considerada premonitória".[14] Até que isso seja estudado cientificamente, não é possível afirmar nada.

Em 1967, no encontro de inverno da Foundation for Research on the Nature of Man, Robert Morris apresentou um artigo sobre precognição em ratos de laboratório.[15] Ele percebeu que quando se planejava matar os ratos ao fim dos experimentos, eles "tendiam a ser mais agressivos e recalcitrantes" do que o normal no momento em que eram retirados das gaiolas. Ele se perguntou se eles poderiam sentir sua própria morte. Para investigar isso, usou um "campo aberto", uma caixa de 2,40 x 2,40m, cujo chão estava demarcado com pequenos quadrados. Ele registrou o número de quadrados que o animal cruzava tipicamente durante um determinado tempo. Morris esperava que os ratos prestes a morrer mostrassem uma atividade mais restrita no campo aberto.

Morris pegou um grupo de 16 ratos e fez com que eles se movimentassem sozinhos no campo aberto por dois minutos. Imediatamente depois de correr, cada rato era levado a um colaborador, que, seguindo um planejamento aleatório, o matava ou o devolvia ao seu próprio grupo. O pesquisador que fazia as medições no campo aberto não sabia quais animais permaneceriam vivos ou morreriam, e o colaborador/executor não tinha conhecimento do comportamento dos animais no campo aberto. Depois que se completou a série, Morris comparou os registros do campo aberto dos ratos sobreviventes com aqueles dos ratos que haviam morrido. A metade que sobreviveu se mostrou mais exploratória. Eles haviam deixado o seu quadrado original, ao contrário dos animais que morreram. Os resultados eram compatíveis com a possibilidade de precognição.

MEMÓRIA DO FUTURO

A memória do futuro é um tipo muito específico de precognição. P. M. H. Atwater escreveu um livro intitulado *Future Memory*, no qual a memória do futuro é descrita como a habilidade de "lembrar do futuro".[16] O episódio de memória do futuro é tão rico em detalhes sensoriais que o indivíduo geralmente não consegue distingui-lo da realidade cotidiana quando ele acontece. Normalmente, ele é esquecido até que aconteça efetivamente no futuro e que algo desperte seu reconhecimento. A pessoa, então, percebe o que vai acontecer em seguida, pois se trata de uma reprise, tal como um filme familiar que se assiste novamente.

Atwater pesquisou mais de duzentos casos. A citação seguinte é de um deles: "Estava lavando pratos de manhã quando uma onda de energia quase arrancou minha cabeça fora. Subitamente, me vi em um jantar naquela noite, observei as pessoas que estavam lá e participei do que acontecia e do que era dito." A mulher do caso anterior não tinha nenhum plano para aquela noite, mas se lembrou do episódio e ficou pensando se acabaria indo a uma festa aquela noite. Ela recebeu, então, um telefonema convidando-a para uma festa, que se mostrou exatamente igual ao que ela havia vivenciado naquela manhã.

A memória do futuro guarda alguma semelhança com o *déjà vu*, que é o senso de já se ter vivido aquela experiência anteriormente. Entretanto, os episódios de memória do futuro são muito mais ricos de detalhes do que o *déjà vu*, e apresentam um padrão característico e uma sequência de eventos que os distingue. Eis aqui um breve resumo da sequência de Atwater, do começo ao fim:

Sensação física no início. Uma onda de calor é acompanhada por uma sensação de bem-estar.

As relações de espaço-tempo do presente se imobilizam. O tempo para instantaneamente e o ar se enche de clarões.

Expansão. A pessoa sente que seu tamanho e seu conhecimento se expandem.

O futuro se sobrepõe temporariamente ao presente. Uma experiência detalhada se manifesta, como se fosse um componente natural da vida da pessoa, mesmo sendo algo pertencente ao futuro.

As relações de espaço-tempo do presente voltam à atividade normal. A situação termina e os clarões desaparecem. Há uma sensação prolongada de prazer ou perturbação.

Efeitos subsequentes. Há uma sensação de espanto ou confusão. O evento permanece vívido inicialmente, mas, por fim, é esquecido.

O evento futuro se manifesta fisicamente. A memória de ter vivenciado aquilo antes é despertada por um "sinal", e a pessoa sente que está desempenhando um papel previamente escrito. Algumas pessoas sentem que podem mudar o roteiro, e outras não.

Resolução. Vivenciar a memória do futuro soa inicialmente desconfortável, mas depois de algumas experiências a pessoa se sente mais à vontade e desenvolve um senso de mistério e de respeito.

Muitos neurologistas reconheceriam que essa descrição da memória do futuro tem muitas características em comum com a epilepsia do lobo temporal, que foi comprovadamente associada à experiência do *déjà vu*. É possível que, no início de um desses ataques epiléticos, a pessoa visualize clarões. Distorções no tempo, espaço e dimensões corporais também podem ocorrer nesse tipo de epilepsia, que os neurologistas propuseram ser a inspiração por trás do livro *Alice através do espelho,* de Lewis Carroll. Isso não invalida o fenômeno da memória do futuro, mas sugere uma participação dos lobos temporais. Em defesa dessa hipótese está o fato de que o óxido nítrico, ou gás hilariante, pode provocar episódios de memória do futuro; e essa droga afeta as estruturas localizadas nos lobos temporais.

A PRECOGNIÇÃO E SUAS IMPLICAÇÕES

Há muitos relatos de sonhos precognitivos ou proféticos que remetem a tempos antigos.[17] Esses sonhos usualmente parecem relevantes e plenos de significados no momento em que são sonhados, mas é difícil afirmar definitivamente que ilustram a precognição, e não a sincronicidade. Entretanto, pesquisas de laboratório sustentam a ideia de que a precognição é possível.

Algum suporte provém da pesquisa sobre pressentimento. Os neurocientistas já sabiam que nosso cérebro inconsciente percebe eventos antes que eles alcancem nosso conhecimento consciente, pois o primeiro nível de processamento ocorre no campo inconsciente. Se o conteúdo for altamente emocional, o inconsciente envia sinais para o sistema nervoso autônomo, que controla nossas respostas viscerais. É por isso que podemos manifestar mudanças na sudorese, nos batimentos cardíacos e em outros parâmetros antes de saber conscientemente por quê. As medições nas pesquisas sobre pressentimento mostram que o inconsciente já começa a reagir a um evento antes de ele acontecer. Mesmo que isso se dê com apenas alguns segundos de antecedência, qualquer habilidade para perceber o futuro sugere que necessitamos repensar nosso conceito de tempo.

Ao contrário de outras formas de precognição, as experiências de memória do futuro oferecem uma oportunidade única de pesquisa, pois são muito ricas em detalhes e têm um padrão característico no início, o que facilita, de saída, o seu reconhecimento. Além disso, elas também podem ser induzidas, o que permite fazer um estudo controlado do fenômeno. Uma forma de induzi-las em indivíduos suscetíveis é através do óxido nítrico, também conhecido por causar EFCs. Depois da indução de um episódio de memória do futuro, os detalhes podem ser registrados e comparados com a sequência de eventos, quando eles de fato ocorrerem. Embora não se possa prever quando os eventos futuros acontecerão, eles geralmente têm uma duração suficiente para que o voluntário alerte o pesquisador logo no início da sequência.

A memória do futuro torna o conceito de viagem no tempo menos exorbitante. Se a memória do futuro ou qualquer outra forma de precognição é real, significa que o futuro já existe, o que é compatível com a crença de muitos físicos. O conceito de Einstein de que o espaço não pode ser separado do tempo, mas, ao contrário, forma um contínuo espaço-tempo, facilita a aceitação da precognição. Se o espaço e o tempo estão interconectados e podemos ver remotamente no espaço, isso é compatível com a ideia de ver remotamente no tempo.

O tempo pode nos parecer uma seta que se move para a frente, pelo modo como nossos cérebros são planejados para concebê-lo, e não pelo modo como o universo realmente é. Para nós, é adaptativo construí-lo desta forma. A viagem no tempo seria muito desorientadora se ocorresse durante a consciência de vigília normal, e, portanto, isso pode explicar por que as pessoas geralmente se libertam do aqui e agora apenas durante os sonhos e os estados alterados de consciência.

Se a precognição significa que há um futuro preexistente, isso levanta certas questões. Uma delas é se podemos mudar o futuro. Atwater descobriu que algumas pessoas com memória do futuro não conseguiam fazê-lo, mas outras sim. Ela descreveu a história de uma mulher que teve um episódio de memória do futuro, no qual seu marido se envolvia em um acidente de carro. Ela tentou evitar o acidente, não permitindo que ele saísse aquela noite. Entretanto, o acidente que ela previra aconteceu alguns dias depois, naquela mesma semana. Outra pessoa que participou de seu estudo conseguiu impedir completamente um acidente, reconhecendo a memória do futuro e modificando suas ações.

A precognição também levanta a questão do livre arbítrio. Nossa habilidade de agir para mudar o futuro é compatível com a faculdade do livre arbítrio, mas mesmo que o futuro não possa ser mudado, isso não nega nosso livre arbítrio. Experienciamos a vida como uma cadeia de momentos que fazem parte do presente, e é no momento presente que podemos exercitar o nosso livre arbítrio. Durante a rodagem de um filme, o livre arbítrio é exercido pelo diretor e pelos atores, cujo nível de atuação e improvisação são expressões do livre arbítrio. Mas uma vez que o filme vai para as salas de cinema, a mesma série de eventos ocorrerá na tela indefinidamente.

Outra questão diz respeito a saber se a precognição é uma coisa boa. Se todos nós temos uma habilidade latente para acessar o futuro, talvez não seja sempre em nosso próprio benefício. Normalmente, as pessoas que relatam ter acessado informações sobre o futuro têm apenas pequenos lampejos do que viram, e não uma perspectiva completa. Isso poderia ser um problema se prevíssemos um período extremamente difícil, que preferiríamos evitar. Poderíamos ficar com medo. O conhecimento prévio também não significa necessariamente que faríamos as melhores escolhas. Algumas experiências difíceis contribuem para nosso crescimento pessoal, e não deveriam ser evitadas. A precognição pode ser real, mas pode estar acessível aos seres humanos somente sob certas circunstâncias, por ser um mecanismo mais adaptativo.

Capítulo 6

A MENTE SOBRE A MATÉRIA: EVIDÊNCIAS DE PSICOCINESE

A força vital não está encerrada no homem, mas irradia ao seu redor como uma esfera luminosa, e pode-se fazê-la atuar à distância. Nesses raios semimateriais, a imaginação do homem pode produzir efeitos saudáveis ou mórbidos.

— PARACELSO (1493-1541)

Todos aqueles que acreditam em psicocinese, levantem minha mão.

— STEVEN WRIGHT, COMEDIANTE

A PSICOCINESE, OU INFLUÊNCIA remota, é uma influência parapsíquica sobre um objeto, um processo ou um sistema. É o termo científico para práticas como o vodu ou a bruxaria, a cura pela oração e a alteração do carma pelo entoar de mantras em sânscrito. A psicocinese também está associada a assuntos mais mundanos, como o poder do pensamento positivo para fazer com que coisas desejadas aconteçam. Tornou-se um tema bastante discutido na mídia ultimamente. *Quem somos nós?* e *O segredo* são dois filmes populares que mostram cientistas enfatizando que nossos pensamentos são poderosas influências em nossas vidas.

A psicocinese cai em uma categoria diferente de outras habilidades parapsíquicas. A telepatia, a clarividência e a precognição envolvem a percepção de informações que não estão disponíveis através dos meios usuais. Em outras palavras, elas são tipos de percepção extrassensorial. A psicocinese, ao contrário, não é uma percepção, mas uma habilidade da intenção consciente de agir como uma força no mundo externo.

Quando as pessoas pensam na psicocinese, pensam, geralmente, nos fenômenos exóticos, como a manifestação repentina de objetos materiais realizada por gurus na Índia, a levitação de objetos, ou outras façanhas que parecem estar mais relacionadas à mágica do que a qualquer outra coisa. Mas a maior parte das evidências científicas da psicocinese tem servido para dar sustentação a fenômenos mais sutis, como a mudança no coeficiente de multiplicação de bactérias em recipientes de laboratório, ou no resultado de um jogo de cara ou coroa. Em outras palavras, a intenção consciente parece exercer uma influência maior em sistemas que já se encontram em um estado de mudança ou incerteza, e quando não se está tentando violar as leis fundamentais da natureza, como a gravidade.

A pesquisa sobre psicocinese está dividida em três grandes categorias, e a contundência das evidências da PK varia de acordo com cada uma delas. As categorias incluem a biopsicocinese, que foi renomeada de "interação mental direta sobre sistemas vivos" (DMILS, na sigla em inglês) e refere-se à influência sobre seres humanos, animais, plantas ou microorganismos. A macropsicocinese é a influência diretamente observável, de grande escala, sobre objetos (como fazer uma mesa levitar no ar). E a micropsicocinese é a influência sobre sistemas ou acontecimentos aleatórios, exigindo análise estatística para ser observada.

CURA PELA ORAÇÃO E REMISSÃO ESPONTÂNEA

Um dos relatos mais dramáticos de cura pela oração é o de São Peregrino, o santo padroeiro da remissão espontânea do câncer. Mais de 700 anos atrás, São Peregrino era um jovem pároco fadado a ter sua perna amputada por causa de um câncer. Na noite anterior à cirurgia, ele orou intensamente, e quando adormeceu, sonhou que estava curado. Ao acordar, constatou que, de fato, havia se curado. Seu câncer nunca mais reincidiu e ele viveu até os 80 anos de idade, morrendo em 1345. Tais histórias são comuns na Igreja Católica, e foram as bases para religiões como a Ciência Cristã, que confia no poder da oração e da fé para curar doenças, em detrimento do uso de medicamentos.

Dentro da medicina, a remissão espontânea é rara, sendo considerada um mistério médico. T.C. Everson e W.H. Cole definiram a remissão espontânea do câncer como o desaparecimento completo do tumor maligno na falta de todos os tratamentos ou na presença de uma terapia considerada inadequada para exercer uma influência significativa. Após revisar vários casos, eles concluíram que a remissão espontânea do câncer ocorre em um entre 100 mil casos. O livro *Spontaneous Remission,* do Institute of Noetic Sciences, cataloga centenas de casos bem documentados de pessoas que se recuperaram de cânceres metastáticos mesmo depois de estar desenganadas, além de casos de remissão de inúmeras outras doenças.[1] Escrito em 1993, ele contém aproximadamente 3.500 referências de 800 periódicos em vinte línguas diferentes.

Houve também muitos estudos sistemáticos sobre a eficácia da oração contra o câncer e outras doenças. Randolph Byrd, cardiologista, distribuiu aleatoriamente 393 pacientes, admitidos na unidade de tratamento cardiológico no San Francisco General Hospital, em dois grupos: um no qual se orava pelos pacientes, e outro no qual não se orava por eles.[2] As pessoas encarregadas de rezar recebiam o primeiro nome e os diagnósticos dos pacientes, mas não era fornecida nenhuma instrução sobre como a oração deveria ser feita. Ninguém sabia quem estava recebendo as orações, mas observou-se que aqueles que receberam preces se revelaram cinco vezes menos propensos a usar antibióticos e três vezes menos propensos a desenvolver edema pulmonar. Nenhum deles precisou de respiração artificial através da traqueia, enquanto 12 dos pacientes do grupo que não recebeu orações precisou desse procedimento. Menos pessoas que receberam preces morreram, embora isso não tenha sido estatisticamente significante. Este é apenas um dos muitos estudos positivos sobre as orações. De fato, um número tão expressivo de estudos apresentou resultados positivos que Larry Dossey, M.D., autor de *Rezar é um santo remédio*, afirmou publicamente que os médicos que não prescrevem orações para seus pacientes estão sonegando um tratamento eficaz.[3]

No entanto, como ilustra o exemplo acima as intenções da oração e as formas de medir os resultados são geralmente indefinidas, o que torna as descobertas menos convincentes para a ciência tradicional. Além disso, a magnitude do efeito da oração pode parecer inferior ao que efetivamente é, pois os amigos e os membros da família costumam rezar por pacientes no grupo "que não recebe orações". Seria antiético e inexequível proibir esse tipo de oração fora do laboratório e, portanto, não existe, de fato, um grupo "que não recebe orações", mas, sim, um que recebe menos orações.

Há uma série de problemas na interpretação da cura pela prece como uma forma de psicocinese. Em alguns estudos, os pacientes sabiam que havia alguém rezando por eles, o que gerava a possibilidade de um efeito placebo. E em pelo menos um desses estudos sobre orações, tal conhecimento prévio teve um efeito contrário ao desejado, pois os pacientes passaram a acreditar que estavam mais doentes do que imaginavam, já que havia pessoas rezando por eles. Além disso, uma vez que a oração é uma prática espiritual, a ciência não pode eliminar a explicação alternativa de que os resultados positivos são oriundos da intervenção divina.

EXPERIMENTOS SOBRE INFLUÊNCIA MENTAL DIRETA EM HUMANOS

Algumas das primeiras pesquisas dessa categoria foram conduzidas nos anos 1920 e 1930, na Rússia, por Leonid Vasiliev. Uma tradução em inglês de seu livro, *Experiments in Mental Suggestion*, foi publicada em 1963.[4] Sua pesquisa era muito sofisticada, particularmente para aquela época, e incorporava as gaiolas de Faraday e outros dispositivos para isolar a radiação eletromagnética. Em seus experimentos, as distâncias entre os sujeitos e as pessoas que faziam a sugestão mental variavam

118 Poderes paranormais

entre 18m e mais de 1.600km. A equipe de pesquisa constatou que a sugestão mental causava mudanças na respiração, nos estados de vigília e de sono, nos atos motores e na condutividade cutânea mesmo a distância.

Os estudos de Vasiliev foram a fonte de inspiração de William Braud, Ph.D., da Mind Science Foundation, em San Antonio, Texas. Braud, a princípio cético, acabou acreditando e se tornando um dos principais colaboradores desse campo de estudos. Seu livro *Distant Mental Influence* contém muitos de seus estudos publicados, alguns dos quais foram realizados em parceria com Marilyn Schlitz, Ph.D.[5] Seus voluntários, com idades que variavam entre 16 e 65 anos, responderam a anúncios nos jornais e a avisos espalhados pela cidade de San Antonio.

O voluntário e o influenciador sentavam-se em cadeiras confortáveis, mas o primeiro ficava em uma sala na penumbra, conectado a um dispositivo que registrava sua condutividade elétrica cutânea. Como já foi observado, o suor aumenta nossa condutividade elétrica cutânea. Estados emocionais podem nos fazer suar e, portanto, o aumento da condutividade cutânea é considerado uma medida da excitação emocional. O influenciador ficava em outra sala, observando a leitura da condutividade cutânea do sujeito. O influenciador usava o imaginário e outras técnicas, como mudar seu próprio estado emocional para alterar a condutividade cutânea do voluntário a distância. Foram realizados 13 experimentos, que continham de dez a quarenta sessões. O coeficiente total de sucesso foi de 40%, enquanto o coeficiente de sucesso esperado relativo ao acaso foi de 5%.

Os resultados foram altamente significativos, mas os comentários dos participantes foram a parte mais interessante.

Um sujeito relatou que teve uma impressão muito vívida de que o influenciador entrava na sua sala durante a sessão. Ele sentiu que o influenciador andava até as costas de sua cadeira e a sacudia vigorosamente. A experiência pareceu tão real que o voluntário teve dificuldade de acreditar que ela de fato não aconteceu. No fim, o influenciador revelou ter imaginado sacudir o sujeito daquela maneira, como um meio de tentar influenciá-lo remotamente.[6]

EFEITOS DA INTENÇÃO EM SISTEMAS VIVOS NÃO HUMANOS

Estudos sobre os efeitos da intenção em células isoladas não suscitam o problema de explicações alternativas, como a intervenção divina, a telepatia ou os efeitos placebo. Um dos primeiros estudos desse tipo foi realizado por N. Richmond, que colocou organismos unicelulares, chamados de paramecia, sob a retícula de um microscópio. Os quadrantes do campo microscópico foram selecionados aleatoriamente. O experimentador, então, concentrou-se em influenciar a paramecia, fazendo com que ela se movesse para um quadrante específico, o que aconteceu com uma frequência estatisticamente significativa.[7] Em um experimento realizado por Carroll Blue Nash, ex-chefe do Departamento de Biologia da St. Joseph's University, na Filadélfia, estudantes universitários aleatoriamente selecionados usaram a intenção para influenciar o crescimento de bactérias, que aumentaram e diminuíram significativamente.[8]

No estudo do Dr. William Braud, 32 voluntários tiveram uma amostra de células de glóbulos vermelhos colhida e acondicionada em vinte tubos contendo água e uma pequena quantidade de sal.[9] Soluções salinas fazem com que a água penetre as células sanguíneas, até elas arrebentarem. Os voluntários e os tubos foram colocados em salas separadas, e pediu-se que eles protegessem parapsiquicamente suas células do rompimento em dez dos tubos, ignorando os outros dez. Os tubos ignorados foram usados como controle, ou como base de comparação com "protegidos" pelas pessoas. O coeficiente de destruição das células de glóbulos vermelhos foi medido por um espectrofotômetro durante as sessões de 15 minutos de "proteção parapsíquica". A diferença entre as células "protegidas" e as células de controle foi significativa em nove dos 32 voluntários, enquanto somente 1,6 diferiram do grupo de controle devido apenas ao acaso. Em outro experimento, Braud descobriu que as pessoas conseguiam exercer uma influência maior sobre as próprias células do que sobre as células de outra pessoa.

MACROPSICOCINESE

A macropsicocinese é encarada com suspeita até mesmo por muitos parapsicólogos, por causa dos incidentes de fraude. O mais famoso exemplo foi o paranormal israelense Uri Geller, que, nos anos 1960, apresentava números na televisão nos quais entortava metais sob condições não controladas. Alguns espectadores ficaram tão convencidos de seu poder que relataram que alguns de seus objetos domésticos haviam sido afetados. Entretanto, muitos mágicos profissionais acusaram Geller de usar técnicas ilusionistas, como substituir sub-repiticiamente as colheres por aquelas

A MENTE SOBRE A MATÉRIA

121

já previamente entortadas. Além disso, quando testado sob condições controladas, ele não conseguia repetir suas habilidades. Mais tarde, Geller chegou a apresentar um *reality show* chamado *The Successor*, uma busca de talentos para eleger seu herdeiro parapsíquico. Em um episódio, ele foi pego trapaceando, com um ímã escondido no polegar para mover o compasso de uma bússola. O caso se transformou em um grande escândalo, especialmente em Israel, onde ele foi bombardeado pela imprensa. Geller afirmou que tinha bons e maus dias, e alguém sugeriu que ele sofria pressões para trapacear em seus maus dias. Independentemente da verdade, há uma desconfiança generalizada entre os cientistas quanto à macropsicocinese.

No experimento seguinte, não havia possibilidade de truque. Ingo Swann mudou intencionalmente as leituras de um dispositivo chamado SQUID (Superconducting Quantum Interference Device), que foi enterrado sob um prédio e protegido da influência eletromagnética por inúmeras camadas de metal. Quando Swann observou remotamente o interior do SQUID, fez desenhos precisos dele, mas também alterou o nível de sua potência sinusoidal, que era normalmente bastante constante. A onda senoidal dobrou de frequência quando ele "projetou sua consciência" sobre o SQUID. A técnica, chamada de "projeção astral", é uma experiência fora do corpo autoinduzida, e será discutida no capítulo 7. A onda voltou à frequência normal quando Swann parou, e permaneceu razoavelmente constante, exceto quando ele reproduziu fidedignamente a alteração.[10] Mas até mesmo esse efeito pode ter sido fruto de uma micropsicocinese.

MICROPSICOCINESE

A pesquisa sobre micropsicocinese em Princeton foi chamada de PEAR (Princeton Engineering Anomalies Research).[11] A PEAR usava máquinas chamadas de geradores de números aleatórios, ou RNGs, na sigla em inglês. A representação gráfica dos números gerados dá origem a uma curva de distribuição aleatória, que tem por padrão a forma de sino. O desvio dessa forma de sino é usado, na estatística, para demonstrar que os dados são significativamente diferentes dos relativos ao acaso, ou randômicos. Os primeiros geradores de eventos aleatórios eram sistemas mecânicos, como jogos de cara ou coroa ou lance de dados, mas, desde os anos 1970, os pesquisadores têm utilizado dispositivos que se baseiam em emissões ou decomposições radioativas, um dos mais conhecidos processos aleatórios da ciência. Isso fez com que a emissão de partículas individuais de fontes radioativas se tornasse um alvo excelente para os experimentos da psicocinese.

Os voluntários da pesquisa da PEAR foram incentivados a distorcer as curvas de distribuição aleatória, afastando-as da forma de sino. Durante um período de 12 anos e após aproximadamente 2,5 milhões de testes, 52% dos testes mostraram uma mudança das curvas na direção pretendida, seja para a direita ou para a esquerda. Uma análise posterior descobriu que os homens eram melhores do que as mulheres na tentativa de mudar a curva na direção pretendida. As mulheres, por outro lado, produziam um efeito maior na forma da curva, mas não necessariamente na direção pretendida.[12] Além disso, os resultados mais bem-sucedidos ocorreram quando os voluntários observaram imagens arquetípicas, ritualísticas ou religiosas, enquanto tentavam alterar os números. Essas imagens ativavam preferencialmente o cérebro direito, que está associado ao inconsciente e à intuição. O efeito se mostrava mais intenso quando duas pessoas sem conexão entre si, em vez de uma única pessoa, tentavam influenciar as curvas. Quando as duas pessoas tinham uma relação próxima, os resultados foram quatro vezes melhores do que os de uma única pessoa.

Esse efeito cumulativo da intenção das pessoas sobre os RNGs levou a uma série de experimentos chamados de Global Consciousness Project, no qual as curvas de distribuição aleatórias eram mensuradas, mas sem se constituírem, elas mesmas, o foco da intenção das pessoas. Os pesquisadores Dean Radin e Roger Nelson estavam tentando verificar se uma maciça conexão entre consciências poderia afetar a quantidade de aleatoriedade no mundo. Eles levantaram a hipótese de que essa conexão poderia ocorrer quando bilhões de pessoas focavam no mesmo evento da mídia. Os pesquisadores observaram uma mudança dramática nas curvas de distribuição aleatórias quando o veredicto do julgamento de O.J. Simpson foi transmitido pela televisão. Uma mudança também ocorreu durante as cerimônias de abertura dos Jogos Olímpicos de 1996, assistidas por mais de 3 bilhões de pessoas.

O Global Consciousness Project teve início em 1998, com três RNGs posicionados em locais distintos. Em 2005, a rede já incluía 65 RNGs ativos ao redor do mundo (na Europa, América do Sul e América do Norte, Índia, Fiji, Nova Zelândia, Japão, China, Rússia, África, Tailândia, Austrália, Estônia e Malásia). As curvas de distribuição aleatória mudaram durante o funeral do Papa João Paulo II e na época dos trágicos atos terroristas de 11 de setembro de 2001. Centenas de outros eventos de grande interesse foram analisados, e descobriu-se que produziram resultados significativos.[13]

Radin também realizou pesquisas sobre os efeitos da intenção nos cassinos.[14] Era fácil descobrir os parâmetros de lucro dos cassinos. A porcentagem de dinheiro acumulado nas máquinas de caça-níquel dos cassinos é previsível, pois a proporção está embutida nas máquinas. Considerando que os jogadores sempre pretendem ganhar, a maneira de testar a psicocinese foi verificar se os jogadores eram mais bem-sucedidos do que os parâmetros durante as condições favoráveis à psicocinese.

E quais seriam as condições favoráveis? Mais de uma dúzia de estudos sobre fenômenos parapsíquicos sugeriram que as habilidades parapsíquicas se intensificam quando as flutuações no campo geomagnético da Terra (GMF, na sigla em inglês) estão em seus menores níveis.[15] O GMF está em fluxo constante e é afetado por inúmeros fatores. Um deles é o movimento do núcleo fundido da Terra. Outro são os campos magnéticos de outros planetas, quando eles se movem em relação à Terra. Um terceiro fator é a flutuação de partículas solares altamente carregadas que entram em nossa atmosfera. Radin avaliou que se a psicocinese ajudava as pessoas a ganhar nos cassinos, os índices de previsibilidade deveriam mudar a favor dos jogadores nos dias em que as flutuações do GMF fossem menores. Ele descobriu que esse era exatamente o caso.

Em ambos os estudos, o do jogo e o do GMF, a intenção consciente estava associada a um desvio de 2% relativo ao acaso. Essa pequena porcentagem era estatisticamente significativa, por causa do grande número de tentativas experimentais envolvidas. Pelo fato do efeito ser pequeno, não o reconheceríamos sem os benefícios da análise estatística. Entretanto, isso não é a mesma coisa que afirmar que uma diferença de 2%

tem um impacto trivial. Isso se tornará mais claro quando eu discutir a teoria do caos, que mostra que pequenas transformações nas condições iniciais podem levar a grandes mudanças nos resultados.

Radin sugere que a intenção consciente é uma das razões pelas quais os pesquisadores podem obter resultados opostos quando estão estudando o mesmo fenômeno. Em outras palavras, os pesquisadores com uma preferência por determinados resultados podem influenciá-los através da psicocinese. Isso pode ser aplicado nas pesquisas sobre habilidades parapsíquicas. De fato, pesquisadores céticos usualmente obtêm resultados negativos que reforçam a sua visão, enquanto os que acreditam usualmente obtêm resultados positivos. Uma possibilidade é que os céticos podem interpretar erroneamente os dados, ou configurar inadequadamente seus experimentos, mas Radin sugere que tanto os que acreditam quanto os céticos influenciam inconscientemente seus dados através da psicocinese.

A PSICOCINESE E A INTERFACE MENTE-CORPO

A influência da mente sobre o corpo é um componente da interface mente-corpo que tem despertado grande interesse ao longo das últimas décadas. Sabemos muito mais sobre isso agora, mas, de alguma forma, não estamos muito mais adiantados do que Descartes estava, quando descreveu o mecanismo dessa interação. Os exemplos seguintes ilustram o que sabemos e o que não sabemos:

- Quando decidimos que queremos tomar um gole de um copo d'água à nossa frente, estendemos nosso braço até ele, o pegamos com nossas mãos e o levamos até nossos lábios. Os cientistas mapearam as vias neuromusculares envolvidas nessa ação. A atividade no córtex motor cerebral envia sinais para o sistema nervoso periférico, que, por fim, libera mensageiros químicos nos receptores dos músculos de nossos braços e mãos para fazê-los se contrair e se movimentar. Mas ainda não sabemos como o desejo de beber cria a atividade celular cerebral no início dessa cadeia física de causalidade.

- O efeito placebo faz com que as pessoas melhorem unicamente em resposta às suas próprias crenças de que responderão ao tratamento. Ele é tão bem fundamentado que as empresas farmacêuticas são obrigadas a comprovar, por meio de testes clínicos, que seus medicamentos são mais eficientes do que um placebo. O efeito nocebo faz com que as pessoas desenvolvam os efeitos colaterais de medicamentos que esperavam desenvolver, não importando se as pílulas que ingeriram são ou não verdadeiras. Os cientistas podem discutir os efeitos placebo e nocebo em termos da liberação de vários neuropeptídeos, hormônios, citocinas ou outros mensageiros químicos envolvidos nas interações mente-corpo. Mas a liberação desses mensageiros é estimulada por pensamentos conscientes ou inconscientes, e esse mecanismo é desconhecido.

- Estudos mostraram que visualizar as células imunológicas atacando o câncer mobiliza, de fato, o sistema imunológico para combater o câncer. Mais uma vez, o mecanismo é desconhecido.

A MENTE SOBRE A MATÉRIA 127

- Em uma reação de conversão histérica, a pessoa perde uma função corporal para não encarar um pensamento desagradável. Uma vez, vi uma mulher na sala de emergência que havia perdido as funções de seu braço direito. As funções voltaram ao normal depois que ela foi hipnotizada e percebeu que tinha um desejo inconsciente de estrangular seu marido. Freud foi um dos primeiros a perceber que nossos pensamentos inconscientes podem ser tão vigorosos quanto os conscientes, mas desconhece-se como eles podem causar uma perda temporária de funções para evitar que um pensamento se torne consciente.

- Nossos pensamentos provocam mudanças estruturais em nossos cérebros. Jeffrey Schwartz, M.D., usou escâners PET em pacientes com transtorno obsessivo-compulsivo, antes e depois de dez semanas de terapia cognitivo-comportamental, uma técnica que os ensinava a redirecionar seus pensamentos e comportamentos. Os escâners demonstraram que seus cérebros se alteraram, voltando à atividade normal.[16] Outra pesquisa mostrou que quando as pessoas deprimidas forçam-se a ter pensamentos mais alegres, elas também conseguem "reconectar" seus cérebros. Os aparelhos mostraram que o tratamento psicológico de depressões leves a moderadas pode provocar as mesmas mudanças de atividade que o tratamento farmacêutico. Ao longo do tempo, as vias envolvidas na atividade cerebral normal são reforçadas, e novas células cerebrais substituem as células mortas. Os cientistas compreendem as reações fisiológicas em cascata, que fazem com que nossos genes entrem em atividade e produzam as proteínas que reconstroem as células cerebrais e suas conexões, mas não se sabe como os pensamentos conseguem ocasionar esse passo inicial dessa cadeia de eventos.

- A intenção consciente também pode agir sobre algo artificialmente associado ao nosso corpo. Na Universidade de Pittsburgh, Andrew Schwartz conectou eletronicamente um braço mecânico ao cérebro de um macaco.[17] Os braços do macaco ficaram intactos, mas restringidos, de modo que ele pudesse usar apenas o braço mecânico para pegar comida e levá-la até a boca. Noventa e seis eletrodos, cada um deles mais fino do que um fio de cabelo, foram colocados no córtex motor do macaco, na área que controlava o movimento muscular de um dos braços restringidos. A colocação exata dos eletrodos não era fundamental, e Schwartz usou uma quantidade muito menor de células cerebrais para enviar informações ao braço artificial do que o cérebro normalmente utiliza para controlar um braço. O macaco aprendeu, com sucesso, a manipular o braço mecânico por meio da intenção para conseguir se alimentar. Portanto, mesmo quando as conexões são artificialmente criadas, o desejo de comer pode gerar impulsos elétricos nas células cerebrais apropriadas, embora se desconheça precisamente como isso se dá.

Todos os exemplos acima indicam que os nossos pensamentos estimulam a atividade dentro de nossos corpos. A psicocinese sugere que eles também podem agir como estímulos fora de nossos corpos. Isso vai de encontro ao modelo usual de consciência, que assume, sem prova alguma, que nossa consciência e nossos pensamentos estão confinados em nossos cérebros. Na verdade, as pesquisas sobre o parapsiquismo apresentadas até o momento e as modernas pesquisas físicas apresentadas no capítulo 10, sugerem o oposto.

A psicocinese nos leva de volta à questão do que é a consciência e como ela interage com o mundo físico. Segundo o mentalismo, nossa percepção do mundo físico é uma ilusão e tudo é produto de nossas mentes; portanto, a habilidade da mente para influenciar o mundo físico é simplesmente uma função do estado de consciência da pessoa. No dualismo, a consciência e o mundo material são totalmente separados e distintos e, portanto, a maneira pela qual eles interagem entre si é misteriosa, seja localmente ou a distância.

No modelo materialista, tudo, incluindo os pensamentos, pode ser reduzido a algo material. Esse modelo poderia dar conta da psicocinese se considerasse a consciência como uma força que poderia agir localmente e a distância. Há um precedente para forças desse tipo. A gravidade é uma força que age a distância e, embora convivamos com ela constantemente e tenhamos teorias sobre como ela funciona, ainda assim trata-se de um mistério.

Portanto, sem levar em conta o modelo escolhido da consciência, a psicocinese é semelhante à interação entre nossos pensamentos e nossos corpos, mas ela pode atuar remotamente em outros sistemas ou coisas. Se alguém usar a navalha de Occam e não evocar uma explicação mais complicada quando uma mais simples seria suficiente, precisamos descartar a hipótese de que a interação entre mente e matéria se altera com a distância.

O QUE PODEMOS CONCLUIR DAS PESQUISAS SOBRE PSICOCINESE?

Há evidências da psicocinese, mas elas são diferenciadas entre seus vários tipos. Embora haja muitos estudos positivos em relação aos efeitos da oração na cura, esse efeito não é claramente uma psicocinese, por causa da possibilidade da intervenção divina. A pesquisa sobre macropsicocinese foi corrompida pelas fraudes, mas há pelo menos um caso que a comprova. Os dados sobre micropsicocinese, como aqueles dos geradores de números aleatórios, mostram um efeito discreto, mas significativo. E a pesquisa com organismos unicelulares, células de glóbulos vermelhos humanos e condutividade cutânea de humanos demonstram efeitos significativos.

A psicocinese pode ser uma extensão do impacto de nossos pensamentos sobre nossos corpos. Essa hipótese é compatível com a pesquisa de Braud sobre sistemas vivos, que mostra que conseguimos o maior impacto de psicocinese em sistemas que estão mais intimamente relacionados com os nossos. Influenciamos mais os roedores do que um peixe, pessoas mais do que roedores, e nossas próprias células mais do que as de outra pessoa.

Quando as pessoas focam nas Olimpíadas e nem sequer sabem que os RNGs existem, alterações nas curvas dos RNGs devem-se a um tipo de efeito que é diferente do que ocorre quando alguém é solicitado a focar no desvio da curva dos RNGs. Isso sugere que um nível coletivo de consciência pode afetar o mundo e torná-lo menos aleatório. Mas teria de acontecer no nível subatômico, pois os geradores de números aleatórios funcionam por emissão radioativa de partículas subatômicas. Sabemos, a partir das pesquisas da física quântica, que o mundo subatômico é afetado por nossa observação ou consciência, e, portanto, isso não seria tão artificial quanto parece.

O Global Consciousness Project sugere que a consciência focada pode ter um efeito ordenador sobre o universo, que de outra forma mostra uma tendência para a desordem e a entropia. Os sistemas vivos têm um efeito auto-organizador sobre os átomos que os conformam, enquanto a entropia ganha terreno à medida que o corpo se decompõe. O Global Consciousness Project (junto com a psicocinese, as sincronicidades e a telepatia) também sugere que vivemos em um universo interconectado. Essa interconectividade foi proposta pelos místicos por milênios, e está sendo, agora, validada pela física moderna.

Capítulo 7

ELA ESTAVA FORA DA MENTE OU FORA DO CORPO?

Nossa consciência normal de vigília, ou consciência racional, como a chamamos, é apenas um tipo especial de consciência, e à sua volta, separada dela pela mais tênue membrana, encontram-se formas potenciais de consciência inteiramente diferentes.

— WILLIAM JAMES

MUITOS — MAS NEM TODOS — paranormais relatam que suas consciências estão fora de seus corpos quando eles se engajam em tarefas parapsíquicas como a visão remota. O comentário de William James na epígrafe deste capítulo foi inspirado nas experiências fora do corpo por ele vivenciadas sob a influência do gás hilariante. A conclusão de James, de que o cérebro é apenas um filtro para a consciência, em vez de seu criador, é compartilhada por vários membros do corpo docente de medicina psiquiátrica da University of Virginia. Eles oferecem inúmeros argumentos e dados de pesquisas para apoiar essa perspectiva em seu livro *Irreducible Mind*, de 2007.[1]

Trata-se, na verdade, de uma visão dos povos antigos. As filosofias orientais ensinam que vivemos em um mar de consciência unificada; que nossa consciência pessoal existe tanto dentro quanto fora de nosso corpo; e que nossa consciência pode afastar-se do corpo durante os sonhos, experiências fora do corpo (EFCs), e na morte. Em outras palavras, o cérebro não é o gerador da consciência.

A visão oriental da consciência é radicalmente diferente do modelo usual, que toma o cérebro por base. O modelo oriental sobrevive por muitas razões, a maioria das quais provém da experiência, e não apenas de crenças. Muitos autores tentaram validar o modelo oriental cientificamente, apontando os paralelos entre a experiência de consciência dos místicos e a física quântica, que descrevem um universo interconectado com mais dimensões do que experienciamos através de nossos sentidos. Mas mesmo que o cérebro não dê origem à consciência, ele tem um papel nos fenômenos parapsíquicos. Para a maioria, o que se passa no cérebro ainda não foi discutido na literatura sobre experiências parapsíquicas, mas temos agora algumas pistas importantes.

EXPERIÊNCIAS FORA DO CORPO

Ingo Swann e Edgar Cayce foram alguns dos que usaram as EFCs autoinduzidas para obter informações parapsíquicas. Durante uma EFC, as pessoas relatam que seu "eu", ou o centro de suas consciências, está localizado fora do corpo físico. Elas têm a sensação de flutuar, viajar para localidades distintas e observar o corpo físico a partir de uma certa distância.

À parte essas características comuns, a experiência é altamente variável. Somente 7% relatam ter visto um cordão astral, descrito como uma corda de elástico prateada que conecta o corpo físico ao corpo "astral" que viaja. Na filosofia oriental, o corpo astral é um dos quatro principais "corpos sutis", revestimentos ou camadas invisíveis de um campo de consciência que flui através e em torno do corpo físico. Somente o corpo astral se engaja nas viagens distantes, e esse é o motivo pelo qual as EFCs autoinduzidas também são chamadas de projeção astral. Algumas pessoas "veem estrelas" durante uma EFC, e interpretam isso como uma viagem ao espaço sideral. Por este motivo, *astral* foi escolhido como esse nome sutil do corpo, pois é derivado da raiz da palavra "estrela". Muitos experienciam o corpo astral durante a EFC como uma versão mais translúcida de seu corpo físico. Mas nem todos vivenciam um corpo astral; algumas pessoas relatam que são "pura consciência" ou "bolas de luz" durante as EFCs.

As EFCs também não exigem que se esteja em estado de transe, como acontecia com Edgar Cayce em suas leituras. Algumas vezes, a pessoa pode estar acordada e manter, simultaneamente, uma perspectiva de dentro do corpo. Um paciente meu de 22 anos de idade, por exemplo, me contou sobre suas intermitentes experiências fora do corpo. "Eu estava andando na rua, e subitamente ficava observando toda a cena do alto, enquanto via e interagia, ao mesmo tempo, com todas as coisas dentro do meu corpo. Isso me apavorou a princípio, mas depois de um certo tempo, me acostumei". Um outro psiquiatra havia lhe dado o diagnóstico de esquizofrênico e receitado medicação antipsicótica, o que fez com que suas EFCs cessassem. Elas retornaram quando ele suspendeu a medicação. Embora os antipsicóticos controlassem suas EFCs, isso não significa que as EFCs deveriam ser apressadamente classificadas como experiências alucinatórias. O que podemos concluir é que os antipsicóticos conseguem restaurar a perspectiva usual de dentro do corpo.

As EFCs diferem das alucinações por serem frequentemente comprováveis. Uma média de 19% de pessoas que já tiveram EFCs dizem que comprovaram o que haviam testemunhado durante as experiências.[2] Um exemplo vem da Senhorita Z, a mulher que leu os remotos cinco dígitos durante uma EFC no laboratório de Charles Tart. Aos 14 anos de idade, ela teve uma EFC na qual testemunhou o estupro e o ataque a uma menina que usava uma saia xadrez. O crime ocorreu em uma região específica de sua cidade natal, que ela conseguiu reconhecer durante a EFC. No dia seguinte, o jornal relatou que uma menina com saia xadrez havia sido estuprada e assassinada naquela noite, na exata localidade e da mesma forma que ocorrera durante a EFC da Senhorita Z. Esse paralelo sombrio teve um impacto psicológico traumático sobre a Senhorita Z, que passou a temer ter mais experiências desse tipo.

Carlos Alvarado, especialista em EFCs, comprovou independentemente os relatos de eventos vistos a distância durante EFCs em 5% de seus 61 casos.[3] Embora essa não seja uma porcentagem alta, é suficiente para sugerir que algumas pessoas de fato veem eventos de uma perspectiva impossível para o seu corpo físico.

Embora o conceito de EFC soe tão bizarro quanto incrível, os relatos de experiências fora do corpo não são, na verdade, incomuns. Com base em cinco estudos, Alvarado afirmou que 10% da população em geral já vivenciou EFCs uma ou mais vezes. Uma análise combinada de 49 pesquisas com estudantes

ELA ESTAVA FORA DA MENTE OU FORA DO CORPO? 137

mostrou que eles têm uma prevalência ainda maior de EFCs, 25%, o que é duas vezes e meia maior do que a da população geral.[4] A porcentagem aumentada de relatos nos estudantes pode-se dever a vários fatores. Os estudantes podem ser mais receptivos à experiência, ter mais vontade de relatá-la e um desejo maior de induzir uma EFC. De fato, eles apresentam uma maior incidência de uso de drogas recreativas que induzem a EFC, como quetamina, DMT e óxido nítrico (gás hilariante), do que as gerações mais velhas. Essa incidência maior também pode ser uma manifestação de uma contínua evolução do cérebro. Nesse caso, ela apareceria em maior número nas gerações mais novas.

Há várias maneiras pelas quais a EFC pode ser induzida, além do uso de drogas. As EFCs podem ser autoinduzidas pela meditação, auto-hipnose ou outras técnicas psicológicas de projeção astral. Doenças, estresse ou dor podem causar uma EFC. Já ouvi relatos de pessoas que tiveram EFCs depois de graves acidentes, nos quais a EFC aliviava-as da insuportável dor física. As EFCs também podem ocorrer como fuga de uma dor emocional severa, especialmente se a dor emocional tiver em suas origens um trauma de infância. E as EFCs espontâneas podem ocorrer sem a indução de nenhum dos fatores acima, particularmente depois que a pessoa já teve várias experiências anteriores de EFCs.

A maior parte da comunidade científica entende as EFCs como um tipo de ilusão. O Dr. Henrik Ehrsson, da University College London Institute of Neurology, investigou essa ideia criando a ilusão de uma EFC em pessoas normais. Câmeras foram colocadas a cerca de 60cm acima de suas cabeças. Os voluntários usavam um dispositivo acoplado com telas de vídeo mostrando os registros em tempo real de cada uma das câmeras. Cada olho recebia informações de uma câmera diferente, de modo a criar um efeito estereoscópico (3-D). O efeito visual criado era como se eles estivessem se auto-observando por trás. O pesquisador também usou uma vareta de plástico para tocar o peito dos voluntários depois que eles observavam uma outra vareta de plástico desaparecer na câmera, como se fosse tocar o peito virtual. O estímulo tátil somava-se à sensação de que eles estavam vendo seus corpos por trás. Sensores mediram sua transpiração como um marcador de ansiedade quando as câmeras mostravam um martelo aproximando-se de seus peitos virtuais de forma ameaçadora. Eles transpiravam mais quando viam o martelo se aproximando; portanto, em algum grau, eles acreditavam que o corpo virtual era o seu próprio corpo.[5]

A pesquisa de Ehrsson foi mencionada na mídia como uma explicação para as EFCs. No entanto, ele criou a *ilusão* de uma EFC, oferecendo artificialmente uma perspectiva da parte posterior da cabeça dos sujeitos; ele não induziu uma EFC. Outros experimentos mostraram que quando o cérebro recebe estímulos visuais e táteis que entram em conflito com suas informações de localização corporal, os estímulos visuais e táteis superam os sinais corporais.[6] Essa EFC artificial é apenas outro exemplo de como o cérebro pode ser enganado pela forma com que prioriza os estímulos sensoriais. A criação de visões alternativas perfeitas durante as EFCs continua sendo um mistério.

Esses relatos precisos de localizações a distância são uma das razões pelas quais a visão oriental sobrevive, mas outra razão é que as pessoas informaram ter sentido a presença de um amigo ou parente distantes quando aquela pessoa se aproximava deles durante uma EFC. Um estudo sobre isso foi realizado pelo Dr. Robert Morris, na Psychical Research Foundation, em Durham, Carolina do Norte. Ele trabalhou com Keith Harary, que conseguia comprovadamente ter uma EFC de acordo com sua vontade. O irrequieto gato de estimação de Harary foi usado como sujeito de teste, uma vez que só conseguia se acalmar na presença do dono ou quando Harary se projetava astralmente para estar ao seu lado. Morris descobriu uma correlação significativa entre os períodos em que Harary estava se projetando astralmente e nos quais o gato estava calmo.[7] Os resultados foram intrigantes, embora em uma testagem subsequente o efeito tenha diminuído. Os resultados podem ter sido uma evidência de projeção astral, mas uma explicação alternativa é que o gato se acalmava por causa da comunicação telepática. De qualquer maneira, eles sugerem uma ligação entre a consciência de Harary e a de seu gato.

A NEUROLOGIA DAS EFCS

Um dos primeiros estudos de alterações no cérebro durante as EFCs foi feito por Charles Tart, que realizou registros de EEG da Senhorita Z durante quatro noites dentro do laboratório.[8] Ela foi instruída a despertar depois de uma EFC, de modo que ele pudesse registrar a hora e observar os registros anteriores das correlações entre suas EFCs e a atividade das ondas cerebrais. Ele descobriu que, de uma forma geral, seu sono EEG era muito incomum, e os registros associados às suas EFCs diferiam daqueles que ela havia tido durante o sono REM normal. Durante as EFCs, ela apresentou um padrão EEG fraco, com alguns elementos de sono onírico, mas os rápidos movimentos dos olhos, que quase sempre estão associados aos sonhos, não estavam presentes. O EEG durante as EFCs também foi alternado com breves períodos de vigília. William Dement, renomado especialista do sono, concordou com Tart, que o EEG da Senhorita Z durante as EFCs não apresentava um padrão reconhecível.

Um estudo subsequente, realizado por Michael Persinger e seus colegas, incluía tanto registros de IRM quanto de EEG de Ingo Swann no momento da visão remota.[9] Ao contrário da Senhorita Z, que estava adormecida durante suas EFCs, Swann tinha EFCs acordado e enquanto desenhava imagens remotas. A equipe de pesquisa descobriu um padrão consistentemente diferenciado e incomum no EEG acima dos lobos occipitais, atípico para a visão normal, enquanto Swann exercitava a visão remota.[10] Os lobos occipitais são a área do córtex visual, e, portanto, uma atividade cerebral nesta região reforça a ideia de que Swann estava visualizando algo durante a visão remota.

Os pesquisadores suspeitaram que o padrão relacionado ao ponto genículo-occipital (PGO) variava por causa dessa forma distinta de ondas cerebrais. O nome *ponto genículo-occipital* se refere à ponte (uma região da haste do cérebro associada ao sono), ao corpo geniculado lateral (uma seção do tálamo que processa as informações visuais dos olhos) e ao lobo occipital (onde está localizado o córtex visual, que recebe os estímulos visuais do corpo geniculado lateral). O cérebro interpreta a atividade do PGO como informação sensória e a usa para direcionar e determinar o conteúdo dos sonhos. Os pesquisadores concluíram que se a atividade incomum do EEG era o PGO, então "as imagens relatadas pelo Sr. Swann deveriam ser análogas a uma variante especial de sonhos em estado de vigília".

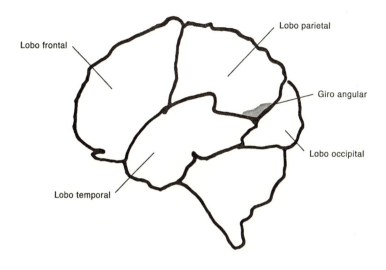

Figura 2. Os lobos occipital, temporal, frontal e parietal do cérebro.

"Objetos brilhantes" não identificados foram descobertos no cérebro de Swann através da IRM. Tais objetos eram, provavelmente, depósitos de cálcio, que oferecem um sinal de IRM mais luminoso do que o tecido normal, e acumulam-se em tecidos lesionados. Os objetos estavam localizados principalmente na junção dos lobos parietal e occipital, e ao longo das vias pelas quais as informações desses lobos são enviadas e recebidas. Os lobos parietais auxiliam a orientação de nossos corpos no espaço e em funções visuais-espaciais. Os estímulos sensoriais fazem com que os lobos parietais criem mapas topográficos de nosso ambiente físico, que, por sua vez, permitem que imaginemos como os objetos se pareceriam vistos de ângulos distintos.

Tecidos cerebrais anômalos, como os "objetos brilhantes" de Swann, podem causar atividade elétrica localizada anormal, chamada de atividade epilética ou convulsiva. Um padrão normal no EEG reflete a descarga sequencial de células ao longo de vias bem definidas. Mas quando células cerebrais limítrofes disparam impropriamente em sincronismo durante uma convulsão, isso aparecerá no EEG como grandes picos ou ondas atípicas. Infelizmente, a atividade convulsiva nem sempre é detectável pelo EEG normal, pois a localização dentro de tecidos celulares profundos exige um exame mais invasivo.

A atividade convulsiva pode levar a experiências atípicas, que variam de acordo com sua localização. Como mencionado anteriormente, a atividade convulsiva no lobo temporal pode causar a sensação de *déjà vu*, e há possibilidades de que a epilepsia do lobo temporal esteja envolvida na memória do futuro e nas EFCs.

Outra pista da atividade cerebral durante as EFCs surgiu a partir da indução elétrica realizada pelos cientistas. Em 2002, Olaf Blanke e seus colegas do Hospital Universitário, em Genebra, Suíça, deflagraram inadvertidamente uma EFC em uma mulher que estava prestes a fazer uma cirurgia para epilepsia. Enquanto mapeavam seu cérebro por estimulação elétrica, um estímulo com alta intensidade em uma região particular levou a paciente a relatar: "Vejo-me deitada na cama, do alto, mas vejo apenas minhas pernas e a parte inferior do tronco."[11] A região que eles estimularam era o giro angular direito, a junção dos lobos temporal e parietal, na metade direita do cérebro.[12]

Um estudo posterior, realizado por Blanke e seus colegas, usou neuroimagens obtidas por IRM para estudar pacientes com alta incidência de EFCs.[13] Esses pacientes, invariavelmente, haviam apresentado lesões em seu giro angular esquerdo ou direito. Os pesquisadores também inseriram eletrodos no

ELA ESTAVA FORA DA MENTE OU FORA DO CORPO? 143

cérebro desses pacientes e descobriram atividade convulsiva na região do giro angular.

As descobertas de Blanke me fazem recordar de um estudo com ressonância magnética, no qual o giro angular mostrava-se maior no lado direito do que no lado esquerdo em casos de esquizofrenia, ou seja, o contrário da configuração normal.[14] Uma vez que 42% das pessoas com esquizofrenia relatam apresentar EFCs, uma anormalidade do giro angular pode explicar por que a esquizofrenia e as EFCs ocorrem comumente juntas.[15] Uma anomalia no giro angular também poderia ser o caso da Senhorita Z, já que o artigo do Dr. Tart fazia referência ao fato de que ela, provavelmente, sofria de esquizofrenia. Mas mesmo que a Senhorita Z fosse esquizofrênica, isso não nega o fato de que ela conseguia ver números remotos durante suas EFCs.

O giro angular está estrategicamente localizado no cruzamento de áreas especializadas no processamento do tato, da audição e da visão. Blanke propôs que a atividade elétrica anormal em uma região sensorial tão rica pode fazer com que os sinais sensoriais do cérebro se misturem e, assim, levar à percepção errônea de onde o corpo está localizado. Isso criaria uma ilusão como aquela artificialmente criada por Ehrsson com suas câmeras. Mas o problema com esse argumento é que ele não dá conta de como o cérebro conseguiria acessar corretamente informações que não estão disponíveis aos sentidos usuais. Proponho que a atividade elétrica incomum no giro angular e em seu lobo temporal adjacente possa levar ao acesso de informações parapsíquicas através de uma EFC.

A função primordial do giro angular é a representação simbólica do mundo. Provavelmente, esse é o motivo pelo qual ele é proporcionalmente maior em seres humanos do que em outros primatas, e normalmente maior do lado esquerdo do cérebro, pois a maior parte dos humanos é destra e é no giro angular esquerdo que a maioria das pessoas destras desempenha quase todas as funções de linguagem. As pessoas canhotas podem apresentar funções de linguagem tanto do lado esquerdo quanto do lado direito, ou em ambos os lados. Uma lesão no giro angular pode prejudicar nossa habilidade de compreender a linguagem, fazer cálculos matemáticos e entender metáforas. O giro angular também colabora na atividade onírica, rica em simbolismos e metáforas.

O modelo que proponho do cérebro combina os seguintes fatores: o giro angular está associado às EFCs e aos sonhos; acreditava-se que as EFCs de Swann eram uma espécie de sonho em estado de vigília; tanto os sonhos quanto as EFCs foram acrescidos de informação parapsíquica adicional; muitas pessoas têm sonhos ocasionais nos quais podem voar, viajando da mesma forma que os indivíduos que passam por EFCs. Isso significa que há uma sobreposição entre as EFCs e os sonhos. Portanto, é possível que a atividade aumentada no giro angular seja uma das causas das EFCs, que podem ser "sonhos acordados".

A relação entre as EFCs e os sonhos já foi sugerida anteriormente por Stephen LaBerge, notória autoridade em sonhos lúcidos, que acredita que a projeção astral é uma variante dos sonhos lúcidos.[16] Nos sonhos lúcidos, a mente consciente do indivíduo desperta enquanto ele ainda está dormindo; reconhece a experiência como um sonho e pode assumir o controle sobre o que vai acontecer em seguida naquele sonho. A maioria das pessoas apresenta um sonho lúcido pelo menos uma vez na vida, mas 20% das pessoas nos Estados Unidos relatam ter sonhos lúcidos uma ou mais vezes por mês. A projeção astral gera uma sequência inversa aos eventos do sonho lúcido, mas com resultado semelhante. Ela exige que o indivíduo mantenha a mente consciente desperta, enquanto adentra no sono onírico.

Kevin Nelson, Ph.D., e seus colegas na Universidade de Kentucky entrevistaram 55 pessoas que haviam passado por experiências de quase-morte (EQMs), e descobriram que muitas relatavam uma história pregressa de EFCs quando começavam a adormecer. Tais EFCs eram muito semelhantes àquelas que eles haviam experienciado durante as EQMs. Pelo fato das EFCs terem ocorrido durante a transição para o sono, Nelson concluiu que as EFCs são uma mistura de sono de vigília com sono REM.[17]

Para ter um sonho lúcido, a pessoa começa a sonhar e um disparador selecionado sinaliza que aquilo é um sonho. Carlos Castanheda falou sobre os sonhos lúcidos em seus livros. Ele afirmava a si mesmo antes de dormir que, se prestasse atenção em suas mãos, saberia que estava sonhando. Também há dispositivos ativados pelo movimentos dos olhos no sono REM que podem ser usados durante o sono para estimular os sonhos lúcidos. Os dispositivos enviam sinais luminosos através das pálpebras que podem ser percebidos sem despertar o indivíduo que está sonhando.

As EFCs podem ser uma variante dos sonhos, mesmo quando o corpo da pessoa não parece estar adormecido ou sob transe. Swann não parecia adormecido durante suas EFCs, mas apresentava ondas cerebrais compatíveis com os "sonhos acordados". É possível que isso se dê porque os componentes do ciclo do sono podem perder o sincronismo entre si e ocorrerem separadamente. Por exemplo, o corpo normalmente fica paralisado durante os sonhos, de modo que não traduzimos em ação o material sonhado, mas, de um modo geral, essa paralisia termina imediatamente após o despertar. Há um problema médico chamado de paralisia do sono, no qual a pessoa acorda, mas todo o corpo (exceto os olhos) permanece completamente paralisado. Isso pode se estender até que algo as tire desse estado, como o som de um alarme de relógio ou uma cutucada do parceiro. Durante a paralisia do sono, o indivíduo pode experienciar alucinações hipnopômpicas, que ocorrem durante o estado transicional de consciência ao despertar, e alucinações hipnagógicas, que ocorrem quando se está adormecendo. As alucinações provêm do material onírico inconsciente, que é projetado pelo nosso cérebro no panorama de fundo para onde estamos nos transferindo, ou do próprio sono.[18]

A Senhorita Z tinha alucinações hipnagógicas com frequência, o que não é de surpreender, considerando o seu ciclo de sono anormal. Uma conexão entre essas alucinações e as EFCs é que algumas pessoas passam a ter EFCs ao se concentrar nas alucinações. Isso as auxilia a manter a atenção consciente enquanto seus corpos estão adormecidos, mas também é um sinal de que elas têm um ciclo de sono-vigília desregulado.

Há outros exemplos nos quais os componentes do ciclo do sono podem perder o sincronismo entre si. O sonambulismo e o sonilóquio são o inverso da paralisia do sono. A pessoa está sonhando, mas não apresenta a paralisia corporal para impedi-la de traduzir os sonhos em ação. Considerando as diversas maneiras pelas quais o ciclo do sono pode se desconectar e as evidências dos EEGs de pessoas que apresentaram EFCs, uma hipótese razoável é que as EFCs podem propiciar um acesso a informações normalmente inconscientes de modo análogo ao sonho, porém sem os outros componentes do sono.

EXPERIÊNCIAS DE QUASE-MORTE

Ele não está morto; está sendo desafiado eletroencefalograficamente.

— Anônimo

Em 1982, o pediatra Melvin Morse relatou um caso que classificou como "fascinante". Ele ressuscitou Crystal, uma menina de oito anos de idade que havia se afogado em uma piscina. Ela estava sem batimentos cardíacos há 19 minutos quando ele chegou ao local. Suas pupilas estavam fixas e dilatadas, um sinal de coma ou de morte cerebral. O Dr. Morse conseguiu fazer com que seu coração voltasse a bater, e ela recobrou a consciência três dias depois. Depois de algumas semanas, o Dr. Morse foi visitá-la no hospital. Crystal disse à sua mãe, "Esse é o cara que colocou o tubo no meu nariz na piscina". Morse ficou impressionado por ela ter se lembrado de algo que acontecera durante sua morte cerebral. Crystal também descreveu uma clássica experiência de quase-morte, incluindo uma viagem ao céu e ter ouvido uma voz que lhe dizia para retornar e ajudar seu irmãozinho que estava prestes a nascer. Morse publicou o caso no *American Journal of Diseases of Children*.

De um modo geral, as experiências de quase-morte se referem a um evento no qual alguém é declarado clinicamente morto, mas é ressuscitado. Caracteristicamente, a pessoa não apresenta pulsação e deixa de respirar por uma média de dez a 15 minutos, mas o estado pode durar até uma hora. O notável é que muitas pessoas não sofrem danos cerebrais após uma experiência de quase-morte, em circunstâncias médicas que normalmente causariam uma perda significativa das funções

148   Poderes paranormais

cognitivas. Na verdade, alguns relatos são de habilidades cognitivas ou psíquicas aprimoradas após o evento.[19]

O termo "experiência de quase-morte" só foi cunhado nos anos 1970, mas tais experiências vêm sendo descritas há milhares de anos. A descrição de Platão em *A República* mencionava um soldado chamado Er, considerado morto e colocado em uma pira funeral, mas que ressuscitou logo depois e contou suas experiências. As experiências de quase-morte já foram consideradas raras, mas Kenneth Ring estimou que pelo menos um terço das pessoas que chegam próximo à morte as relatam.[20] Em 1997, a *U.S. News and World Report* estimou que 15 milhões de norte-americanos haviam tido uma experiência desse tipo.

Raymond Moody, M.D., foi um pioneiro nas pesquisas sobre esse tipo de experiência. Seu livro *Vida após a vida* foi publicado em 1975, e descrevia 15 características comuns de quase-morte: inefabilidade, ou incapacidade de descrever a experiência em palavras; ouvir alguém dizendo que você está morto; sensação de paz e silêncio; escutar barulhos incomuns; ver um túnel escuro; descobrir-se fora do próprio corpo; encontrar seres espirituais; uma luz muito brilhante experienciada como "um ser de luz"; uma revisão panorâmica da vida; sentir uma fronteira ou um limite de até onde se pode ir; retornar ao próprio corpo; tentativas frustradas de contar aos outros o que aconteceu; sutil "ampliação e aprofundamento" da vida após a experiência; eliminação do medo da morte e corroboração dos eventos testemunhados enquanto se estava fora do corpo. Dois anos depois, ele acrescentou quatro experiências comumente relatadas: a existência de um domínio onde todo o conhecimento está disponível; visitar cidades de luz; um mundo onde vivem espíritos transtornados; e resgates sobrenaturais realizados por anjos.

A definição sobre essa experiência foi ampliada para incluir pessoas que passaram por experiências semelhantes, mas que não haviam morrido de fato e retornaram à vida. Uma revisão de prontuários médicos revelou que um pouco mais da metade de pacientes que relataram ter experiências de quase-morte nunca esteve sob perigo de morte, mas, ainda assim, estava suficientemente doente para ser hospitalizada.[21] Owens e seus colegas também descobriram que certas características de quase-morte, como o encontro com uma luz brilhante, funções cognitivas aumentadas e emoções positivas a seguir, eram mais comuns naqueles indivíduos que estavam efetivamente mais próximos da morte do que aqueles que não estavam gravemente enfermos.

Depois que são trazidos de volta à vida, os sobreviventes da quase-morte conseguem descrever com precisão o que aconteceu enquanto estiveram clinicamente mortos. Eles se lembram do que as pessoas disseram, quais equipamentos e drogas foram usados, que pessoas estiveram presentes, e como as pessoas estavam vestidas durante o ressuscitamento. Com frequência, os detalhes do que viram durante as tais experiências somente poderiam ser observados de um ponto de vista fora do corpo. Por exemplo, um paciente inconsciente descreveu perfeitamente à equipe do hospital um tênis que estava no parapeito da janela do terceiro andar do hospital. Outro identificou a enfermeira que havia removido sua dentadura e a gaveta na qual a colocara enquanto ele estava em coma. Mais notavelmente, Ring e Cooper relataram 31 casos de indivíduos cegos que descreveram com exatidão objetos e eventos vistos durante suas experiência de quase-morte. Isso foi relatado inclusive pelos cegos de nascença.[22]

Uma teoria sobre quase-morte apresentada por neurocientistas é que os fenômenos associados às experiências (o túnel de luz, visões de anjos etc.) são um resultado da falta de oxigênio no cérebro. Eles citam o fato de que pilotos de combate passam por breves períodos de inconsciência por causa da rápida aceleração, e têm experiências com características muito semelhantes a uma quase-morte. Os pilotos vivenciam uma sensação de flutuação, dissociação de seus corpos e sensações prazerosas. As EFCs não são comuns nos pilotos de combate, mas foram relatadas quando havia um comprometimento na irrigação sanguínea de seus cérebros. Os pilotos também relataram visões de um túnel, luzes brilhantes e visitas a lugares bonitos onde estavam membros da família e amigos próximos. Entretanto, não relataram nenhuma outra característica de quase-morte, como revisão da vida ou memória panorâmica de suas vidas.[23]

Um dos problemas com a aplicação da teoria da privação de oxigênio nas experiências de quase-morte é que os pacientes que sofrem de insuficiência de oxigênio no cérebro relatam menos experiências de quase-morte do que pessoas cujo encontro com a morte não envolveu privação de oxigênio. Além disso, a privação prolongada de oxigênio causa lesões cerebrais severas, mas não há evidências disso em sobreviventes de quase-morte. Na verdade, os QIs de várias crianças aumentaram depois de passarem por experiências de quase-morte.[24] E um estudo que mediu os níveis sanguíneos de oxigênio e de dióxido de carbono durante as experiências de quase-morte descobriu que não estavam relacionados às experiências.[25] Entretanto, as informações dos pilotos de combate ainda sugerem que a breve privação de oxigênio pode ser um fator acionador de uma EFC, com algumas características de quase-morte.

Os céticos criticam quase todos os relatos sobre o assunto, pois quase-morte não ocorre sob condições cuidadosamente controladas. Um caso descrito pelo Dr. Michael Sabom foge dessa crítica, por ter sido concebido como um experimento sobre quase-morte. A voluntária era uma mulher que precisou de cirurgia cerebral por conta de um grande aneurisma basilar, um vaso sanguíneo dilatado que corria o risco de arrebentar na base de seu cérebro. A operação exigia que a temperatura de seu corpo fosse reduzida para 15°C. Seus batimentos cardíacos e sua respiração cessaram; suas ondas cerebrais medidas pelo EEG reduziram em frequência e amplitude, chegando ao ponto da morte cerebral, e o sangue foi completamente drenado de seu cérebro antes do aneurisma ser operado. Ela ficou sob intensa observação clínica durante esse momento crítico.

Depois de recobrar a consciência, ela relatou a clássica experiência de quase-morte do vórtice do túnel, luz brilhante e membros familiares já falecidos vindo cumprimentá-la. Mas também conseguiu mencionar detalhes científicos do que foi dito e executado pela equipe médica enquanto permanecia no estado de morte cerebral e apresentava apenas um traço no EEG.[26] Tais detalhes ajudaram a identificar com precisão o momento em que ela enxergou o túnel e os parentes falecidos como o mesmo momento da morte cerebral. Isso propiciou evidências contra o argumento dos céticos de que a quase-morte acontece imediatamente antes da perda de consciência. Igualmente importante, quando esses eventos ocorreram, ela estava com os olhos completamente vendados e os ouvidos tapados, para provar que as experiências da paciente não estavam vinculados às vias sensoriais normais.

Michael Persinger tentou simular uma quase-morte através da aplicação de complexos campos magnéticos, que podem induzir a atividade elétrica cerebral em áreas especificamente selecionadas. Considerando que a quase-morte tem um forte componente espiritual, e que pesquisas haviam conectado substancialmente o lobo temporal às experiências espirituais, ele escolheu como alvo o lobo temporal. Além disso, nesse lobo está localizado o hipocampo, uma estrutura cerebral altamente sensível à privação de oxigênio, que alguns cientistas consideram ser a causa da quase-morte. Quando ele induziu a atividade nos lobos temporais, alguns voluntários tiveram experiências fora do corpo, sensação de flutuação e sentimentos de estar sendo puxados na direção de uma luz. Eles relataram que ouviam músicas estranhas e sentiam que experienciavam algo com um significado profundo. Mas as experiências induzidas também se diferenciavam das de quase-morte. Os voluntários se sentiam tontos, o que não acontece em uma quase-morte, e a maioria das experiências continha somente fragmentos de quase-morte esquematizadas por Moody.[27]

Persinger alterara a atividade cerebral de uma forma significativamente diferente das alterações que se observam quando uma pessoa de fato morre e é trazida de volta à vida. Ele aumentou experimentalmente a atividade nos lobos temporais, enquanto os EEGs durante a morte e no caso discutido por Sabom não detectam nenhuma atividade elétrica óbvia no cérebro. Mas Persinger não acreditou que seus dados propiciariam uma explicação completa do fenômeno de quase-morte, ou que eles desafiariam a validade da percepção subjetiva durante a quase-morte. Ele concluiu que o estado cerebral nos casos de quase-morte pode, simplesmente, ser um facilitador a mais para perceber informações que, de outra forma, estariam inacessíveis, incluindo domínios que contêm parentes falecidos e anjos.

Os dados de Persinger contribuem para as evidências de que os lobos temporais estão envolvidos em experiências fora do corpo, incluindo a quase-morte. Uma das peças de evidência foi o estudo suíço que provocou uma EFC parcial pela estimulação do giro angular. O estudo suíço induziu somente uma versão menor de uma EFC, e, portanto, a experiência completa provavelmente exija que o lobo temporal seja ativado concomitantemente com o giro angular. Além disso, Willoughby Britton, estudante de pós-graduação em psicologia pela Universidade do Arizona, descobriu que os EEGs de 22% das pessoas com histórico de quase-morte exibiam um padrão elétrico associado a epilepsias ou a convulsões no lobo temporal esquerdo. Essa alteração na atividade elétrica sugere que seus cérebros sofriam permanentemente pequenas lesões no lobo temporal durante a quase-morte. A falta de EEGs preexistentes torna as informações menos conclusivas. No entanto, elas são compatíveis com a hipótese de que a epilepsia do lobo temporal pode levar a EFCs e a fenômenos parapsíquicos, ambos dos quais aumentam em frequência depois de uma quase-morte.

As evidências de alterações pós-quase-morte ao circuito cerebral que regula os sonhos provêm de estudos sobre o sono, realizados por Britton em 23 pessoas com histórico de quase-morte e 23 sem nenhum histórico de eventos transformadores, para controle. Nas pessoas que já apresentavam histórico, o sono REM (rápido movimento dos olhos ou atividade onírica) começou 110 minutos depois do início do sono, ao contrário dos noventa minutos normais. Em outras palavras, as experiências de quase-morte parecem alterar o cérebro de modo que os estágios normais do sono fiquem desregulados.

Outra importante região cerebral afetada pela quase-morte é o sistema límbico, que está parcialmente contido dentro dos lobos temporais. Dentre outras funções, o sistema límbico está envolvido na formação de vínculos sociais, na construção da memória de longo prazo, na seleção de respostas emocionais a pessoas e coisas, e no sono REM. A ativação do sistema límbico por emoções fortes e dolorosas pode causar EFCs. As drogas que provocam EFCs, como a quetamina, também agem sobre o sistema límbico, rico em receptores para o glutamato. Eles são chamados de receptores NMDA, aos quais se liga a quetamina anestésica. A quetamina também pode fazer com que as pessoas vejam túneis, luzes e entidades místicas, com quem acreditam ter um contato telepático.[28] A PCP (fenciclidina) e o óxido nítrico (gás hilariante) podem ter um efeito semelhante. Tais drogas são chamadas de dissociativas, pois dissociam a mente do corpo.[29]

K. Jansen sugeriu que o receptor NMDA participa das EQMs e que, estabelecidas as condições para o aparecimento de tais quase-morte, uma substância parecida com a quetamina é liberada no corpo.[30] Jansen reconheceu que identificar os possíveis elementos neuroquímicos envolvidos na quase-morte não explica completamente o fenômeno, mas pode ser a chave para "uma porta a um lugar que nós não podemos normalmente alcançar; não é definitivamente evidência de que tal lugar não exista".

N, N-DIMETILTRIPTAMINA (DMT)

O esquizofrênico afoga-se nas mesmas águas nas quais o místico nada com prazer.

— Joseph Campbell

A DMT é uma substância de ação rápida e extremamente potente, encontrada em muitas plantas. Foi descoberta no sangue humano em 1965, por uma equipe de pesquisadores alemães, e, em 1972, Julius Axelrod, cientista vencedor do Prêmio Nobel, identificou-a no cérebro humano. Ela pode explicar a indução química da quase-morte e EFCs no cérebro.

Inicialmente, os cientistas ficaram intrigados com a possibilidade de que a DMT em excesso pudesse ser a causa da esquizofrenia, mas o interesse nessa hipótese arrefeceu, ainda que ela não tenha sido refutada.[31] Um problema com a pesquisa foi que os cientistas observaram os níveis de DMT no sangue, um reflexo pobre da quantidade de DMT dentro do cérebro, e os níveis de DMT cerebrais são os mais significativos. Além disso, em 1976, o U.S. National Institute of Mental Health colocou as pesquisas sobre psicodelia em quarentena.

Rick Strassman, M.D., foi o psiquiatra que realizou pesquisas clínicas sobre a DMT na Universidade do Novo México.[32] Depois de muitas protelações burocráticas, Strassman conseguiu, em 1990, a permissão da Drug Enforcement Agency e da Food and Drug Administration para que sua universidade conduzisse pesquisas sobre os efeitos da injeção intravenosa de DMT em sujeitos humanos voluntários. Ele escolheu pessoas que haviam tido uma experiência prévia com o DMT, pois eram as mais habilitadas a dar um consentimento com conhecimento de causa.

A exposição anterior à droga em alguns voluntários provinha da ingestão de ayahuasca, uma bebida feita de uma planta que tem a DMT como seu ingrediente ativo. Acredita-se que a ayahuasca, com suas qualidades psicodélicas, tenha inspirado a arte rochosa dos indígenas norte-americanos, além de ser consumida há muitos anos por xamãs peruanos para induzir estados alterados de consciência. Nesses estados, eles têm visões oníricas, que, segundo consta, curariam seus pacientes. Nos últimos 150 anos, botânicos, antropólogos e outros estudiosos visitaram os xamãs amazônicos e ingeriram ayahuasca como parte da pesquisa que desenvolviam sobre seus efeitos. Eles também relataram ter tido visões e ouvido vozes, geralmente na forma de serpentes que lhes falavam sobre o potencial poder de cura das plantas indígenas.

Depois de receber uma injeção de DMT, alguns dos voluntários de Strassman disseram: "Não tenho mais corpo", "meu corpo se desintegrou — sou pura consciência." Muitos enxergaram cores extremamente brilhantes e tantas imagens sobrepostas que não conseguiam distinguir o fundo das formas. Isso lhes deu uma sensação de estar "além da dimensionalidade". Eles também tiveram visões específicas, como "uma árvore da vida e do conhecimento", "túneis", "escadarias", "o funcionamento interno de máquinas ou corpos", "répteis" e "hélices duplas de DNA".

Strassman cogitou realizar estudos de neuroimagem do cérebro desses voluntários sob a influência da DMT, mas decidiu não levar a ideia adiante por temer quanto à segurança dos poderosos campos magnéticos das IRMs e da radioatividade do escâner PET. Mesmo sem essa informação, temos uma noção razoável de onde a DMT entra em atividade no cérebro. O sistema límbico é a região primariamente afetada pelas drogas psicodélicas, como o LSD e a quetamina, o que a torna uma possível candidata para a atuação da DMT. Além disso, sabemos que o sistema límbico está envolvido nas EFCs.

A DMT é um derivado da serotonina e acredita-se que aja sobre os receptores desse neurotransmissor. Uma vez que os efeitos psicodélicos das drogas estão localizados nos receptores de serotonina do sistema límbico, faz sentido que a DMT tenha um efeito similar. Essa hipótese também é compatível com a teoria de Jansen sobre os receptores NMDA do sistema límbico nas EFCs e quase-morte, pois indiretamente, por meio do sistema de serotonina, a DMT pode afetar os receptores NMDA e produzir efeitos semelhantes aos da quetamina.

A fonte natural de DMT no corpo é a glândula pineal, uma estrutura em forma de ervilha situada na região central do cérebro.[33] A DMT é liberada regularmente durante os sonhos e pode ter alguma contribuição nas características bizarras de alguns sonhos. A glândula pineal também produz as betacarbolinas, substâncias químicas que previnem a destruição da DMT por enzimas no cérebro. Tais enzimas estão no cérebro para limitar os efeitos da DMT; bloqueá-las, portanto, aumenta a força da DMT. As betacarbolinas são usualmente adicionadas a compostos com DMT, como a ayahuasca, para reforçar suas propriedades psicodélicas.

Assim, existe não apenas uma droga psicodélica natural em nossos cérebros, mas há momentos em que a glândula pineal libera betacarbolinas juntamente com a DMT, para torná-la ainda mais ativa. O Dr. James Callaway descobriu algumas situações nas quais isso ocorre.[34] Ele detectou um aumento em uma betacarbolina chamada pinolina no momento da morte, ou quando as pessoas estavam tendo EFCs ou experienciando sonhos lúcidos. Callaway também descobriu que, como resposta à adrenalina, a pinolina aumenta durante o estresse, o que talvez explique o fato do estresse ser uma das causas das EFCs.

A GLÂNDULA PINEAL

Até cinquenta anos atrás, os cientistas encaravam a glândula pineal como um órgão em desuso, sem nenhuma utilidade atual, assim como o apêndice. Essa opinião ganhou força, em parte, porque a glândula pineal se calcifica com a idade. O depósito de cálcio na glândula pineal começa na adolescência, e algo entre 33% e 76% da glândula pineal encontra-se calcificada quando morremos, embora a razão para a calcificação seja obscura.

Mas alguns cientistas acreditavam que a glândula pineal deveria ter uma função importante. Sua crença provinha de dois fatores: (1) a glândula pineal é banhada pelo fluido cérebro-espinhal em maior proporção do que outras partes do cérebro, favorecendo uma circulação mais rápida das secreções da glândula pineal para outras partes do cérebro; e (2) a glândula pineal tem um suprimento significativo de sangue, talvez mais fluxo sanguíneo por centímetro cúbico do que qualquer outro órgão, a não ser os rins. Se ela não fosse extremamente importante para o cérebro e para o corpo, não teria recursos tão ricos de recebimento e envio de sinais químicos.

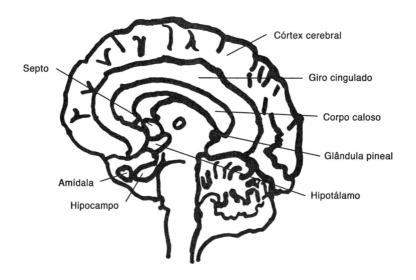

Figura 3. A glândula pineal

A prova de que a glândula pineal desempenhava um papel ativo ocorreu nos anos 1950, quando Aaron Lerner descobriu que ela produzia melatonina, o mensageiro químico que induz o sono. A melatonina é produzida na glândula pineal a partir do aminoácido triptofano, e também é sinteticamente manufaturada para tratar insônia e *jet lag*. A luminosidade bloqueia a produção de melatonina, e a produção é retomada com o anoitecer. Apesar de estar localizada no centro do cérebro, a glândula pineal manteve sua sensibilidade para a luz através das conexões neurais com as retinas.[35] E embora a melatonina seja a principal substância química relacionada ao sono secretada pela glândula pineal, a glândula também secreta a arginina vasotocina (AVT), que induz o sono de ondas curtas. Quando anticorpos para AVT foram administrados a gatos, seu sistema imunológico reduziu a AVT cerebral e os gatos passaram mais tempo no sono REM (sonhando).

Portanto, a glândula pineal é a glândula mestre que orquestra quimicamente a transição para o sono, através da secreção de melatonina e AVT. Uma secreção atípica dessas substâncias pode explicar por que alguns paranormais têm ondas cerebrais compatíveis com os sonhos mesmo estando acordados. E a secreção atípica do DMT e da pinolina pela glândula pineal pode provocar EFCs e outras experiências associadas às habilidades parapsíquicas.

Outra forma de perceber o envolvimento da glândula pineal nos fenômenos parapsíquicos é observar se ela sofre algumas das influências conhecidas que atuam sobre as habilidades parapsíquicas. Uma observação regular é que os fenômenos parapsíquicos (telepatia, precognição e clarividência) são mais poderosos quando o campo eletromagnético da Terra está em sua intensidade mais baixa. De fato, a glândula pineal é sensível aos campos magnéticos da Terra. Mamíferos expostos a campos eletromagnéticos de frequência extremamente baixa (ELF, na sigla em inglês) alteram o ritmo de síntese de melatonina. E as influências geomagnéticas da Terra sobre a glândula pineal são uma explicação para o fato dos pássaros migrarem.

Alguns pesquisadores propuseram que as ondas ELF estão envolvidas na transmissão dos fenômenos parapsíquicos. Conforme mencionado, as ondas ELF afetam a glândula pineal. Mais importante que isso, as ondas ELF podem atravessar a proteção das gaiolas de Faraday, pois as gaiolas eliminam apenas a radiação eletromagnética de altas frequências. Além disso, a força das ondas ELF não diminui tão rapidamente com a distância como os sinais eletromagnéticos de alta frequência, e, portanto, elas são mais propensas à transmissão. Mas um dos principais problemas com a hipótese da ELF é que as ondas são restringidas por um sinal de resolução muito baixa. As informações sobre habilidades parapsíquicas sugerem que precisamos de informações mais detalhadas do que as ondas ELF conseguem transmitir. Portanto, os fenômenos parapsíquicos não parecem ser provocados diretamente pela transmissão eletromagnética, mesmo sob baixas frequências.

As evidências sustentam, sim, a ideia de que a glândula pineal desempenha um papel importante na criação de estados de consciência que facilitam o recebimento de informações parapsíquicas, como os sonhos e as EFCs. Tais estados nos permitem experienciar informações armazenadas no inconsciente, cuja perspectiva da realidade é mais expansiva, já que ele não está sujeito aos filtros cerebrais. A informação não precisa ser transmitida para o inconsciente. Ela já está lá.

A CONSCIÊNCIA PODE EXISTIR FORA DO CORPO?

Não há nenhuma evidência de que a consciência esteja estritamente confinada aos limites de nossos corpos. Na verdade, há razões para acreditar exatamente no inverso. A natureza da consciência ainda é ardentemente discutida, mas ninguém acredita que ela seja constituída de matéria. Isso significa que a consciência é tanto uma forma de energia quanto uma espécie de campo. A energia é definida como a capacidade de realizar um trabalho, o que não descreve a consciência tão bem quanto a definição de campo. Um campo é aquilo que organiza ou controla a energia ou matéria que estão dentro de seu território.[36]

Ao contrário da matéria, os campos não podem estar confinados unicamente ao corpo. Tanto o magnetismo quanto a gravidade evidenciam que os campos existem através e em torno dos objetos, e não apenas dentro de seus limites. Por exemplo, o campo em torno de um ímã organiza as limalhas de ferro colocadas à sua volta. E a Terra afeta os objetos que estão dentro de seu campo gravitacional, cuja extensão é de tal ordem que até mesmo a lua permanece dentro da órbita terrestre.

Se a consciência é mais uma forma de energia e menos um campo, a cabeça não previne eficazmente sua dispersão. A energia eletromagnética medida em nossas cabeças por um EEG não para por aí. Ela se expande para além de nosso cérebro e perde força com a distância. Independentemente da consciência ser um campo eletromagnético ou outro campo distinto, ela provavelmente se estende para além do corpo físico. Entretanto, não o suficiente para que, sozinha, possa explicar a maioria das experiências parapsíquicas.

As informações provenientes das quase-mortes e EFCs levam a discussão para um outro nível, sugerindo a possibilidade de que a consciência exista de forma independente do corpo e consiga viajar para outros locais. Não há nenhum correlato científico de um corpo astral que tenha saído do corpo de uma pessoa e feito uma viagem de ida e volta para locais remotos. Mas existe uma explicação alternativa para as EFCs e as quase-mortes — quando as pessoas experienciam EFCs ou demonstram habilidades parapsíquicas com as quais navegam por outros locais no espaço e no tempo, é possível que estejam acessando partes de seu campo de consciência normalmente afastadas da mente consciente. Isso exigiria que nosso campo de consciência estivesse interligado ao mundo exterior, o que é corroborado pelas evidências.

As EQMs nas quais as pessoas efetivamente morreram e foram ressuscitadas são um forte argumento para a existência de uma consciência independente do cérebro. A questão fundamental é saber se as visões e sons da quase-morte poderiam ter sido acessados parapsiquicamente logo após a pessoa ser ressuscitada ou se são provocados pelo prosseguimento da consciência durante o intervalo da morte cerebral. De um modo geral, as pessoas apresentam habilidades parapsíquicas recém-adquiridas depois de uma quase-morte, e isso pode ajudá-las a preencher as lacunas do que acabou de acontecer.[37]

A possibilidade de os cérebros compensarem as lacunas da consciência durante as quase-mortes tem precedentes. Nossos cérebros não apreciam as lacunas de informações; eles tentam preenchê-las. Em vez de experienciar um vazio em suas consciências, as pessoas com lesões no hipocampo preferem confabular. Todos nós temos pontos cegos que correspondem aos locais de saída dos nervos óticos no fundo dos globos oculares. Em vez de enxergar áreas negras em nossos campos de visão, nossos cérebros usam as informações visuais circundantes para preencher os espaços, e o lobo temporal direito tem um papel importante nesse processo.[38] Tais lacunas são preenchidas automática e inconscientemente e, por isso, nem sequer sabemos de sua existência, a menos que algo inesperado saia do ponto cego e entre em nosso campo de visão. De modo análogo, o sobrevivente de uma quase-morte pode desconhecer a lacuna e acessar parapsiquicamente as informações, criando, assim, a ilusão de um fluxo contínuo de consciência.

Há um grande corpo de pesquisas acerca da sobrevivência da consciência após a morte, incluindo aquelas sobre mediunidade (contato com os mortos) e reencarnação. As pesquisas são intrigantes e tentadoras, e sugerem a possibilidade de que a consciência sobreviva após a morte. O problema é que todas as informações também podem ser explicadas pelas habilidades parapsíquicas. É possível que o médium esteja acessando parapsiquicamente informações, em vez de estar se contatando com os mortos. Analogamente, a pessoa que se lembra de uma vida passada suscetível de comprovação pode ter acessado parapsiquicamente tais informações. Até que se reúnam dados que possam contornar essa dificuldade de distinção entre as duas explicações das quase-mortes, a ciência deve aplicar a navalha de Occam. Mas cabe a você decidir pessoalmente qual explicação lhe parece melhor.

Capítulo 8

A EVOLUÇÃO E AS EXTRAORDINÁRIAS HABILIDADES HUMANAS

Deixem-nos aprender a sonhar, senhores; e então, talvez, descubramos a verdade.

— FRIEDRICH KEKULÉ

A O LONGO DA HISTÓRIA, os sonhos parapsíquicos têm sido um tema recorrente. Os antigos egípcios construíam templos para induzir sonhos proféticos. Os aborígenes australianos acreditam que o conhecimento é adquirido, inicialmente, durante o sono. Edgar Cayce foi chamado de "o profeta adormecido" por causa de seu estado de quase transe, no qual ele visitou "todos os tempos e espaços". A maioria das experiências telepáticas e precognitivas ocorre durante os sonhos. E as imagens transmitidas telepaticamente são menos incompletas quando ocorrem em sonhos do que no estado de vigília.[1] Faria sentido pensar que o circuito cerebral envolvido nas EFCs e nos fenômenos parapsíquicos coincide com o do sonho.

Mas e quanto às pessoas que têm experiências parapsíquicas acordadas e não necessariamente durante uma EFC? Uma chave para entender sua atividade cerebral provém de síndromes médicas com alta incidência de habilidades parapsíquicas, como a sinestesia e o autismo. Estudos de pessoas com essas síndromes revelam que seus padrões de atividade cerebral no estado de vigília mostram semelhanças com os de pessoas que estão dormindo. Tais descobertas fortalecem a ligação entre as habilidades parapsíquicas e o circuito cerebral que regula o sonho. Essa ligação pode ter origem em raízes evolucionárias comuns. Em outras palavras, as habilidades parapsíquicas parecem ser um desenvolvimento evolutivo que ficou parcialmente submerso, mas que reaparece no homem moderno quando as áreas mais evoluídas do cérebro se encontram menos ativas.

A EVOLUÇÃO E OS OBJETIVOS DOS SONHOS

Os sonhos servem para múltiplos propósitos, incluindo o estabelecimento da memória de longo prazo e o processamento de experiências emocionais. Quando se observa o contexto no qual os sonhos evoluíram, a comunicação parapsíquica pode ter servido a um outro objetivo importante. Na árvore evolutiva, o sonho ou o sono REM não apareceram até que surgissem os mamíferos e os pássaros. Os répteis não têm sono REM, o que significa que não sonham. Os pássaros evoluíram dos répteis independentemente dos mamíferos e, provavelmente, desenvolveram o sono REM por conta própria. Pássaros como papagaios de estimação também demonstraram possuir comportamento telepático, o que corrobora a possibilidade de ligação entre a telepatia e o circuito cerebral que regula os sonhos.[2]

A EVOLUÇÃO E AS EXTRAORDINÁRIAS HABILIDADES... 167

O sistema límbico, importante para o sono REM, é chamado algumas vezes de "cérebro mamífero". Uma versão mais rudimentar existe nos répteis e pássaros, só que ela é mais evoluída nos mamíferos, onde inclui mais estruturas e mais áreas do córtex. O sono onírico (REM) está presente em todos os mamíferos, exceto nos que botam ovos, e os únicos mamíferos sobreviventes que botam ovos são o ornitorrinco e equidna. Isso significa que o sono REM provavelmente apareceu em algum momento depois da separação do ancestral comum dos mamíferos marsupiais, placentais e ovíparos, mas antes da separação de um ancestral comum dos mamíferos placentais e marsupiais. Métodos como a datação radiocarbônica de animais continuam sendo usados, e as comparações com o material genético dos animais atuais têm permitido aos cientistas estimar quando aconteceu essa divisão evolutiva na árvore ancestral. Estima-se que os mamíferos ovíparos tenham se separado dos outros mamíferos entre aproximadamente 150 a 210 milhões de anos atrás, e que os marsupiais se separaram dos outros mamíferos há 130 milhões de anos. Isso situaria a evolução do sono REM nos mamíferos em algum lugar entre 130 e 210 milhões de anos atrás.

O sistema límbico desempenha inúmeras funções vitais nos mamíferos e pássaros, das quais os répteis que os precederam não necessitavam. Por exemplo, os mamíferos e os pássaros recém-nascidos tornaram-se mais dependentes de suas mães para sobreviver. Esses recém-nascidos também eram menores em número, e, portanto, sua sobrevivência tornou-se mais importante. A sobrevivência da prole foi auxiliada pela promoção de vínculos sociais e de comportamentos de nutrição, próprios do sistema límbico. E mesmo que algumas vezes répteis e mamíferos venham a comer seus próprios filhotes, os mamíferos se diferenciam dos répteis no sentido de que geralmente arriscarão suas próprias vidas para proteger sua prole.

O fato das crias de mamíferos e das aves terem precisado de mais proteção para sobreviver também pode ter servido como uma força impulsora da seleção natural das habilidades parapsíquicas. Jon Tolaas desenvolveu uma teoria de que os recém-nascidos indefesos gastam muito de seu tempo sonhando, pois esse estado permite que detectem parapsiquicamente as ameaças e se comuniquem silenciosamente por telepatia com seus pais, mesmo quando estão fora do raio de comunicação usual.[3] Os mamíferos e os pássaros gastam grande parte do seu tempo dormindo como forma de conservar energia, pois, ao contrário dos répteis, eles têm o sangue quente, e precisam de mais energia, peso por peso, do que os animais de sangue frio. O sono se tornou essencial, mas ele também é perigoso. Os pais não conseguem proteger tão bem um recém-nascido vulnerável quando estão dormindo. Além disso, se os pais têm de se afastar para conseguir comida, isso geralmente significa deixar os recém-nascidos sozinhos e sob o risco de serem pegos por um predador. A prole que apresentasse telepatia durante o sonho teria um coeficiente de sobrevivência maior e um número maior de seus genes seria transmitido para as gerações futuras.

Em consonância com a teoria de Tolaas, os recém-nascidos passam a maior parte de seu tempo dormindo, e uma parte desproporcional desse sono é formada pelo sono REM. Um adulto humano, por exemplo, passa um total de uma hora e meia em cada ciclo de 24 horas no sono REM, enquanto um recém-nascido passa nove horas. Essa tendência é maior na-

A EVOLUÇÃO E AS EXTRAORDINÁRIAS HABILIDADES... 169

quelas espécies mais vulneráveis logo após o nascimento (humanos, gatos, coelhos e cachorros). A teoria de Tolaas está de acordo com as observações de pesquisas de que os sonhos telepáticos ocorrem principalmente nos estados de crise e entre os seres que se amam. Nos humanos, o vínculo psíquico pode ser tão forte que a crise pode ser relativamente minorizada. Há muitas histórias curiosas de mães que despertaram no meio da noite sem saber por quê. Elas foram conferir seus filhos literalmente segundos antes das crianças despertarem chorando, sentindo-se mal ou tendo um pesadelo.

Outras habilidades parapsíquicas também podem ter coevoluído com os sonhos. Segundo Mark Mahowald, diretor do Centro Regional de Distúrbios do Sono de Minnesota, "quase todo nosso estado de ser antes de nascermos é formado pelo sono REM (onírico)".[4] Obviamente, quando o bebê está no útero não seria necessário sonhar para se proteger de predadores, mas o sonho poderia servir a um outro propósito. Pessoas hipnotizadas descreveram com precisão eventos traumáticos que ocorreram externamente enquanto estavam no útero. E algumas pessoas têm esse tipo de memória despertada depois que uma experiência de quase-morte aprimora suas habilidades parapsíquicas.[5] Talvez esses indivíduos tenham acessado parapsiquicamente o passado. Mas esses relatos também levantam a possibilidade de que um bebê que sonha pode acessar informações externas enquanto ainda está dentro do útero.

Essa teoria é sustentada pelo fato de que os recém-nascidos humanos conseguem distinguir imediatamente a voz de suas mães das vozes de outras mulheres, mesmo que a voz ouvida de dentro do útero pareça muito abafada se comparada à voz ouvida fora do útero. A habilidade do recém-nascido para se orientar em relação ao mundo exterior pode ser auxiliada por sonhos precognitivos ou clarividentes anteriores ao nascimento. Sonhar antes do nascimento ajudaria a preparar o bebê psiquicamente para o choque do que o espera mais adiante. O mundo fora do útero é cheio de visões, sons, cheiros e sensações que seriam assustadoramente estranhos a alguém que saiu de uma bolsa escura, plena de fluidos, na qual as necessidades básicas são automaticamente atendidas. Ainda assim, os bebês se adaptam notavelmente bem ao mundo depois do nascimento. E uma habilidade para prever o mundo exterior seria mais importante para os mamíferos do que para os répteis, porque o sistema límbico torna os mamíferos mais emotivos e vulneráveis a traumas.

Outra função dos sonhos foi aventada por Michel Jouvet, da Universidade de Lyon.[6] Ele sugeriu que o sonho permite a testagem e a prática, durante o sono, de comportamentos geneticamente programados. Sob o ponto de vista do corpo, executar tarefas durante os sonhos é quase a mesma coisa que executá-las de verdade e, portanto, os sonhos podem ser extremamente úteis no desenvolvimento de habilidades. Os sonhos são a maneira perfeita dos bebês mamíferos inexperientes aprenderem com segurança, uma vez que se encontram paralisados enquanto dormem.

Esse benefício da aprendizagem durante os sonhos permanece na vida adulta. Jack Nicklaus afirmou ter descoberto uma forma diferente de segurar seu taco de golfe em um sonho, o que melhorou seu jogo em dez tacadas da noite para o dia. Os psicanalistas consideram que muitos sonhos substituem a real satisfação dos desejos, mas podem ser um meio para que esses mesmos sonhos ou desejos se tornem realidade, ajudando as pessoas a desenvolver as habilidades que desejam ou precisam.

Alguém poderia pensar que deveríamos nos lembrar de nossos sonhos mais facilmente, uma vez que eles são um instrumento de aprendizagem. Stephen LaBerge sugere que esse esquecimento pode estar relacionado a uma inabilidade dos animais de fazer a distinção entre sonho e realidade. Se um gato sonha que o cachorro perverso do vizinho foi morto por um carro, ele pode se arriscar e ir até lá no dia seguinte, apenas para ter uma surpresa desagradável. Portanto, é melhor que o gato não se lembre do sonho.

A habilidade de distinguir o sonho da realidade é adquirida pelos humanos entre os quatro e seis anos de idade. A distinção pode se tornar novamente confusa por vários motivos, como uma doença mental ou um longo distúrbio do ciclo do sono. As pessoas relatam uma maior incidência de fenômenos parapsíquicos em tais situações, nas quais se torna mais difícil distinguir o sonho da realidade, mas tais fenômenos são geralmente desprezados pelos psiquiatras. Os psiquiatras são orientados a considerar as alegações de telepatia ou paranormalidade como sinais de doença mental, mas, de um modo geral, não é disso que se trata. Além disso, até mesmo as pessoas que lutam para manter um vínculo com a realidade podem continuar apresentando habilidades parapsíquicas verificáveis.

A EVOLUÇÃO DO CÉREBRO HUMANO

Para entender como as habilidades parapsíquicas submergiram e por que ocasionalmente reaparecem, é necessário conhecer a evolução do cérebro humano. Depois do desenvolvimento do sistema límbico, a próxima fase da evolução dos mamíferos foi o aumento de tamanho da camada mais externa do cérebro, o córtex. O maior nível de processamento de informações sensoriais ocorre no córtex auditivo, no córtex visual, no córtex olfativo e no córtex somatossensorial (que processa tato, dor, vibração, quente e frio, e a localização espacial das partes do corpo). Também temos córtices associativos, que integram as informações dos córtices sensoriais. Os córtices associativos foram chamados de "silenciosos", uma vez que lesões menores não lhes causaram consequências óbvias, mas acredita-se que essas áreas silenciosas sejam a localização dos raciocínios complexos. Tais áreas nos permitem formar conceitos abstratos sobre o mundo.

Os cérebros humanos desenvolveram um córtex tão expandido que ele tem uma aparência corrugada, ao passo que o córtex dos ratos é praticamente liso. Se estendêssemos todas as corrugações, veríamos que o córtex humano é infinitamente mais extenso do que o córtex da maioria dos outros animais, e maior do que se esperaria comparando unicamente o tamanho de nossos crânios com o de outros animais. A expansão do cérebro ocorreu principalmente entre o surgimento do *Homo erectus*, 1,9 milhões de anos atrás, e o *Homo sapiens* arcaico, há 500 mil anos. O cérebro dobrou de tamanho durante esse período, resultando em um cérebro apenas 15% menor do que o do homem moderno. Durante os 425 mil anos subsequentes, o cérebro cresceu os outros 15% restantes, chegando até nós, o *Home sapiens sapiens*. Os córtices associativos que mais se expandiram foram os lobos temporais, parietais e frontais. Eles são geralmente chamados de "neocórtices", porque sua evolução é a mais recente.

Nossos lobos frontais cresceram para ocupar cerca de metade da capacidade cognitiva total de nosso cérebro, tornando-nos

A EVOLUÇÃO E AS EXTRAORDINÁRIAS HABILIDADES... **173**

mais capazes de antecipar o futuro, manter nossos impulsos sob controle, definir objetivos e evitar perigos. A contrapartida é que nossos lobos frontais se tornaram a principal fonte de comportamentos e pensamentos neuróticos. Eles aumentaram nossa capacidade de perceber a própria mortalidade. E nos trouxeram preocupações: *Apaguei as luzes? Fechei a porta? Disse a coisa certa? Vou ter um câncer? Encontrarei um emprego? Vou me casar algum dia?*

Os pensamentos ocupam a maior parte de nossa mente consciente, mesmo que muitos deles sejam repetitivos, mundanos e não muito produtivos. Nossos pensamentos conscientes se apresentam principalmente sob a forma de linguagem, usualmente circunscrita ao cérebro esquerdo.[7] Tais pensamentos são responsáveis pela criação da "mente de macaco", termo budista para os constantes pensamentos sem importância ou o fútil monólogo no qual silenciosamente nos engajamos. De um modo geral, a meditação desliga essa atividade e a mente se sereniza.

O desenvolvimento do cérebro esquerdo é mais recente do que o do cérebro direito, e o cérebro esquerdo inibe a atividade do sistema límbico e do cérebro direito. A vantagem dessa dinâmica é que o cérebro esquerdo lógico pode refrear a emotividade do cérebro direito e do sistema límbico, fazendo com que a pessoa pense antes de reagir. O centro de recompensa ou prazer está no sistema límbico, e, portanto, o cérebro esquerdo mantém alguns de nossos impulsos hedonistas sob controle. O cérebro esquerdo também faz com que a pessoa consiga ter uma fisionomia inexpressiva quando isso lhe parecer conveniente, e afastar racionalmente certos medos que poderiam preveni-la de fazer algo que já apresentou perigo no passado. Mas como resultado dessa inibição, menos informações saem de todo o nosso campo de consciência e entram na mente consciente. Essa inibição pode nos tornar mais bem-comportados e evitar que sejamos sufocados pelas emoções, mas ela também nos previne de estar plenamente sintonizados com os outros ou tão conscientes do mundo à nossa volta como poderíamos estar.

Os cérebros direito e esquerdo não são simétricos quanto à distribuição dos neurotransmissores, ou mensageiros químicos. O cérebro direito usa mais a norepinefrina, e o cérebro esquerdo usa mais a acetilcolina e a dopamina. A norepinefrina está relacionada às respostas de excitação e ao medo, o que, por sua vez, pode estar relacionado aos pesadelos e sonhos ansiosos, mas também à telepatia nos estados de crise. A acetilcolina é necessária para o funcionamento cognitivo. As drogas que a bloqueiam causam esquecimento, e a maioria dos tratamentos para o mal de Alzheimer aumentam a sua dosagem. A nicotina estimula os receptores de acetilcolina e também aprimora o funcionamento do cérebro esquerdo. A dopamina é um mensageiro do centro de prazer do sistema límbico e um dos principais neurotransmissores para foco e concentração nos lobos frontais. As drogas como Ritalina, que aumentam a circulação de dopamina, podem aprimorar o funcionamento do cérebro esquerdo, mas seu uso também pode ser abusivo, por conta do efeito sobre o centro de recompensas do sistema límbico. Além do uso de drogas, as variações genéticas entre os indivíduos provocam impacto sobre esses sistemas de mensageiros químicos e afetam a dinâmica entre os cérebros esquerdo e direito. Essas variáveis fazem com que algumas pessoas tenham mais facilidade de acessar certas áreas de seu campo de consciência quando estão acordadas. Mas a dinâmica entre os cérebros esquerdo e direito mudam em todos nós quando estamos sonhando, e ampliam ainda mais tal acesso.

SONHANDO E DESLIGANDO A MENTE ANALÍTICA

Considerando que as informações parapsíquicas estão fortemente associadas aos sonhos, neuroimagens do estado onírico oferecem pistas mais contundentes sobre qual atividade cerebral está associada às habilidades parapsíquicas. Os escâners PET durante o ciclo do sono mostram o padrão oposto de atividade de quando estamos acordados. Os córtices associativos ficam relativamente inertes durante o sono REM e nosso sistema límbico e córtices sensoriais ficam mais ativos.[8] A dominância esquerda/direita também é alterada. Nossos córtices sensoriais oferecem sons, visões, cheiros e outros elementos aos nossos sonhos. O sistema límbico determina o que é emocionalmente importante, e, portanto, nossos sonhos refletem o que desejamos, aquilo com que nos preocupamos, ou com o que estamos lutando para entender.

Estudos de neuroimagem durante os sonhos mostram que as seções ativadas no cérebro são aquelas que percebem ou sentem as informações, em vez de analisá-las. As informações parapsíquicas surgem como uma percepção, e não através de uma análise lógica. Analogamente, os sonhos nos revelam algo pela mera exibição, mesmo que sob forma simbólica. De um modo geral, não questionamos o que acontece nos sonhos, pois durante a atividade onírica nossa mente analítica não está mais na posição dominante. Portanto, nossos sonhos podem ter conteúdos ilógicos, como alguém com três olhos ou um elefante voador. Esse abandono de regras do que é considerado admissível é o motivo pelo qual os sonhos podem ser úteis na resolução de problemas, pois eles são desprovidos de preconceitos que podem evitar a percepção da verdade.

Comprovadamente, os sonhos já levaram a descobertas e à resolução de problemas aos quais os cientistas não conseguiram encontrar respostas anteriormente através da análise lógica. Uma delas foi a descoberta, por Friedrich Kekulé, da estrutura anelar da molécula de benzeno. Naquela época, a teoria vigente era a de que o benzeno possuía uma estrutura linear, até ele ter um sonho:

> Virei minha cadeira para a lareira e cochilei (...). Novamente os átomos estavam saltando diante dos meus olhos (...). Fileiras longas, às vezes mais apertadas, todas juntas, emparelhavam-se e entrelaçavam-se em movimentos como os de uma serpente (...). Uma das serpentes havia agarrado sua própria cauda, e essa forma rodopiava desdenhosamente diante dos meus olhos. Acordei subitamente (...). Passei o resto da noite desenvolvendo as consequências da hipótese.[9]

O sonho de Kekulé me faz recordar das experiências com a DMT, nas quais as pessoas veem serpentes lhes revelando informações sobre as propriedades medicinais das plantas, ou estruturas como as hélices duplas, idênticas às do DNA, nosso material genético. Essa similaridade pode ser explicada porque, durante os sonhos, um pouco de DMT é liberada pela glândula pineal.

Os sonhos como os de Kekulé incorporam um imaginário colorido e fantasioso. Apesar de não poderem ser inter-

A EVOLUÇÃO E AS EXTRAORDINÁRIAS HABILIDADES... **177**

pretados literalmente, podem, mesmo assim, levar a uma descoberta ou a uma verdade que estejam simbolicamente mascaradas. Mas, algumas vezes, um imaginário onírico mais direto é a única maneira de mostrar a verdade. Foi este o caso da descoberta da tabela periódica, que organiza todos os elementos químicos. Antes de 1869, cerca de trinta elementos ainda permaneciam incógnitos, e a ausência de um padrão claro tornava difícil classificar os que já eram conhecidos. Dmitri Mendeleev, químico russo, lutou contra o problema até uma determinada noite: "Vi, em um sonho, uma tabela na qual todos os elementos eram dispostos em lugares determinados, como precisávamos. Ao despertar, imediatamente tomei nota em um pedaço de papel. Somente em uma das posições me pareceu necessário fazer uma correção posterior."[10] A tabela resultante era tão precisa que as propriedades dos elementos desconhecidos estavam corretamente previstas. O sonho de Mendeleev faz pensar nos autistas Savant, que simplesmente enxergam o resultado de uma equação matemática em vez de fazer os cálculos. Sem nenhuma surpresa, os autistas Savant têm uma atividade cerebral que compartilha características com a atividade onírica.

TALENTOS EXTRAORDINÁRIOS

Os autistas Savant são um excelente exemplo de pessoas que obtêm informações através de uma brilhante percepção, e não pelos canais analíticos usuais. Eles demonstram habilidades que já seriam notáveis para um QI de gênio, mas que se tornam ainda mais notáveis porque geralmente têm QIs baixos e não apresentam nem instrução nem habilidades cognitivas normalmente associadas aos seus talentos.

Um par de gêmeos descritos no livro *O homem que confundiu sua mulher com um chapéu*, de Oliver Sacks, divertia-se repetindo em voz alta números primos de seis dígitos que simplesmente apareciam em suas mentes. Não há algoritmo para determinar os números primos, e, portanto, isso seria inexplicável mesmo que ambos tivessem diploma em matemática superior. Eles também demonstravam habilidades para calcular datas no calendário, cobrindo mais de 8 mil anos. Em outras palavras, eles podiam dizer imediatamente em qual dia da semana cairia o dia 4 de setembro de 3012. Existem algoritmos para cálculos de calendário, mas muitos autistas Savant, apesar de incapazes de realizar uma simples operação de soma, conseguem responder mais rapidamente do que um matemático usando algoritmos. Outro exemplo é a habilidade de alguns Savant de contar, com precisão quase instantânea, centenas de fósforos jogados ao chão.

Daniel Tammet é um autista Savant que consegue resolver cálculos matemáticos em velocidades incríveis.[11] Ele ficou obcecado pelos cálculos logo depois de sofrer um ataque epilético aos três anos de idade. Ele consegue determinar a raiz cúbica de números com mais rapidez do que uma máquina de calcular; lembrar-se da constante matemática pi a até 22.514 casas decimais, e falar sete línguas.[12] Mas, por causa de seu autismo, é incapaz de distinguir entre esquerda e direita (uma função do cérebro esquerdo) e tem dificuldades nas tarefas simples, como ir até a mercearia.

Kim Peek, o homem no qual o filme *Rain Man* foi inspirado, consegue ler dois livros simultaneamente, um com cada olho, e recitar em detalhes os 12 mil livros que já leu, tanto na ordem de leitura quanto de trás para frente.[13] Stephen Wiltshire é um artista autista que desenhou um mapa bastante preciso da silhueta de Londres de memória, depois de uma única viagem de helicóptero. Leslie Lemke é um autista Savant cego que tocou o Concerto para Piano nº 1 de Tchaikovsky depois de ouvi-lo apenas uma vez. Assim como muitos autistas Savant musicais, ele nunca fez nenhuma aula de piano.

Além de possuir as habilidades típicas em matemática, artes, música e memória, alguns autistas Savant têm habilidades parapsíquicas.[14] George era capaz de dizer com antecedência quando seus pais chegariam para pegá-lo na escola, mesmo que não tivessem avisado nada e que o combinado fosse voltar para casa de ônibus. Michelle teve dezenas de episódios de clarividência. Em um deles, contou ao pai que ele havia trocado um relógio de cristal que se espatifara no banheiro. Isso aconteceu logo depois do pai ter trocado o relógio, sem que ela pudesse, de forma alguma, ter sabido. Ellen era uma autista musical cega que conseguia prever os presentes de Natal com uma semana de antecedência, sem quaisquer indícios. Outra Savant sonhou que seu pai morria de um ataque do coração no dia anterior à sua morte por infarto.

Ninguém conseguiu entender como os Savant desenvolvem tais façanhas, mas a síndrome de *savant* chega a ser mais de cem vezes mais prevalente no autismo do que em outras formas de retardo ou distúrbio mental, e quase 10% dos indivíduos autistas têm alguma habilidade sábia. Como é possível que o autismo, que em outros contextos prejudica o severamente o funcionamento normal, leve a tais habilidades quase super-humanas? Uma das pistas provém da tríade de sintomas para o diagnóstico do autismo (retardos ou anomalias na comunicação, habilidades sociais deficitárias e comportamentos estranhos ou repetitivos). Isso sugere uma disfunção no hemisfério esquerdo (linguagem) e no sistema límbico (vínculos sociais e habilidade de se adaptar às situações).[15] O autismo pode gerar a síndrome de *savant* pelo fato de apresentar as mesmas alterações de dominância descritas na atividade onírica. Bernard Rimland, do Autism Research Institute, em San Diego, mantém um banco de dados de mais de 34 mil pessoas com autismo. Ele percebeu que as habilidades dos autistas Savant são, geralmente, funções do cérebro direito aprimoradas e que seus déficits estão nas habilidades do cérebro esquerdo.

A maioria dos indivíduos autistas não tem habilidades linguísticas para descrever suas experiências internas, mas alguns têm. Temple Grandin, autista de alto funcionamento e professora de ciência animal, coautora de *Animals in Translation*, diz que "pensa em imagens" e não "abstratamente". Isso sugere que é o cérebro direito que está em funcionamento, o que lhe dá uma vantagem em seu trabalho, pois as pessoas que pensam abstratamente veem o que esperam ver, em vez do que de fato existe. Grandin afirma que vê o que os animais veem, e, como resultado, consegue projetar equipamentos melhores para tratar deles.

A habilidade para formar conceitos abstratos envolve os neocórtices, particularmente nos lobos frontais do cérebro e no lado esquerdo, enquanto o cérebro direito e o córtex visual estão empenhados em "pensar com imagens". Grandin diz que o mundo que ela vê é cheio de detalhes. Entretanto, isso tem um lado desfavorável. Conceitos abstratos permitem que a pessoa generalize e reduza a quantidade de informações detalhadas que precisam ser processadas. Muitas informações podem se tornar preocupantes e dificultam o funcionamento normal.

Estudos de ressonância magnética funcional de indivíduos autistas e grupos controles para medição de QI são compatíveis com as alterações de dominância sugeridas. Quando ambos os grupos receberam tarefas idênticas de memória e atenção, eles as executaram em níveis iguais, mas usaram seções diferentes de seus cérebros.[16] O grupo controle ativou inúmeras áreas de seus neocórtices esquerdo e direito de um modo integrado, enquanto os autistas ativaram preferencialmente uma pequena porção de seu neocórtex direito, ou ambos os lados de seu córtex visual. Isso corrobora as evidências de lesões no cérebro esquerdo no autismo, e também combina com o modo como Grandin descreve seu processo de pensamento, primariamente visual.

Nos sonhos e no autismo há uma alteração de dominância, na qual o sistema límbico e os córtices sensoriais são mais dominantes do que os neocórtices, e uma alteração da dominância usual do cérebro esquerdo para a dominância do cérebro direito. As duas alterações não são independentes uma da outra, pois o aumento de atividade no sistema límbico vai provocar um aumento de atividade do cérebro direito, criativo e intuitivo, e inibir a atividade analítica, linear e lógica do cérebro esquerdo.

A alteração de funcionamento entre os cérebros esquerdo e direito era uma descoberta esperada, mas o grau de desconexão nos cérebros dos indivíduos autistas, não. O modelo atual de funcionamento do cérebro levou à expectativa de que os indivíduos com habilidades de autistas Savant teriam uma conectividade maior ou mais complexa dentro de seus circuitos cerebrais. Entretanto, esses e outros estudos demonstraram que em vez de ter mais conectividade, eles têm menos. Na verdade, Kim Peek não tem sequer o corpo caloso, um grupo de fibras que conecta os cérebros esquerdo e direito. Isso pode explicar por que ele consegue ler dois livros simultaneamente. Além disso, pelo fato de o cérebro esquerdo inibir o direito por meio do corpo caloso, essa descoberta sugere que as habilidades de autistas Savant podem ser favorecidas quando o cérebro esquerdo não consegue interferir no cérebro direito.

Evidências posteriores de que lesões no neocórtex auxiliam as habilidades parapsíquicas provêm de outro distúrbio neuropsiquiátrico: a demência frontotemporal (FTD, na sigla em inglês), na qual os lobos temporal e frontal se deterioram. A demência frontotemporal é um distúrbio que, assim como o mal de Alzheimer, causa a perda de habilidades cognitivas. O neurologista Bruce Miller, da University of California, em San Francisco, percebeu que algumas pessoas com FTD desenvolviam súbitas aptidões para artes e música ao perder suas habilidades de linguagem. Um de seus pacientes era linguista, mas subitamente sentiu que sua mente "havia sido dominada" por notas e intervalos. Ele começou a compor músicas depois do início de sua demência, apesar de ter pouquíssimos conhecimentos musicais. Assim como os Savant, os pacientes de Miller se tornaram obcecados por suas novas ocupações e ficaram mais atentos a detalhes, padrões e sons. Imagens do cérebro obtidas por escâners mostraram que o lobo temporal esquerdo estava lesionado e inibia menos o cérebro direito. Miller concluiu que a demência não estava criando os talentos, mas, sim, revelando-os.

Mais evidências de alterações cerebrais que levaram a habilidades de autistas Savant provêm do trabalho de Allan Snyder, neurocientista da Australian National University. Ele usou a estimulação magnética transcranial para desregular a atividade do lobo frontal esquerdo de 12 voluntários normais. Dependendo de como é aplicada, a estimulação magnética pode aumentar ou diminuir a atividade. Nesse caso, ela diminuiu. Depois da estimulação magnética, dez dos voluntários demonstraram, por cerca de uma hora, uma habilidade aprimorada para adivinhar com precisão o número de pontos que piscavam na tela de um computador. Embora isso não seja tão impressionante quanto os autistas Savant que conseguem contar o número de balas em um pote, os resultados são compatíveis com as pesquisas sobre autistas Savant.

O INCONSCIENTE E O PROFUNDO DÓ AZUL: SINESTESIA

A sinestesia (do grego *syn-*, "junto", e *aesthesis*, "percepção") é uma condição na qual as informações sensoriais são combinadas pelo cérebro sob formas únicas.[17] Um sinestésico pode ver sempre a cor azul ao ouvir a nota musical dó, vermelho ao ouvir ré, e assim por diante. Tais combinações podem ocorrer entre todos os sentidos na sinestesia. Também podem ocorrer entre um símbolo abstrato, como uma letra ou um número, e um estímulo sensorial, como uma cor.

A maioria de nós recebe inúmeras informações sensoriais de forma independente, pois nossos cinco sentidos entram em nosso cérebro por meio de órgãos sensoriais distintos, e viajam ao longo das vias sensoriais completamente separadas umas das outras. Nossos cérebros, então, combinam as informações desses sistemas sensoriais em um conjunto coerente que experienciamos como o mundo exterior. No entanto, as diferentes vias sensoriais estão muito próximas umas das outras no giro angular.

O giro angular é a área que, quando estimulada, produz EFCs parciais, e mostrou ter sinais de lesões em pessoas que haviam passado por EQMs. O neurologista V. S. Ramachandran sugeriu que certos tipos de sinestesia resultam de uma "linha cruzada" entre as diferentes vias que correm através do giro angular.[18] Ramachandran também descreveu o caso de um sinestésico daltônico que enxergava as cores quando associadas a números. As cores que ele normalmente não conseguia ver eram evocadas por certos números. As cores eram algo tão estranho para o sinestésico que ele se referia a elas como "cores marcianas". Isso nos faz lembrar os indivíduos cegos de nascença, mas que conseguem ver durante suas EQMs. As pessoas que se tornam cegas depois do nascimento conseguem ver durante a atividade onírica regular, mas as cegas de nascença só conseguem acessar informações visuais através de uma EFC que permita a exploração de um campo de consciência normalmente inacessível.

O neurologista Richard Cytowic descobriu que 17% dos sinestésicos têm uma frequência elevada de "experiências incomuns", como clarividência e premonições. Muitos dos paranormais que encontrei são sinestésicos com dois ou mais sistemas sensoriais conectados. Muitos deles veem auras (campos coloridos de luz em torno do corpo). Acredita-se que a capacidade de ver auras, relatada por 3% dos sinestésicos, seja uma forma de sinestesia na qual as cores estão associadas aos tipos de personalidade.

P. M. H. Atwater, pesquisadora das experiências de quase-morte, tinha habilidades parapsíquicas e inúmeros sentidos interconectados antes de suas EQMs. Ela vê músicas, escuta números e cheira cores. Além disso, alguns autistas Savant, como Daniel Tammet, apresentam sinestesia. Ele atribui sua habilidade de lembrar de dígitos de pi ao fato de que todos eles estão associados a cores. Para se lembrar do pi ele apenas visualiza um fluxo de imagens coloridas associadas aos números.

Em geral, os sinestésicos têm um incrível leque de conhecimentos. Assim como as crianças que sobrevivem às EQMs, na maior parte das vezes os sinestésicos apresentam índices superiores em testes de QI. Suas memórias podem ser excepcionais. *The Mind of a Mnemonist* é um livro sobre um sinestésico (a quem foi dado o pseudônimo de S) que ganhava a vida exibindo sua habilidade de lembrar de séries de números e palavras.[19] Sua memória parecia ilimitada e vinha sem nenhum esforço. Na verdade, S descreveu sua experiência de recordação como "as coisas se fazem lembrar por si mesmas". Sua memória era tão poderosa que, frequentemente, ele se sentia tolhido em outras áreas. A quantidade de informações era impressionante. Ele conseguia se lembrar em detalhes de tudo que fora dito ou feito em um dia específico escolhido aleatoriamente em sua vida. A influência remota ou psicocinese era outra de suas habilidades. Ele disse, "Se eu quero que algo aconteça, simplesmente imagino isso em minha mente. Não tenho de fazer nenhum esforço para conseguir. Simplesmente acontece".

Assim como os autistas, os sinestésicos geralmente têm indícios clínicos de lesões no hemisfério esquerdo e de dominância do cérebro direito. Esses indícios incluem sutis deficiências matemáticas, confusão entre esquerda e direita, e ser canhoto ou ambidestro (A mão esquerda é controlada pelo cérebro direito, e vice-versa. A maioria das pessoas é destra por motivos genéticos, mas um número bastante reduzido se torna destra por causa de lesões no cérebro direito.

A maioria das pessoas canhotas herda um gene que entrega ao acaso ou a outro fator desconhecido a escolha da mão dominante, e, portanto, isso pode ser transmitido dentro da família, mas pular gerações. A porcentagem de pessoas canhotas cuja orientação resulta de lesões cerebrais é muito maior do que a de pessoas destras, conforme evidenciado pelo maior número de sintomas neurológicos de lesões cerebrais nas pessoas canhotas).

O primeiro estudo de neuroimagem da sinestesia foi realizado por Cytowic há duas décadas. O voluntário tinha uma forma incomum de sinestesia: ele sentia esferas, cones, colunas e outras formas pressionarem sua pele sempre que cheirava fragrâncias diferentes. O estudo de neuroimagem usava uma tecnologia antiga, na qual o voluntário inalava gás xenônio radioativo para mostrar quais áreas do cérebro eram as mais ativas. Os resultados surpreenderam Cytowic. As camadas mais externas do cérebro dele (os neocórtices) haviam parado de funcionar quase que completamente. Para começar, ele apresentava baixo fluxo sanguíneo tanto no cérebro esquerdo quanto no direito, mas a atividade de seu cérebro esquerdo diminuía em mais 18% quando ele cheirava a fragrância. Sua atividade cerebral era tão baixa que se um neurologista lesse o estudo, esperaria que ele fosse cego ou estivesse paralisado. Ele, porém, não apresentava nenhum déficit neurológico ou cognitivo. Na verdade, seu QI era de 130.[20]

Outros estudos sobre fluxo sanguíneo no cérebro de sinestésicos mostraram que o sistema límbico, particularmente o hipocampo, é mais ativo. Além disso, as convulsões límbicas e a estimulação elétrica do sistema límbico podem provocar experiências sinestésicas em não sinestésicos. O sistema límbico é o local inicial de atuação do LSD, e Grossenbacher observou que "se administrar LSD ou mescalina em doses suficientes nas pessoas, de um modo geral elas experienciarão a sinestesia".[21] O sistema límbico é hiperativado durante a depressão, e McKane e Hughes descreveram dois casos de mulheres que desenvolveram sinestesia no início de seus quadros de depressão. A sinestesia desapareceu quando a depressão respondeu à terapia antidepressiva.[22]

AS HABILIDADES DOS AUTISTAS SAVANT PODEM ESTAR RELACIONADAS ÀS HABILIDADES PARAPSÍQUICAS?

Pessoas como S e Daniel Tammet têm uma memória tão incrível que desafiam o que os neurocientistas propõem como mecanismos da memória. Segundo os neurocientistas, a memória é uma função das conexões sinápticas aprimoradas na rede neural do cérebro. Mas os portadores de autismo têm uma conectividade cerebral menor, e alguns sinestésicos têm uma atividade cortical reduzida. Uma vez que tanto os sinestésicos quanto os autistas têm uma propensão maior para habilidades parapsíquicas, além de extraordinárias memórias, uma capacidade excepcional de recordação pode ser um fenômeno parapsíquico. Em outras palavras, que tal se S estivesse acessando informações de seu passado pessoal através de um mecanismo similar ao utilizado pelos paranormais para prever o futuro?

Essa capacidade de memória pode ser aplicada a todos nós. Algumas memórias, como andar de bicicleta, estão provavelmente codificadas em nosso corpo como memórias motoras e não exigem nenhum esforço de consciência para serem acessadas. Trata-se de um tipo diferente de memória da que é utilizada para recordar-se de fatos que aprendemos na escola e eventos que aconteceram em nossas vidas. Hipnotizadas, as pessoas conseguem se lembrar de coisas que haviam esquecido há muito tempo, e, portanto, temos uma capacidade de memória muito maior do que supomos. Na consciência normal de vigília, a dinâmica de nossos cérebros nos dá um acesso limitado aos campos de consciência. Mas podemos mudar isso. Uma das qualidades mais notáveis de nossos cérebros é sua plasticidade, ou habilidade para formar novas conexões e padrões de atividade. Estabelecendo práticas que mudem nossos padrões usuais de atividade cerebral, poderemos encontrar nosso sábio interior.

Capítulo 9

A CONSCIÊNCIA EM COMPARTIMENTOS

O grande tema a ser levantado (...) é que parece haver duas formas de raciocínio, o verbal e o não verbal, representados de modo bastante distinto, respectivamente, nos hemisférios esquerdo e direito, e que nosso sistema educacional, assim como a ciência em geral, tende a negligenciar o intelecto de natureza não verbal.

— ROGER SPERRY (1973)

Nossos cérebros compartimentalizam informações de forma consciente e também inconsciente. Alterando a atividade dominante do cérebro esquerdo para o direito, e do córtex para o cérebro subcortical subjacente, podemos acessar informações normalmente inacessíveis à nossa consciência, como as informações parapsíquicas.[1] Entender por que tais alterações produzem esse efeito se torna mais fácil quando conhecemos as funções de cada uma dessas regiões do cérebro. Conhecer essas funções também nos dá uma pista de como realizar tais alterações em nossa atividade cerebral.

ESQUERDO *VERSUS* DIREITO

Na cultura ocidental, as funções do cérebro esquerdo são muito mais valorizadas do que as do cérebro direito. Na verdade, os médicos concluíram inicialmente, e de modo incorreto, que o cérebro direito não era responsável por muitas coisas. Essa opinião surgiu no início dos anos 1800, quando Arthur Ladbroke Wigan fez uma autópsia em um homem que imediatamente antes de morrer esteve conversando com ele. Embora o homem estivesse se comunicando de forma racional, seu cérebro direito estava totalmente danificado. Inicialmente, Wigan ficou impressionado, mas concluiu, por fim, que o cérebro direito deveria ser insignificante. Naquela época, os cientistas não sabiam que o cérebro consegue realizar grandes compensações caso as lesões cerebrais ocorram logo no início do desenvolvimento. Para que esse homem parecesse tão normal antes de morrer, a anomalia deve ter ocorrido durante seu desenvolvimento, e algumas funções do cérebro direito eram desempenhadas por seu cérebro esquerdo.

Os cientistas levaram mais tempo para entender as funções do cérebro direito do que as do esquerdo, muito porque a linguagem está localizada, primariamente, no cérebro esquerdo, o que significa que lesões nessa parte do cérebro são mais aparentes.[2] O cérebro direito, na verdade, tem várias funções. Algumas são inconscientes, e outras se relacionam a experiências internas que não são prontamente observáveis. Como ilustra a tabela abaixo, elas são usualmente complementares às do cérebro esquerdo.[3]

A CONSCIÊNCIA EM COMPARTIMENTOS

Cérebro Esquerdo	Cérebro Direito
Objetivo	Subjetivo
Baseado na lógica	Baseado em sentimentos
Orientado para detalhes, detecta as partes	Orientado para o panorama geral, detecta o todo
Os fatos governam	A imaginação governa Fonte de sonhos e devaneios
Sentido literal	Metáfora, simbolismo
Linguagem, sintaxe e semântica	Fonologia, entonação, contexto, significado, expressões faciais
Futuro e passado	Presente
Matemática e ciências	Filosofia e religião
Baseado na "realidade"	Baseado na fantasia Pode ser associado a alucinações induzidas por drogas
Estratégias	Possibilidades
Prático	Impetuoso
Orientado para a segurança	Assume riscos
Conexões neurais organizadas em colunas verticais	Conexões axiais horizontais
Processamento serial ou linear	Processamento paralelo
Neurotransmissores dominantes são a dopamina e a acetilcolina (coordenação motora fina e destreza, fala)	Neurotransmissor dominante é a norepinefrina (excitação para novos estímulos, percepção visual-espacial)
Crença de que é um indivíduo separado	Sensação de unidade com uma força maior, incapaz de explicar a razão
É determinado, focado	Apenas existir já lhe parece suficiente

Ter um cérebro dividido em uma metade esquerda e direita não é algo exclusivo dos seres humanos; é uma característica de todos os mamíferos e de muitos pássaros. A divisão proporcionou a habilidade de realizar duas tarefas ao mesmo tempo. Por exemplo, a função do canto, em muitos pássaros, está circunscrita ao cérebro esquerdo, o que permite que cantem com o cérebro esquerdo, enquanto defendem seu território com o cérebro direito.

A separação e a especialização dos dois cérebros se tornaram necessárias quando suas tarefas fundamentalmente opostas exigiram programações diferentes e incompatíveis entre si. A incompatibilidade é análoga à impossibilidade de ter programas em MS-DOS e Windows no mesmo disco rígido do computador. Eles interfeririam na habilidade um do outro de rodar.

Sem nenhuma surpresa, há diferenças entre os circuitos do cérebro esquerdo e direito. Algumas diferenças podem ser observadas ao microscópio. É como se o cérebro esquerdo utilizasse circuitos "em linha", como um fio de pisca-pisca de Natal, que não irão funcionar se uma das lâmpadas estiver queimada, enquanto o direito usa circuitos paralelos, um fio no qual o resto das lâmpadas se acenderá mesmo que algumas delas não o façam. O circuito paralelo permite um processamento muito mais rápido de informações do que o circuito em linha, da mesma maneira que uma imagem pode fornecer mais informações de forma imediata do que a descrição verbal. O processamento mais rápido do cérebro direito é essencial para o processamento visual-espacial, o raciocínio determinístico e o estabelecimento do contexto ou do panorama geral. Isso não quer dizer que o funcionamento do cérebro direito seja su-

A CONSCIÊNCIA EM COMPARTIMENTOS

perior ou autossuficiente. O circuito em linha do cérebro esquerdo é mais devagar, mas permite que as informações sejam separadas, analisadas logicamente e expressas de modo verbal.

Um feixe de 300 milhões de fibras nervosas, chamadas de corpo caloso, permite que haja uma suave transferência de informações de mão dupla entre as duas metades do cérebro.[4] O corpo caloso está ausente no autista Savant Kim Peek, que consegue ler simultaneamente dois livros, um com cada olho. Na maioria das pessoas, o corpo caloso está intacto, o que torna essa tarefa impossível. Isso se deve a um fenômeno chamado rivalidade binocular, quando cada olho vê uma imagem diferente. O cérebro não consegue ver as duas de uma só vez, e, portanto, é forçado a escolher entre elas. Algumas vezes, uma imagem é vista e a outra é ignorada durante o experimento, mas, de uma forma geral, a atenção consciente alterna entre as duas imagens. As técnicas de neuroimagem do cérebro estão começando a explorar a rivalidade binocular para entender as diferenças individuais e descobrir por que alguns estímulos visuais resultam em uma única imagem e outros não. Essa tecnologia poderia ser usada para testar pessoas com habilidades parapsíquicas altamente desenvolvidas e compará-las com a população geral, de modo a verificar se elas apresentam diferenças em termos de rivalidade binocular. Por exemplo, os paranormais teriam mais probabilidades de ver ambas as imagens, como Kim Peek?

MUDANDO A CULTURA DO CÉREBRO DIREITO PARA O CÉREBRO ESQUERDO

A cultura ocidental permitiu uma dominância cada vez maior do cérebro esquerdo, o que se correlaciona com a diminuição da forma intuitiva ou parapsíquica de obter informações. Nossa linguagem foi um fator que contribuiu para essa alteração. Algumas evidências dessa teoria provêm de um estudo que mostrou que os gregos alfabetizados usavam o ouvido direito e ativavam o cérebro esquerdo quando ouviam os discursos. Em contraste, os gregos analfabetos usavam o ouvido esquerdo e ativavam mais o cérebro direito quando ouviam os discursos. O simples ato de aprender a ler influencia qual ouvido e qual lado do cérebro serão usados para escutar.

O grau em que a linguagem escrita influencia qual lado do cérebro receberá mais ênfase depende do tipo da linguagem escrita. As línguas escritas da antiguidade eram pictográficas e, portanto, utilizavam o cérebro direito. Entretanto, conforme o número de palavras aumentou, passou a haver mais pictogramas para memorizar. Pensando na conveniência, os gregos desenvolveram nosso alfabeto abstrato entre 1.100 e 700 a.C. Isso fez com que nossos cérebros passassem a processar a linguagem escrita no cérebro esquerdo, local de processamento da linguagem fonética. As línguas que omitem as vogais, como o hebraico, exigem que o cérebro direito permaneça bastante ativo, juntamente com o esquerdo, de modo a fornecer o contexto adequado (função do cérebro direito) para o entendimento do texto (função do cérebro esquerdo).[5] Por exemplo, o cérebro direito fornece o contexto necessário para determinar se "s y sn?" significa "Vejo você em breve?" ("See you soon?", na frase em inglês) ou "Então você peca?" ("So you sin?", na

A CONSCIÊNCIA EM COMPARTIMENTOS

frase em inglês). Outra variante cultural pode ser observada na língua japonesa, que tem tanto uma linguagem escrita pictórica (kanji) quanto uma escrita fonética (kana). O cérebro direito é usado para o kanji e o esquerdo para o kana.

Há uma razão adicional pela qual os três tipos de linguagem escrita (pictográfica, fonética com vogais e fonética sem vogais) ativam nossos cérebros de forma diferente. Quase todas as línguas pictográficas são escritas verticalmente, enquanto as línguas fonéticas são horizontais. Em meio às várias centenas de línguas com vogais, quase todas são escritas da esquerda para a direita, enquanto as sem vogais são escritas da direita para a esquerda.[6] Ler da esquerda para a direita favorece o cérebro esquerdo, o que contribuiu para promover a dominância do cérebro esquerdo nas línguas ocidentais modernas.

O processamento do cérebro esquerdo também foi acentuado pelas mudanças na forma com que medimos o tempo. Por exemplo, uma ampulheta representa a passagem do tempo pela transferência da areia da metade superior para a metade inferior. Se a areia ainda não tiver sido completamente transferida para o outro lado, descobrir a quantidade de tempo que passou exigirá uma comparação do volume de areia de cada lado da ampulheta. Isso implica a interpretação do cérebro direito. Quando as culturas adotaram os relógios analógicos, o cérebro direito ainda era necessário, especialmente se os ponteiros sinalizavam posições e não números. Os números são lidos, uma função típica do cérebro esquerdo, equivalente a ler letras. No entanto, os relógios analógicos ainda exigem o funcionamento do cérebro direito para determinar, de relance, quanto ainda falta para que se complete mais uma hora. Além disso, pessoas com lesões extensas no cérebro direito ignorarão a metade esquerda do mundo, incluindo o lado esquerdo do relógio. Quando os relógios mudaram para a leitura digital das horas, os dispositivos de tempo passaram a exigir apenas o cérebro esquerdo. Eles se tornaram tão comuns que muitas crianças no ocidente não têm ideia de como ver as horas em um relógio analógico.

O sistema educacional do mundo ocidental é orientado para a aprendizagem por meio da leitura, o que reforçou ainda mais a dominância do cérebro esquerdo. A tendência de usar o cérebro esquerdo em detrimento do direito é tão difundida que, geralmente, utiliza-se o cérebro esquerdo em ocasiões nas quais o cérebro direito deveria ser usado. Por exemplo, os adultos que pretendem desenhar geralmente precisam ser ensinados a usar o cérebro direito. Eles têm de frear a tendência a usar o cérebro esquerdo, que distorce a imagem, pois não é o lado do cérebro apropriado para o processamento visual-espacial.

O maior preço que pagamos pela dominância do cérebro esquerdo está na criatividade, que diminui conforme avançamos no aprendizado escolar. A maioria das crianças norte-americanas apresenta resultados altos de criatividade antes de entrar na escola. A porcentagem decai para 10% aos sete anos de idade, e para 2% quando se chega à idade adulta. Isso é relevante em termos dos fenômenos parapsíquicos, pois a criatividade foi associada ao aumento dessas habilidades.

A superdependência do cérebro esquerdo não significa que não usemos o cérebro direito; na verdade, utilizamos continuamente o cérebro direito em conjunto com o cérebro esquerdo. As pessoas com lesões no cérebro direito nos mostram até que ponto o utilizamos.[7] Os déficits do cérebro direito dife-

A CONSCIÊNCIA EM COMPARTIMENTOS

rem dependendo do local de ocorrência da lesão, incluindo dificuldade de acessar as emoções de outras pessoas, dificuldade de se lembrar de episódios emotivos, certa inabilidade para colocar as coisas em seus devidos contextos, dificuldade de captar os inúmeros sentidos possíveis de uma conversa, uma tendência a entender as coisas literalmente, e dificuldade de distinguir entre mentiras e brincadeiras.[8]

Há maneiras de alterar a dominância do cérebro esquerdo. Os mestres Zen, por exemplo, usam koans, ou enigmas absurdos, para estimular, em seus alunos, a utilização do cérebro direito em vez do esquerdo. Um koan muito famoso é: "Batendo as palmas das mãos temos um som; qual é o som de uma mão só?." O cérebro lógico esquerdo pode lutar contra o koan por alguns instantes, mas ele finalmente desistirá e deixará que o cérebro direito enfrente a questão. Outros métodos para ativar o cérebro direito são olhar fixamente para mandalas, dançar, tocar tambor e entoar cânticos. Alguns desses métodos funcionam porque as baixas frequências sonoras ativam preferencialmente o cérebro direito e as altas frequências sonoras ativam preferencialmente o cérebro esquerdo.

A meditação sincroniza a atividade dos dois hemisférios, de forma que o cérebro esquerdo deixe de ser dominante. EEGs de praticantes experientes de meditação mostram ondas cerebrais mais coerentes, ou de baixa frequência, quando eles estão meditando. Isso significa que mais células cerebrais dentro de cada hemisfério estão em sincronismo umas com as outras. A atividade do córtex dele diminui durante a meditação e mostra-se menos dominante sobre o cérebro subjacente. Portanto, a atividade usual do cérebro sofre alterações tanto do cérebro esquerdo para o direito quanto do cérebro cortical para o subcortical durante a meditação. E quando meditadores

198   Poderes paranormais

se tornaram alvo de pesquisas sobre o parapsiquismo, como a da visão remota, seus EEGs mostraram essas mesmas alterações (maior coordenação entre as duas metades de seus cérebros e ondas cerebrais com frequências mais baixas).[9]

PROCESSAMENTO SENSORIAL MAIS ALTO E MAIS BAIXO

A divisão entre os cérebros esquerdo e direito, com a dominância do cérebro esquerdo, é apenas uma das formas pelas quais a informação é segregada da atenção consciente. Outro mecanismo de filtro ocorre conforme a informação sensorial passa através de seus múltiplos níveis de processamento antes de atingir a atenção consciente. O córtex é a seção mais externa do cérebro, e está associado ao processamento de alto nível. O núcleo interno do cérebro está associado ao processamento de baixo nível, que não alcança a atenção consciente, a menos que seja encaminhado para o córtex.

Mesmo assim, conseguimos responder a coisas que não atingem a atenção consciente. Isso pode ser ilustrado por patologias como a cegueira cortical, que resulta de uma lesão no córtex visual, enquanto os níveis mais baixos de processamento visual ainda permanecem intactos. Um paciente com esse problema não conseguia ver nada que estava do seu lado esquerdo, mas, mesmo assim, era capaz de distinguir cruzes de círculos e linhas horizontais de linhas verticais em sua região de cegueira. Ao lhe perguntarem como ele fizera aquilo, ele disse que simplesmente adivinhara. É dessa forma que muitos voluntários experienciam suas respostas durante as pesquisas sobre o parapsiquismo, mesmo quando apresentam um desempenho superior àquele relativo ao acaso. As informações parapsíquicas, assim como as informações perceptivas, entram inicialmente sob o nível de atenção consciente. A menos que as informações atinjam nossa atenção consciente, não sabemos que as sabemos. Mas todos nós podemos agir, e de fato agimos, com base em informações inconscientes.

O "fluxo" é um bom exemplo de como conseguimos agir para além de nossa atenção. Mihaly Csikszentmihalyi, ex-chefe do departamento de psicologia da University of Chicago, é o principal pesquisador do estado de fluxo, que ele define como estar tão absorvido pelo que se está fazendo que uma sensação eufórica de clareza e objetividade assume o controle.[10] O estado de fluxo tem mais probabilidades de ocorrer quando a tarefa não é nem tão fácil nem tão difícil. Quando se está sob o estado de fluxo, agimos com base em nossa atenção inconsciente, que está ligeiramente à frente de nossa atenção consciente. Os centros de processamento de baixo nível recebem as informações primeiro, e durante o estado de fluxo agimos antes que essas informações cheguem aos níveis mais altos de processamento. Caso você tenha jogado tênis por um longo período, pode ter experienciado o estado de fluxo ao retornar a atividade antes mesmo de tê-la decodificado conscientemente.

Há outros momentos, fora do estado de fluxo, em que podemos agir para além da atenção consciente. Você pode ter parado de trocar de pistas sem saber o motivo, até perceber um carro escapar de seu ponto cego e ultrapassá-lo em alta velocidade. Seu nível mais baixo de processamento visual percebeu o carro se movendo para fora do ponto cego antes que você o tenha feito conscientemente. Essa habilidade para evitar um desastre sem ter de recorrer a uma decisão consciente é altamente adaptativa.

O estado de fluxo foi comparado à meditação, uma vez que ambos lidam com um tipo de atenção que vai além da atenção consciente do indivíduo. Em ambos os estados, as pessoas estão tão focadas que perdem a sensação de ter um eu separado de seu entorno. Elas se tornam "um", integrando-se ao que estão percebendo ou fazendo. Estudos de neuroimagem de pessoas durante a prática da meditação e o estado de fluxo confirmam que a atividade é alterada para os centros subcorticais.[11] A perda da sensação de eu correlaciona-se com a redução da atividade nos lobos parietais, responsáveis pela percepção da relação do corpo com o mundo físico circundante. Em ambos os estados, o aumento do foco único em algo está relacionado à maior atividade nos lobos pré-frontais, responsáveis pela atenção.

Uma área subcortical destinada ao processamento de informações é o tálamo, geralmente referido como um centro de retransmissão de informações sensoriais. Gatos grandes, com territórios amplos, têm células talâmicas especializadas que são ativadas quando eles percebem algo se movendo para locais específicos em seu terreno. As células cerebrais ativadas são específicas para locais geográficos precisos e não dependem da posição da cabeça do gato ou de seu ponto de vista, o que significa que o gato possui um mapa tridimensional de seu território dentro de seu campo de consciência.[12] "É quase como se o cérebro do gato tivesse um sistema de posicionamento global (GPS) embutido", observou James Austin, M.D., em seu livro *Zen and the Brain*.[13] Células semelhantes foram localizadas nos hipocampos de macacos, estruturas do sistema límbico envolvidas na memória.[14] O fato de Swann e Price

A CONSCIÊNCIA EM COMPARTIMENTOS

terem identificado localidades em testes de visão remota simplesmente por meio de endereços ou de coordenadas geológicas sugere que os humanos também podem ter uma espécie inata, mas subutilizada, de "GPS".

Os centros de processamento de baixo nível são chamados de "baixos" porque estão localizados mais profundamente dentro do cérebro, evoluíram prematuramente e recebem as informações sensoriais primeiro. No entanto, eles não são inferiores em nenhum sentido qualitativo da palavra. Eles lidam com um considerável montante de informações durante a percepção comum. Sempre que vemos alguma coisa, nossos cérebros têm de fazer, em milissegundos, trilhões de cálculos com as informações visuais para formar a imagem. Nossos cérebros determinam a profundidade dos objetos pelas sombras, e as sutis diferenças entre as imagens captadas pelos dois olhos. Vemos milhares de nuances de cores diferentes, mesmo que nossas retinas tenham apenas três tipos de cones, cada um dos quais representando uma cor primária. Todos esses cálculos são realizados fora da atenção consciente. E isso é apenas uma fração das informações processadas inconscientemente. Enquanto só conseguimos ver uma imagem como resultado de trilhões de cálculos inconscientes, os autistas Savant conseguem associar instantaneamente um número àquela imagem, como o número de balas de goma em um pote.

O INCONSCIENTE

Os olhos só veem o que a mente está preparada para compreender.

— HENRI BERGSON

Uma definição simples do inconsciente é ser tudo aquilo que está dentro do cérebro e que não é consciente. Acreditava-se no início que o inconsciente era apenas um componente menor de nosso intelecto, mas agora ele é conhecido por conter muito mais do que nossa mente consciente é capaz de abrigar. Ele também desempenha um papel fundamental na determinação de nosso comportamento. Nosso inconsciente pessoal contém informações sobre nosso passado e presente que não são relevantes para o que estamos fazendo no momento, além de coisas que não queremos encarar ou admitir a nós mesmos. Os sonhos oferecem uma janela para nosso inconsciente, e os sonhos parapsíquicos mostram que nosso inconsciente pode abrigar informações para além do nível pessoal. Como isso é possível será abordado mais à frente, mas, primeiro, vamos nos aprofundar na percepção e em como o cérebro filtra, processa e controla o que chega à atenção consciente.

Estima-se que nossa mente inconsciente receba mais de um bilhão de peças de informação por segundo. Se todas essas informações atingissem a consciência, isso sobrecarregaria muito rápido nossa mente consciente e, portanto, menos de 1% efetivamente a atinge. E como o cérebro escolhe esse 1% que passará à consciência? Grande parte dessa seleção tem a ver com as prioridades sobre quais informações precisamos para funcionar. Não determinamos conscientemente a maioria dessas prioridades. Elas são um produto

A CONSCIÊNCIA EM COMPARTIMENTOS

da forma pela qual nossos órgãos sensoriais e nosso cérebro se desenvolveram.

Uma vez que nossa necessidade mais vital diz respeito a responder às demandas do momento, é somente nos sonhos, EFCs e estados alterados de consciência que perdemos totalmente a orientação para o aqui e o agora. Por esse motivo, é tão difícil ganhar acesso às informações parapsíquicas durante o estado de consciência de vigília normal. Mesmo quando nossas mentes divagam para fantasiar sobre algum outro lugar ou tempo, não estamos completamente libertos de nossa orientação; ainda operamos no presente, apesar de estarmos quase sempre no piloto automático. Portanto, podemos pensar nas férias que tiramos na semana anterior enquanto tomamos banho, lavamos a louça ou fazemos alguma outra coisa que exija apenas uma atenção mínima. Podemos fazer tais coisas com a consciência dividida, que funciona razoavelmente bem somente quando as tarefas são rotineiras. Fantasiar é completamente diferente dos estados alterados de consciência que permitem o acesso a informações parapsíquicas, porque não implica a alteração cortical-subcortical na atividade cerebral, necessária para que os mecanismos de filtragem sejam reduzidos.

OS MECANISMOS DE FILTRAGEM DO CÉREBRO

O cérebro filtra as informações parapsíquicas e outras informações externas para que elas não atinjam a consciência por meio dos seguintes mecanismos.

Limitações de nossos sistemas sensoriais

Nosso cérebro e órgãos sensoriais (ouvidos, olhos etc.) limitam nossa percepção do mundo físico. Por exemplo, há espécies com uma amplitude maior de olfato, habilidade para ver raios ultravioleta, habilidade para detectar forças sísmicas antes de nós e habilidade para ouvir frequências fora de nossa amplitude. Algumas informações de nosso mundo são detectadas somente por tecnologias criadas pelo homem, como os dispositivos sem fio que recebem e enviam sinais de informação através do ar à nossa volta. Tais dispositivos ilustram uma capacidade de armazenamento de informações anteriormente inimaginável, no que conseguimos perceber apenas como espaço vazio.

Interagindo com o mundo em nível macro

Vemos e tocamos o que parece ser um mundo material bastante sólido, mas os físicos descobriram que os átomos consistem, principalmente, em espaço. Mesmo que os objetos obstruam a nossa visão e saibamos que é possível sentar em cadeiras sem cair no chão, a ciência nos diz que tais objetos são predominantemente espaço, porque são feitos de átomos. Mas não poderíamos interagir com os objetos se nossos cérebros estivessem programados para focar no espaço dentro dos átomos, em vez de sua ínfima parte material. O que percebemos conscientemente permite que realizemos nossas interações cotidianas, mas nosso inconsciente não precisa estar limitado ao pragmatismo. O inconsciente pode experienciar o "impossível" durante as EFCs, os sonhos precognitivos e outros fenômenos parapsíquicos.

Limiares

As informações têm de passar por limiares para alcançar a consciência. Um exemplo são as mensagens subliminares, como a imagem da pipoca que desperta o desejo da gula ao ser projetada em uma tela de cinema durante um filme. A imagem não atinge a atenção consciente, pois é visível apenas por um milésimo de segundo, e filtramos tudo aquilo que dura menos de 1/16 de segundo. Mas a imagem aumenta as vendas de pipoca porque a informação continua sendo percebida pelo inconsciente e nos influencia, mesmo estando fora da atenção consciente.

Inibição latente

O processo de filtragem do cérebro inclui o que os psicólogos chamam de "inibição latente".[15] O termo se refere à redução de atenção a estímulos que historicamente não produziram consequências. Ignoramos automaticamente o constante ruído de nossos carros quando eles estão andando normalmente, mas reagiremos se o motor fizer um grande barulho. Também sentimos mais as roupas quando as colocamos pela primeira vez, mas dentro de minutos, as sentiremos menos. As pessoas são diferentes quanto ao grau com que se desconectam dos ruídos à sua volta. Pesquisas descobriram que as pessoas compreensivas, criativas ou inteligentes têm um escore menor em testes de inibição latente, o que significa que elas ignoram menos informações. Essa inibição latente menor também está relacionada ao aumento de habilidades parapsíquicas.

Interesse

Muitos de nós nos restringimos às próprias preocupações e interesses, particularmente nestes tempos muito agitados. Focando no que estamos interessados, filtramos as informações com as quais não nos importamos e que não desejamos que nos distraiam.

Expectativas

Um dos principais fatores que determinam como percebemos o mundo é como aprendemos a experienciá-lo, o que significa falar em hábitos e expectativas. Como consequência, nossas mentes conscientes deixam escapar coisas e as percebem erroneamente na maior parte das vezes. Como afirmou Yogi Berra, "Se eu não tivesse acreditado, não teria visto". A afirmação de Berra pode ser aplicada às informações parapsíquicas. Não alimentamos expectativas de conseguir prever o futuro ou saber o que as outras pessoas estão pensando. Isso pode explicar por que os pesquisadores descobrem reiteradamente que seus resultados tendem a favorecer as habilidades parapsíquicas se as pessoas testadas acreditam na existência de tais habilidades, mesmo que não apresentem um histórico de experiências parapsíquicas.

Esse efeito da expectativa sobre a percepção comum é demonstrado por um fenômeno chamado de "cegueira à mudança". Podem acontecer grandes mudanças em um ambiente sem que o observador consiga detectá-las, caso ocorram inesperadamente.[16] Em um experimento, voluntários foram levados a conversar frente a frente com estranhos. Eles não reparariam

A CONSCIÊNCIA EM COMPARTIMENTOS

que o estranho havia sido repentinamente substituído por um ator diferente se a troca fosse realizada em um breve momento de distração. Mesmo diferindo fisicamente, se o ator continuasse a conversa como se nada tivesse acontecido, o voluntário não perceberia conscientemente a diferença. Uma vez que o inconsciente notava a troca, o sujeito poderia experimentar uma sensação estranha sem saber por quê. Os autistas são muito sensíveis às mudanças em seu ambiente, e não se desligam dos detalhes em função das expectativas, portanto, não ficam cegos à mudança ou às ilusões óticas.

"Abstratificação"

A maioria de nós transforma os detalhes percebidos em nível inconsciente em um conceito abstrato. Nossa habilidade de comunicação verbal depende disso. Os autistas veem o mundo sem formar conceitos abstratos, o que resulta em dificuldades de comunicação. Por causa dessa incapacidade de "abstratificação", Temple Grandin afirmou não possuir inconsciente — sua atenção consciente abriga o material que seria normalmente inconsciente. Por definição, o inconsciente está fora da consciência e, por isso, ninguém pode afirmar que ele não existe, mas é justo dizer que Grandin tem acesso a mais coisas que estariam a princípio inconscientes para a maioria de nós. E alguns Savant nos mostraram que o inconsciente pode conter um material muito maior do que jamais imaginamos. Quando se considera todos os mecanismos de filtragem do cérebro, torna-se evidente que temos consciência apenas de uma janela extremamente estreita da realidade.

Capítulo 10

A CONSCIÊNCIA E A REDE DA VIDA

Todas as coisas estão conectadas, assim como o sangue nos une a todos. O que acontece à Terra acontece a todos os filhos da Terra. O homem não teceu a rede da vida; ele apenas faz parte dela. O que quer que ele faça à rede, fará a si mesmo.

— CHIEF SEATTLE

NOSSA MENTE CONSCIENTE NÃO percebe o quão conectado o mundo realmente é, mas algumas vezes experienciamos tal interconexão por meio de estranhas coincidências. Você pode ligar o rádio e ouvir a mesma música que estava cantando mentalmente segundos atrás, mesmo que tenham se passado anos desde a última vez em que você pensou naquela canção. Se isso acontecesse apenas uma vez, não perderíamos muito tempo pensando sobre essa questão, mas e se acontecesse várias vezes na mesma semana? Entender como tais coincidências podem ocorrer contra as probabilidades estatísticas exige que exploremos a paranormalidade que está na base de nosso universo interligado.

Em nosso universo visível, as pessoas e os objetos parecem separados e distintos de nós e uns dos outros. Viajamos através de três dimensões espaciais (cima-baixo, norte-sul, e leste-oeste), e uma quarta dimensão, o tempo. Ao contrário das dimensões espaciais, o tempo parece se mover em apenas uma direção. Ele vai para a frente, e não para trás, embora os físicos digam que não há uma lei que justifique esse fato. Ao contrário, os físicos propõem que nosso conceito de tempo é uma ilusão. Eles também afirmam que nosso universo está altamente interconectado, ou que há relações ocultas entre coisas que parecem separadas. Os físicos também sugerem que há mais dimensões do que as quatro usualmente percebidas. Nossa visão da realidade difere consideravelmente da descrição feita pelos físicos, mas isso se deve, principalmente, ao fato de sermos limitados por nossos cérebros e sistemas sensoriais.

Os fenômenos parapsíquicos são indícios de que a versão abstrata da realidade sugerida pelos físicos não é apenas um conceito derivado matematicamente, mas pode estar mais perto da forma como as coisas realmente são. Isso porque os fenômenos parapsíquicos têm mais probabilidade de ocorrer na versão do universo defendida pelos físicos do que naquela que percebemos conscientemente. Outros fenômenos, como as sincronicidades e os estados místicos, também oferecem apoio às teorias modernas dos físicos sobre a realidade. Apresentarei tais teorias brevemente, antes de discutir a física que nos interessa.

SINCRONICIDADES

Carl Jung cunhou o termo *sincronicidade*, que significa uma coincidência aparentemente expressiva, pois as probabilidades de ocorrência mostram-se extraordinariamente altas se comparadas unicamente às do acaso. O trecho seguinte é um exemplo,

A CONSCIÊNCIA E A REDE DA VIDA

retirado de um jornal suíço e transcrito por Jung em 26 de março de 1957, em uma carta a H. J. Barrett:

> Um homem [estava] celebrando seu aniversário; sua esposa havia lhe dado um cachimbo de presente. Ele saiu para caminhar e sentou-se em um banco sob uma árvore. Outro homem idoso se aproximou e sentou-se ao seu lado, fumando o mesmo tipo de cachimbo. O Sr. A chamou a atenção do Sr. B para o fato de que ambos estavam fumando o mesmo cachimbo, e o Sr. B disse-lhe que estava comemorando seu aniversário naquele exato dia e que o cachimbo havia sido um presente de sua esposa. Ele se apresentou, e, no fim das contas, ambos tinham o mesmo nome de batismo, Fritz.[1]

Outra sincronicidade que chamou a atenção de Jung envolveu o escritor francês Émile Deschamps. Um homem chamado Monsieur de Fontgibu havia oferecido um pudim de ameixa a Deschamps em algum momento em 1805. Dez anos depois, Deschamps estava em um restaurante em Paris e reparou que havia pudim de ameixa no cardápio. Ele tentou fazer o pedido, mas o pudim havia acabado, pois a última sobremesa havia sido servida ao Monsieur de Fontgibu. Então, em 1832, Deschamps visitou um outro restaurante com um amigo, constatou que havia pudim de ameixa no cardápio e contou ao seu amigo aquela história. Ele disse que se o Monsieur de Fontgibu estivesse ali, "o cenário estaria completo". Quase no mesmo instante, o Monsieur de Fontgibu adentrou o restaurante.

Ambas as histórias de Jung apresentam coincidências extraordinárias, sem nenhuma relação aparente de causa e efeito.

As coincidências não parecem ter um significado oculto, mas também não parecem totalmente aleatórias. Muitos de nós vivenciamos ou ouvimos falar sobre sincronicidades, pois elas são muito comuns. Uma explicação para tantas sincronicidades é que elas são manifestações da interconectividade subjacente do universo.

Alan Vaughan, pesquisador de sonhos que mantinha diários para investigar os sonhos precognitivos, escreveu um livro intitulado *Incredible Coincidences: The Baffling World of Synchronicity*. Uma das histórias era sobre uma mulher de Berkeley, Califórnia, que havia ficado trancada fora de casa. Ela estava se perguntando como conseguiria entrar quando o carteiro se aproximou e lhe entregou uma carta enviada por seu irmão. Havia uma chave extra dentro da correspondência. Outra história era sobre uma dona de casa que perdera seu anel em um campo de batatas e o localizou quarenta anos depois, em uma batata que acabara de cortar.

Uma de minhas pacientes viajou para o Havaí exatamente quando sua melhor amiga estava voltando daquele estado para Massachusetts. Minha paciente encontrou, reconheceu e recolheu o anel de noivado de sua amiga na areia da praia de Waikiki, mas não ficou absolutamente convencida de que se tratava do anel de sua amiga até que voltasse para casa, quando finalmente ficou sabendo que ela o havia perdido.

Ao longo dos anos, percebi que muitos de meus pacientes com transtorno bipolar e esquizofrenia experienciam um grande número de sincronicidades quando suas doenças estão na fase ativa, especialmente se eles estiverem em estado de privação de sono. Concomitantemente ao aumento dos casos de sincronicidade, meus pacientes também relatam mais experiências parapsíquicas. Tanto as sincronicidades quanto os fenômenos parapsíquicos são janelas psicológicas para a interconectividade do universo, e ocor-

A CONSCIÊNCIA E A REDE DA VIDA

rem simultaneamente sob as mesmas circunstâncias psicológicas e fisiológicas.

Uma das minhas pacientes apresentou um delírio paranoide bastante complexo, de que o governo norte-americano estava gastando milhões de dólares para controlar cada movimento seu. O delírio, deflagrado por causa de uma conversa que ela ouvira na fila de uma agência de correios, não fazia nenhum sentido para ninguém, a não ser para ela. Ela se via repetidamente atrás de carros com placas de licenciamento personalizadas que se encaixavam perfeitamente em seu raciocínio delirante. Ela fotografava as placas enquanto estava dirigindo e, certo dia, chegou ao meu consultório com uma pilha de fotos. Ela tinha esperança de que as fotos das placas dos carros ajudariam a provar o seu delírio. Nunca duvidei de que essas placas existiam, porque minha experiência mostrava que as sincronicidades de meus pacientes eram, quase sempre, acontecimentos reais. No entanto, geralmente discordo dos pacientes quanto à interpretação das sincronicidades.

As sincronicidades aumentam exponencialmente durante estados de consciência nos quais o sistema límbico encontra-se altamente ativado. O sistema límbico confere emoções e significado a pessoas, animais, números, cores, acontecimentos e assim por diante. Portanto, quando o sistema límbico fica mais ativo do que o usual, os lobos temporais também ficam, e o mundo à nossa volta se torna mais pleno de significados e mais simbólico. Se formos paranoicos, os símbolos serão ameaçadores, mas se estivermos em um estado de estupefação, os símbolos poderão ser místicos ou espirituais. As pessoas também podem experienciar uma combinação de sensações e tipos de símbolos.

A história de minha paciente ilustra uma das intrigantes interconexões que tenho observado nas sincronicidades, entre nossa realidade interna (ou pensamentos) e nossa realidade externa (ou experiências). Os períodos de aumento de sincronicidades não parecem ser meramente o resultado de uma vigilância maior aos símbolos que se tornaram mais significativos. Quando nosso sistema límbico está ativado, os pensamentos parecem aumentar a probabilidade de experienciar tais sincronicidades, quase da mesma forma com que um ímã atrai o metal. Nesse sentido, algumas sincronicidades podem ser uma variante da psicocinese, fenômeno no qual nossos pensamentos influenciam o mundo físico.

EXPERIÊNCIAS MÍSTICAS

Há milênios que os místicos afirmam perceber a interconectividade do universo. Eles acreditam que existem outras dimensões por terem-nas experienciado diretamente. Sri Aurobindo, por exemplo, um místico indiano do século XX, alegava ver uma dimensão extra quando entrava em um estado alterado de consciência.

As pessoas que viveram estados místicos de consciência relataram, de forma unânime, que a sensação de estar separado do mundo físico se dissipa durante tal estado. Os conceitos de "eu", "mim" ou "meu" perdem relevância ou significado.[2] O senso de tempo é substituído por um senso de eternidade. D. T. Suzuki, estudioso que trouxe o Zen Budismo para o ocidente, descreveu o estado místico como o momento em que "olhamos ao redor e percebemos que (...) todo objeto está relacionado a outro, (...) não apenas espacial como temporalmente (...). Como um fato de pura experiência, não há espaço sem tempo, nem tempo sem espaço; eles se interpenetram".[3] O terceiro componente principal desse estado é a convicção de que a "verdadeira realidade" foi revelada.

A CONSCIÊNCIA E A REDE DA VIDA   215

William James se referia a isso como uma qualidade "noética", ou a sensação de que se atingiu uma grande fonte de conhecimento oficial ou *insight* que equivalem à verdade absoluta.

James percebeu três outras qualidades das experiências místicas. Uma delas é a *inefabilidade*, ou a incapacidade de descrever a experiência adequadamente em palavras. Lao-Tse, fundador do taoísmo chinês, falava sobre a inefabilidade ao afirmar, "O Tao do qual se pode falar não é o Tao Absoluto". Outra qualidade é a *transitoriedade*, ou a tendência de que a experiência se esvaneça depois de uma ou duas horas, apesar da prolongada sensação de relevância. Há também a *passividade*, ou a sensação de que, uma vez começada, não se consegue mais controlar a experiência. Alguns ensaios místicos surgem espontaneamente. Outros são induzidos pela privação do sono, drogas, ervas, meditação, sons de tambores, danças Sufi ou técnicas de respiração.

Andrew Newberg e Eugene d'Aquili, da University of Pennsylvania, mediram a atividade cerebral de budistas tibetanos durante a prática da meditação.[4] A meditação exige concentração intensa, gerando a ativação dos lobos pré-frontais, e, portanto, esses lobos estavam mais ativos do que o normal durante a meditação dos monges. Os lobos parietais processam informações sobre espaço, tempo e a orientação em relação ao espaço-tempo. Tais lobos se tornam menos ativos durante a meditação. Essa alteração estava relacionada à percepção dos praticantes de meditação de que seus corpos eram infinitos e estavam intimamente entrelaçados com todos e com tudo.

Alguns cientistas rejeitam as percepções durante os estados místicos, considerando as ilusões criadas pelas alterações da atividade cerebral. Entretanto, pesquisas têm demonstrado que praticantes de meditação também apresentam elevadas habilidades parapsíquicas, e, por isso, é possível que estejam revelando verdades ocultas ao verem um universo interconectado e outras dimensões. Além disso, tais descrições guardam paralelos surpreendentes com o universo descrito pelos físicos modernos. Inúmeras descobertas e teorias dentro da física apontam para um universo altamente interconectado. Isso inclui a teoria das supercordas, a teoria do caos e o emaranhamento quântico, ou a não localidade. E esses conceitos esclarecem a possibilidade dos fenômenos parapsíquicos.

A FÍSICA DA CONECTIVIDADE

David Bohm foi um físico de plasma que, mais tarde, tornou-se colaborador de Albert Einstein. Bohm comparou nossa perspectiva da realidade à observação de monitores que exibem imagens em tempo real do mesmo peixe sob diferentes ângulos, sem que saibamos dessa configuração. Os monitores, aparentemente, mostrariam peixes diferentes. Se observássemos com cuidado, perceberíamos que os peixes se moviam idêntica e simultaneamente, mas em direções diferentes. Uma vez que os peixes não faziam parte de um cardume, poderíamos simplesmente interpretar a cena como um fenômeno de sincronicidades, ou como uma comunicação parapsíquica entre os peixes. Tais interpretações seriam um produto artificial de nosso desconhecimento. Bohm afirmou que, de modo análogo, fazemos falsas interpretações sobre o universo, pois não percebemos conscientemente o nível mais profundo da realidade, no qual tudo é interconectado e unificado.[5]

As evidências de interconectividade vieram, inicialmente, de pesquisas sobre as forças que mantêm as partículas subatômicas unidas. Os cientistas investigaram essas forças usando aceleradores

A CONSCIÊNCIA E A REDE DA VIDA

gigantes para fazer com que as partículas subatômicas se chocassem umas contra as outras em alta velocidade. Quando dois objetos colidem em nível macroscópico, eles se rompem em pedaços menores do que os originais, mas os pedaços totalizam a mesma quantidade de matéria. Quando as partículas subatômicas colidem, a soma das partes se torna maior. Isso acontece porque, na verdade, as partículas são criadas a partir da energia liberada no processo. Tais partículas recém-criadas têm uma existência menor do que um milionésimo de segundo, um tempo tão efêmero que elas são chamadas de partículas virtuais.

As partículas virtuais margeiam as partículas subatômicas, desaparecendo quando se incorporam à partícula receptora. Embora as partículas virtuais pareçam furtivas, sua existência não viola nenhuma lei física. Na verdade, as partículas virtuais criam, através de suas interações em rede, os principais campos de força do universo. Por exemplo, a troca de partículas virtuais no interior do núcleo dos átomos é o que mantém o núcleo unido. Do contrário, os prótons igualmente carregados dentro do núcleo se repeliriam mutuamente e destruiriam o próprio núcleo.

Fritjof Capra, autor de *O Tao da Física*, sintetizou as pesquisas sobre partículas subatômicas da seguinte forma: "A teoria quântica revela, assim, uma unidade básica do universo (...). À medida que penetramos a matéria, a natureza não nos mostra 'blocos de construção isolados', mas sim uma complicada teia de relações entre as várias partes do todo".[6] Se você se confundiu com isso, não se preocupe. Até mesmos os físicos têm ficado confusos com suas descobertas. Quanto mais os físicos subatômicos procuram pelas partículas fundamentais, mais estranhas se tornam suas observações. Um dos maiores desafios da física moderna tem sido encontrar uma suposta teoria do tudo (TOE, na sigla em inglês), que explicaria tais descobertas, e unir a mecânica quântica à teoria da relatividade geral de Einstein. Até agora, as teorias das super-cordas (SSTs, na sigla em inglês) são as competidoras mais próximas da TOE.

Digo teorias porque há mais de uma teoria da supercorda, mas elas são agrupadas em conjunto porque compartilham a mesma premissa básica de que os blocos de construção são pequenas cordas vibratórias, e não partículas. A palavra *corda* não deve ser interpretada no sentido literal. É uma analogia tomada de empréstimo do mundo físico, com a qual podemos estabelecer uma relação. As cordas nas SSTs têm um comprimento de 0,000000000000000000000000000000001 jardas. Isso significa que elas são mais de 100 quintilhões de vezes menores do que um elétron, a partícula com carga negativa que gira ao redor do núcleo central de um átomo. As extremidades da corda podem se conectar umas com as outras, e, nesse caso, a corda assume a forma de um círculo. As cordas estão em constante vibração, e uma variedade infinita de padrões de vibração pode percorrer os círculos, como a onda que viaja ao longo do laço circular de um caubói.

A SST foi uma ideia tão radical em seus primórdios que o período entre 1984 e 1986 foi chamado de "a primeira revolução das supercordas". Os físicos de todo o mundo escreveram milhares de artigos sobre isso somente naqueles anos. Quando a SST mudou a unidade básica das partículas para as cordas vibratórias, houve muitas ramificações. A mais importante é que isso significa que o universo é muito mais dinâmico e capaz de interações e interconexões do que se acreditava até então.

A vibração cria a interconectividade por causa de um fenômeno físico chamado de ressonância, descoberto em 1665 pelo físico holandês Christiaan Huygens. A ressonância é a habilidade de um objeto que vibra de produzir vibrações em outro objeto, ou

A CONSCIÊNCIA E A REDE DA VIDA 219

de influenciar a vibração dele. Huygens descobriu a ressonância depois de observar por horas o funcionamento de relógios de pêndulo. Em uma sala cheia de relógios, ele começou a movimentar os pêndulos um a um. Embora se movessem fora de sincronismo e em ritmos diferentes, por fim, e automaticamente, entraram em sintonia com o primeiro pêndulo que Huygens havia colocado para funcionar. Isso aconteceu a despeito de os pêndulos estarem dentro de caixas.[7] A descoberta de Huygens foi chocante para a época, porque se acreditava que o sincronismo era algo possível somente para grilos, pássaros, peixes, dançarinos e outros seres vivos. Uma vez que os relógios de pêndulo não eram seres vivos, sua habilidade para entrar em sincronismo espontaneamente teria de ser explicada por um princípio físico.

Esse princípio é demonstrado pela vibração de um diapasão. Um diapasão com a nota musical dó fará com que outro diapasão dó vibre, apenas pela proximidade entre ambos, mesmo que em uma oitava diferente. Um diapasão com a nota si, no entanto, não será afetado por ele. Os diapasões da mesma nota produzem efeitos uns sobre os outros porque compartilham a mesma frequência de ressonância, que é a frequência natural de vibração de cada objeto.[8] A teoria da corda diz que tudo está em vibração no nível subatômico, o que significa que as cordas com o mesmo padrão e frequência vibratórios estão em sincronismo.[9]

Um distúrbio no padrão vibratório de uma corda em sincronismo com outra pode fazer com que a outra corda mude seu padrão para acompanhá-la, ou a segunda corda pode tentar ajudar a corda que saiu do padrão a se reagrupar e recuperar seu padrão original. Esse último efeito seria mais provável quando houver menos cordas fora do padrão do que cordas dentro do padrão original. Portanto, a ressonância no nível das cordas pode auxiliar a manutenção da integridade dos objetos e dos seres vivos ao longo do tempo, porque elas podem servir como um modelo, ou uma memória de reconstituição.

Segundo as SSTs, as cordas são as unidades básicas subatômicas que constituem todas as coisas, incluindo os genes e as características físicas codificadas para aqueles genes. Por causa da ressonância, todos nós somos potencialmente responsivos a outros que tenham constituição bastante semelhante. Isso significa, obviamente, que a ressonância ocorre no nível subatômico entre os membros da mesma espécie, uma vez que eles compartilham muitos dos mesmos genes e características físicas. A ressonância também ocorreria em algum grau entre as espécies, uma vez que os animais compartilham muitos genes idênticos.

Quanto mais próximos estivermos uns dos outros geneticamente, maior o nosso grau de ressonância subatômica. Uma vez que o material genético de gêmeos idênticos é o mesmo, eles têm um grau extremamente alto de ressonância. Mas essa ressonância pode não ser oriunda apenas de seus genes idênticos. A menos que o seu "DNA lixo" tenha passado por mutações após a separação do óvulo fertilizado, ele também seria idêntico. O "DNA lixo", na verdade, abrange 98% da herança de DNA em nossos cromossomos, mas ele não é considerado parte do genoma, porque não contém genes. Sua função é desconhecida, mas poderia propiciar uma grande capacidade de ressonância entre nós e nossos parentes próximos. Em outras palavras, ele pode conter mutações que são inócuas em termos de doenças, mas que, compartilhadas, podem contribuir para a ressonância como um todo.

A influência da ressonância entre os seres semelhantes exige mais do que o simples compartilhamento da mesma frequência. Ela também exige um meio que os conecte. A vibração cria uma onda, mas a onda só existirá se houver um meio de transmissão. O ar é o meio que permite a transferência de vibração de um

A CONSCIÊNCIA E A REDE DA VIDA

221

diapasão para o outro. É possível sentir o efeito do diapasão no ar, colocando a mão perto quando ele estiver vibrando. Outro exemplo são as ondulações em um lago, que precisam da água para se propagar.

Mas em distâncias mais longas, o ar enfrenta muita resistência, ou tem dificuldades de atuar como um meio ideal entre os objetos. A resistência faz com que os sinais se dissipem, e essa é uma das razões pela qual a tecnologia de telefonia celular exige uma rede de torres para que o serviço seja oferecido de forma contínua. Nesse caso, qual é o meio mais indicado para que as pessoas permaneçam em ressonância umas com as outras a longas distâncias? A resposta mais provável é o mesmo meio da luz.

A luz é uma onda eletromagnética, e, portanto, os cientistas supuseram que a luz estelar contava com um meio que permitia sua transmissão através do espaço. Esse meio teórico foi chamado de "éter". Em 1887, realizou-se o experimento Mitchelson-Morley para detectar o éter, e os resultados foram surpreendentes. Os cientistas descobriram que não havia nenhuma resistência ou fricção no espaço. Pelo fato da resistência ser uma característica de todos os meios conhecidos de transmissão de ondas, os resultados experimentais foram interpretados como uma prova de que o éter não existia e de que o espaço era um vácuo, ou um nada completo.

Essa interpretação do espaço mudou quando os cientistas investigaram o que aconteceria se toda a matéria de um espaço determinado fosse retirada e a temperatura fosse reduzida ao zero absoluto, o menor estado de energia possível.[10] O que sobrou foi denominado de campo do ponto zero (ZPF, na sigla em inglês), um conceito proposto inicialmente por Albert Einstein e Otto Stern, em 1913. Por conta do experimento Mitchelson-Morley, os cientistas esperavam que o ZPF fosse equivalente ao vácuo, mas surpreendentemente, eles descobriram, em 1948, que o ZPF continha uma enorme quantidade de energia. O famoso físico Richard Feynman afirmou: "A energia em um único metro cúbico de espaço é suficiente para ferver todos os oceanos do mundo."[11]

O ZPF foi equiparado ao conceito original do éter como o campo constante que forma o pano de fundo do universo. Nesse contexto, os cientistas estão usando "campo" para se referir a uma matriz que conecta todas as coisas. O conceito teve origem em James Clerk Maxwell e Michael Faraday, que definiram campo como uma alteração ou circunstância do espaço com potencial para produção de uma força. Em outras palavras, o espaço pode conter informações que organizam, ou governam, o que quer que interaja com ele. O ZPF está em todos os lugares e em todas as coisas, porque nosso universo é formado principalmente por espaço. Embora os objetos em nosso universo pareçam sólidos, eles estão longe disso. O espaço vazio corresponde a 99,999999999% de um átomo, e, por isso, o núcleo de um átomo ocupa tanto espaço no átomo quanto uma formiga em um campo de futebol.

O ZPF se parece com um vácuo somente no sentido de que não apresenta resistência ou fricção. Isso significa que as ondas transmitidas no ZPF não se enfraquecem ou desaparecem da mesma forma que as ondulações em um lago. O ZPF é um meio ideal para a luz, mas também é ideal para a ressonância entre cordas, uma vez que não há distorção em seus sinais. Os padrões de vibração das cordas têm o potencial de se propagar indefinidamente, pois não há nenhuma fricção no ZPF que os impeça de fazer isso.

DAVID BOHM

Outra evidência de que o universo é interconectado provém do trabalho de David Bohm, que investigou o plasma no Radiation Laboratory, em Berkeley, Califórnia, em 1943. O plasma é uma fase da matéria inteiramente distinta dos sólidos, líquidos ou gases. É um estado no qual elétrons carregados negativamente são privados de seus átomos. Raramente interagimos com ele, mas o plasma forma, na verdade, a maioria das matérias visíveis; ele é usado em telas planas de monitores de vídeos (telas de plasma), mas também é a matéria-prima de muitas estrelas.

Quando os elétrons não estão mais acoplados aos átomos, eles se comportam de maneira diferente. Os elétrons normalmente repelem-se uns aos outros devido à sua carga negativa; cargas iguais se repelem, e cargas opostas se atraem. Porém, Bohm percebeu que os elétrons do plasma se uniam uns aos outros e atuavam coletivamente, em vez de agir como indivíduos separados. O plasma é chamado, algumas vezes, de gás ionizado, o que o diferencia de um gás comum. Os átomos dos gases normais se movem aleatoriamente, enquanto os elétrons do plasma se comportam de uma maneira ordenada, como se fizessem parte de um todo interconectado. As observações de Bohm fizeram-no comentar que parecia que os elétrons estavam vivos. Ele concluiu que alguma outra coisa, além das quatro forças físicas conhecidas, estava determinando o caminho seguido com precisão pelos elétrons. Na física, as quatro forças são o eletromagnetismo, a gravidade e as forças fracas e fortes envolvidas na integridade da estrutura de um átomo.

Em 1959, Bohm e seu assistente de pesquisa, Yakir Aharonov, observaram o movimento de elétrons do plasma sob a influência de campos magnéticos. Surpreendentemente, eles se comportaram de maneira diferente, dependendo de sua proximidade a um campo magnético, mesmo que estivessem em um lugar onde a força do campo magnético era zero, e não deveria tê-los afetado. De alguma forma, os elétrons recebiam informações sobre o campo magnético. Isso levou Bohm a propor que um quinto campo de força, desconhecido, fornecia informações sobre o ambiente global. Ele definiu-o como um campo que existe no nível mais profundo, perpassa todo o espaço, e é igualmente potente em todos os lugares (ao contrário dos campos gravitacional e magnético, que enfraquecem com a distância). Sua descrição é semelhante à do ZPF, ou, pelo menos, a um componente do ZPF.

Bohm também comparou o universo a um holograma gigante e harmonioso, em constante movimento e evolução. Os hologramas são imagens criadas artificialmente pela tecnologia a *laser*, e a característica importante da analogia é que cada parte de uma imagem holográfica contém informações sobre o todo. Portanto, se cortarmos um pedaço de uma película com um imagem holográfica, cada uma das peças conterá uma cópia exata, porém pequena, da imagem original. Analogamente, se um cubo de vidro que contenha uma imagem holográfica tridimensional for quebrado, cada um dos cacos de vidro conterá a imagem completa.

Bohm sugeriu que pode haver uma série infinita de forças hierárquicas dentro do universo, assim como um holograma contém imagens incrustadas dentro de imagens. Ele dividiu o universo em uma "ordem explícita", que corresponde ao mundo que experienciamos, e uma "ordem implícita", mais profunda e oculta. A "ordem implícita" é onde tudo surge e para onde tudo volta no fim, como as partículas virtuais que aparecem e desaparecem.

A MULTIDIMENSIONALIDADE E O BIG BANG

As fórmulas matemáticas das teorias das supercordas predizem que há muito mais dimensões do que as quatro que percebemos. Dependendo da teoria, as fórmulas falam em dez, 11 ou 26 dimensões, cujo acréscimo aumenta a capacidade de interconexões.[12] A forma pela qual as dimensões extras aumentam a conectividade pode ser entendida observando o que acontece quando saímos das duas dimensões e partimos para a tridimensionalidade. Ouvi falar sobre isso quando era criança, quando li o clássico romance *Flatland — O país plano*, de Edwin Abbott, publicado em 1884, e ambientado em um mundo de duas dimensões. A história é sobre um homem que tenta explicar à sua neta a existência de uma terceira dimensão. O livro foi transformado recentemente em um filme de animação.

A diferença entre um mundo tridimensional e um mundo bidimensional pode ser observada em mapas da Terra desenhados no formato de uma esfera, dividida em fatias e aplainada, que é a única forma de evitar a distorção do tamanho e da forma de países quando se representa uma esfera em duas dimensões. As extremidades esquerda e direita do mapa são o mesmo lugar geográfico. Em um globo tridimensional, essas extremidades se sobrepõem e é possível constatar que se trata do mesmo lugar. Quando se passa de duas para três dimensões, tais locais não parecem mais estar em extremidades opostas da Terra. Se a Terra fosse plana como mostram estes mapas, teríamos de viajar para o leste por mais de 38.600 quilômetros para chegar a um lugar que está a apenas 2,54 centímetros ao nosso oeste em uma esfera. É difícil imaginar como se pareceriam os mundos com dez, 11 ou 26 dimensões. Mas a importância dessas dimensões adicionais é que muitas das coisas que na tridimensionalidade espacial nos parecem separadas podem estar sobrepostas. Elas apenas parecem separadas por causa de nossa capacidade limitada de perceber as dimensões.

A interconectividade do universo é uma função derivada de sua origem, que, acredita-se, aconteceu em torno de 13,7 milhões de anos atrás. O Big Bang, até hoje a teoria científica mais popular para a origem do universo, afirma que todo o universo estava condensado no tamanho de um grão de arroz antes do Big Bang. Trabalhos recentes sugerem que o Big Bang pode, de fato, ter sido um "Grande Florescimento", ou uma expansão, em vez de uma explosão, mas em qualquer um dos casos, ele dispersou todas as coisas sem destruir sua conectividade.[13]

Toda a matéria do universo foi sintetizada nos primeiros milissegundos após o Big Bang, mas somente 4% da energia/matéria do universo é visível aos nossos olhos, com ou sem auxílio. O resto da energia/matéria é "matéria escura" e "energia escura". Acredita-se que a matéria escura forma 23% de toda a matéria/energia, enquanto a energia escura está estimada em 73%. A matéria escura não irradia luz e, portanto, é invisível, mas os cientistas estão cientes de sua existência por causa de seus efeitos gravitacionais no espaço exterior. Sugeriu-se a existência da energia escura porque parece haver uma força antigravitacional fazendo com que o universo se expanda, em vez de se contrair. A importância da energia e da matéria escuras é que os cientistas ainda não entendem o que elas são, ainda que abranjam a maior parte da matéria. Talvez elas sejam parte da matriz que interconecta todas as coisas, evidências adicionais de dimensões secretas, ou evidências de que essa matriz abriga forças desconhecidas.

NÃO LOCALIDADE

Um conceito importante da física usado para explicar os fenômenos parapsíquicos é a não localidade. A não localidade se refere a uma conexão particular entre duas partículas que estão emaranhadas ou acopladas, usualmente porque foram criadas pela mesma reação. Por causa dessa conexão não local, uma influência em uma das partículas será experimentada simultaneamente pela outra, mesmo depois de terem sido separadas por uma longa distância.

Einstein nunca conseguiu aceitar a existência das conexões não locais, tendo concebido um experimento mental para contestá-las, em 1935, conhecido como paradoxo Einstein-Podolsky-Rosen (EPR). Como todos os outros experimentos mentais de Einstein, o paradoxo EPR consistia de provas lógicas e matemáticas. Infelizmente, para Einstein, os resultados foram contrários ao que ele esperava, e se mostraram compatíveis com a não localidade.

Uma versão simplificada do experimento mental é a seguinte: os elétrons giram em torno de seus eixos em uma ou duas direções, para cima ou para baixo. Quando dois elétrons têm origem em uma fonte comum, eles estão "emaranhados", e uma característica essencial do emaranhamento é que os elétrons sempre girarão em direções contrárias entre si, mesmo quando estiverem muito distantes um do outro. Essa relação constante entre a direção de seus giros se deve ao fato de que o sistema de duas partículas funciona como um todo indivisível. Se o giro de um elétron for alterado, o outro terá de mudar automática e instantaneamente. A alteração do giro do outro elétron não pode ser o resultado de um sinal emitido pelo elétron alterado, pois a mudança ocorre instantaneamente, e isso exigiria que o sinal viajasse mais rápido do que a luz. Uma vez que Einstein havia provado que viajar mais rápido do que a luz era algo impossível, a única explicação cabível para a alteração instantânea seria o emaranhamento dos elétrons, ou a conexão não local.

A não localidade permaneceu como um conceito teórico até 1982, quando a equipe de pesquisa de Alain Aspect, em Paris, demonstrou-a de modo bem-sucedido em um experimento com fótons. O trabalho de Aspect foi validado por outros pesquisadores.[14] Experimentos realizados por Zhi Zhao e seus colegas provaram o emaranhamento quântico de vários fótons.[15] Os resultados de Zhao foram divulgados em 2004, na *Nature*, causando excitação na imprensa, pois o emaranhamento poderia propiciar um mecanismo para o teletransporte.[16] A não localidade pode soar estranha, mas é perfeitamente compatível com o tipo de interconexão possível através das várias dimensões extras. Em outras palavras, assim como os limites dos mapas bidimensionais, os elétrons ou fótons emaranhados ainda podem se sobrepor, mesmo que pareçam separados em nossas três dimensões espaciais visíveis.

ORDENANDO A PARTIR DO CAOS

A teoria do caos tem esse nome pelo fato de os sistemas por ela descritos parecerem estar desordenados. No entanto, a teoria mostra que tais sistemas caóticos têm, na verdade, uma ordem subjacente. Douglas Hofstadter, Ph.D., disse: "Parece que um estranho tipo de caos se esconde por trás de uma fachada de ordem — e, por sua vez, bem no fundo desse caos se esconde um tipo de ordem mais estranho ainda".[17] A teoria foi desenvolvida por Edward Lorenz e aprimorada por outros. Lorenz era um

A CONSCIÊNCIA E A REDE DA VIDA

metereologista que, em 1961, tentava predizer o clima com um computador. O modelo de clima por ele empregado utilizava 12 equações. Para poupar tempo, ele arredondou para baixo um número, de 0,506127 para 0,506, e colocou-o no computador. A sequência matemática resultante era dramaticamente diferente daquela que usava o número não arredondado.

Na maioria dos experimentos científicos, é extremamente difícil obter medidas com a precisão de três dígitos decimais; consequentemente, o fato dessa pequena mudança ter afetado profundamente os dados gerou implicações perturbadoras. Esse efeito significativo causado por pequenas alterações nas condições iniciais ficou conhecido como o "efeito borboleta", pois se esperava que a diferença numérica fosse tão inócua para a sequência matemática quanto o bater de asas de uma borboleta o é para o clima.[18] O efeito foi tão radical que era como se uma borboleta tivesse provocado um tornado.

O segundo componente da teoria do caos veio à tona depois que Lorenz representou graficamente um experimento nos quais os resultados haviam parecido inteiramente aleatórios antes de serem representados. O gráfico mostrava uma espiral dupla que mantinha a mesma forma, sem repetir, no entanto, as mesmas dimensões. A aparência do gráfico lembrava a de uma concha marinha ou a de uma pinha, que são ambas espirais logarítmicas. Outra forma de ordem encontrada na natureza são os fractais, nos quais a mesma forma é incrustada em si mesma indefinidamente. Um exemplo é o galho de samambaia, cujas folhas mostram o mesmo formato do próprio galho. Os hologramas são outro exemplo, mas sua natureza incrustada não se torna aparente até que sejam destruídos. No entanto, apesar dos exemplos onipresentes de fractais e espirais logarítmicas na natureza, somente dois tipos de ordem eram reconhecidas antes disso. Uma, quando nada mudava, e a outra quando algo era a exata reprodução de si mesmo. A demonstração gráfica de uma dupla espiral não era nenhuma das duas, mas, ainda assim, apresentava uma ordem.[19]

O que pareceu inicialmente caótico para Lorenz era, na verdade, um sistema que reflete a si mesmo para frente e para trás, como espelhos colocados frente a frente e que reproduzem uma imagem indefinidamente em versões cada vez menores, incrustadas umas dentro das outras. Os reflexos para frente e para trás criam um ciclo de retroalimentação, que pode aumentar incrivelmente qualquer distorção ou alteração dentro do sistema; daí o efeito borboleta.

Esses ciclos de retroalimentação são outra demonstração de como o universo está interconectado. O fato do universo se mover tão suavemente, mesmo com tanta realimentação e interconectividade, sugere que ele deve ser mais ordenado do que geralmente se admite. Isso porque a retroalimentação que poderia produzir o caos também pode criar ressonância e sincronização.

RETROALIMENTAÇÃO E SINCRONISMO

É uma característica adaptativa dos sistemas e dos seres vivos entrar em sincronismo e trabalhar coletivamente, e é por isso que a natureza possui, em múltiplos níveis, mecanismos por meio dos quais isso pode acontecer. A retroalimentação faz com que isso ocorra em todos os níveis, desde o nível subatômico das cordas até as complexas sociedades de seres sociais. Em um nível intermediário, nossos cérebros e sistemas hormonais contêm múltiplos sistemas de retroalimentação para evitar que nos desequilibremos. Na maior parte do tempo, os sistemas de retroalimentação fisiológica do corpo atingem a homeostase, ou o equilíbrio.

Considerando que as sociedades humanas são muito complexas, seus sistemas de retroalimentação são mais difíceis de notar do que os das sociedades de insetos. Um exemplo fascinante é o que tem sido observado há centenas de anos pelos viajantes que saem do ocidente até o sudeste da Ásia. Há regiões onde enormes congregações de vaga-lumes acendem e apagam em uníssono. Suas exibições espetaculares podem se estender por quilômetros ao longo das margens dos rios.[20]

O biólogo John Buck viajou à Tailândia nos anos 1960 e acompanhou esses vaga-lumes em cativeiro. Inicialmente, eles acendiam e apagavam suas luzes de modo incoerente, mas depois de um breve período, um número cada vez maior começou a piscar em uníssono. Buck descobriu que a intermitência era regulada por um oscilador interno, que poderia ser reiniciado por retroalimentação, através da luz emanada pelos outros vaga-lumes. Cada espécie de vaga-lume tem seu próprio padrão característico. Para que aconteça o acasalamento, o vaga-lume fêmea tem de responder aos sinais de luz emitidos pelo macho exatamente no mesmo intervalo de tempo daquelas emissões. Os vaga-lumes de outras regiões não fazem isso, e, por isso, o fenômeno era tão intrigante. Os cientistas sugeriram que tais vaga-lumes tiveram mais sucesso atraindo companheiros de distâncias mais longas quando piscavam em sincronismo, e, assim, esse comportamento se disseminou e foi transmitido por centenas de gerações.

Nossos cérebros são osciladores que mudam suas frequências dependendo do estado de consciência. E os seres humanos conseguem sincronizar seus EEGs uns com os outros, apesar de situados em salas separadas. Como vimos, quando se pediu às pessoas que entrassem em contato parapsíquico umas com as outras, as mudanças no EEG do transmissor apareciam no EEG do receptor. Tais estudos mostram que, assim como os vaga-lumes, nossos cérebros conseguem receber e responder os sinais de outros membros de nossa espécie.

Os vaga-lumes usam a luz, um sinal eletromagnético. Se o sinal de retroalimentação entre os humanos for o eletromagnético, teria de apresentar uma frequência muito baixa, pois as frequências eletromagnéticas mais elevadas são bloqueadas pelas gaiolas de Faraday, nas quais tais experimentos foram realizados. O importante é que, apesar das enormes diferenças individuais na programação do cérebro, nossas ondas cerebrais podem entrar em sincronismo com as de outra pessoa. Isso sugere que nossos cérebros compartilham frequências básicas e comuns de ressonância, embora experienciar ou não o sincronismo com os outros seja controlado por aquilo que escolhemos focar.

O sincronismo se torna mais fácil quando se compartilha a mesma fonte de genes, como é o caso entre os vaga-lumes e gêmeos idênticos. Nos seres humanos, entrar em sincronismo também é mais provável quando nossos cérebros estão engajados em padrões particulares de atividade cerebral, como a meditação. Além disso, há mais facilidade quando formamos um vínculo emocional com a pessoa com quem queremos entrar em sincronismo. Os vínculos emocionais mobilizam o sistema límbico, e, no livro *A General Theory of Love*, os autores Thomas Lewis, Fari Amini e Richard Lannon explicam o conceito de "ressonância límbica". Trata-se da habilidade da maioria dos mamíferos de sintonizar-se com os estados íntimos dos outros. A ressonância límbica é altamente ativada quando uma mãe e seu filho, ou dois amantes, olham-se nos olhos e sentem amor um pelo outro. Essa atividade aprimora a sintonia parapsíquica entre ambos. Os amantes, por exemplo, geralmente se surpreendem tendo os mesmos pensamentos.

Todos nós temos capacidade para mais conexões parapsíquicas, aprimorando nossos vínculos sociais e engajando-nos em práticas que coloquem nossas ondas cerebrais em sincronismo. Pesquisas têm demonstrado que isso auxilia a sincronizar tanto a atividade entre nossos hemisférios cerebrais esquerdo e direito quanto entre nossos cérebros e os de outros indivíduos. É uma questão de se engajar em atividades que reforcem os ciclos de retroalimentação adequados. Mas muitos de nós nos engajamos em comportamentos que criam ciclos de retroalimentação negativos, e acabamos perdendo nosso equilíbrio interno. Também nos desconectamos das outras pessoas. Podemos perceber, tanto pela teoria do caos quanto por nossas observações do comportamento humano, que os ciclos de retroalimentação podem trabalhar a nosso favor ou contra nós. E os membros de nossa espécie caminham sobre a tênue linha entre a ordem e o caos.

Capítulo 11

A ESSÊNCIA DO TEMPO

Muitos acreditam que o tempo passa; na verdade, ele fica onde está.

— DOGEN, MESTRE ZEN

O Tempo e o Espaço são modos pelos quais pensamos e não condições nas quais vivemos.

— ALBERT EINSTEIN

A única razão da existência do tempo é evitar que tudo aconteça de uma só vez.

— ALBERT EINSTEIN

A AFIRMAÇÃO DE DOGEN, de que "o tempo fica onde está" é o oposto de como a maior parte de nós encara o tempo. Esta visão, porém, é uma construção do homem e não necessariamente a realidade. Seria necessária uma concepção alternativa do tempo para acreditar que os paranormais realmente veem o futuro, em vez de apenas tentar predizê-lo. Einstein concluiu que nossa visão do tempo é uma ilusão, mas sua obra foi muito abstrata para exercer alguma influência sobre a maneira pela qual as pessoas nas culturas modernas usualmente pensam o tempo. Na verdade, não apenas pensamos no tempo como algo que passa, mas nos tornamos cada vez mais obcecados por essa ideia.

A obsessão da humanidade está refletida em nossos relógios, que se tornaram cada vez mais precisos, a ponto de muitos aparelhos modernos não admitirem nenhum tipo de erro humano; eles são acertados por um sinal sem fio que os sincroniza. Dizemos "tempo é dinheiro" e nos sentimos "pressionados pelo relógio" porque nossos cronogramas precisam se adaptar às demandas do trabalho ou de filhos com atividades escolares ou extracurriculares. Nossa cultura está tão preocupada com o envelhecimento que gastamos bilhões de dólares a cada ano para prevenir, desfazer ou esconder os efeitos do tempo em nossos corpos. Então como alguém pode afirmar que o tempo não passa de verdade?

A resposta ficará mais clara após revisarmos os vários modelos de tempo, a mudança na percepção e as evidências científicas do modelo oferecido pelos físicos. Tudo isso leva à conclusão de que nossa experiência do tempo difere da realidade mais profunda, uma realidade que admite a precognição.

A PERCEPÇÃO DO TEMPO

Assim como nossos cérebros limitam a habilidade para perceber outras dimensões e a interconectividade do universo, eles também influenciam nossa percepção do tempo. Por exemplo, podemos ter um sonho que pareceu durar horas, mas, na verdade, seriam necessárias muitas horas para que todos os eventos acontecessem. No entanto, sabemos, a partir dos estudos

A ESSÊNCIA DO TEMPO

de sonhos e de nossa própria experiência, que tais sonhos podem acontecer em questão de minutos. Isso se assemelha à memória do futuro. Durante um intervalo de tempo que dura apenas alguns minutos, a pessoa "se lembra" de acontecimentos futuros que consomem um tempo significativamente maior para acontecer quando de fato se realizam.

Nosso senso interno de passagem de tempo também pode variar quando estamos acordados. De um modo geral, quanto mais atarefados e velhos somos, mais rápido o tempo parece passar. As pessoas altamente emotivas podem experienciar, até mesmo, uma variação mais ampla. Da mesma forma que os sonhos, o exacerbamento das emoções pode aumentar a atividade de nosso sistema límbico, alterando a percepção do tempo.

A percepção do tempo também sofre alterações quando nos aproximamos da morte. Observei isso diretamente quando estive perto de me afogar, aos treze anos de idade, em um acidente com uma canoa. A passagem do tempo pareceu desacelerar logo depois que parei de lutar contra a correnteza do rio e resignei-me ao fato de que iria morrer. Naquele momento, vi toda minha vida passando rapidamente em minha mente. Esta mesma experiência foi descrita por muitos outros que sobreviveram a algum acidente quase fatal. O mais intrigante sobre o fenômeno da revisão da vida é que ele parece ser uma função do modo como nossos cérebros estão programados. Esse fenômeno foi acidentalmente induzido em muitos pacientes durante as neurocirurgias dos anos 1930, quando uma parte de seus sistemas límbicos, o hipotálamo, foi estimulado por eletrodos.

Um medo extremado pode fazer com que o cérebro pense em velocidade acelerada, em contraste com o que está acontecendo externamente. O contraste pode explicar por que os acontecimentos externos parecem ter seu ritmo reduzido.

238   Poderes paranormais

Charles Darwin experienciou a seguinte situação ao fazer uma de suas caminhadas solitárias durante a infância. Geralmente, ele ficava tão absorvido por seus pensamentos que não prestava muita atenção aonde estava indo:

> Eu me desliguei e caí no chão (...). A altura era de apenas 2,10m ou 2,40m. Ainda assim, o número de pensamentos que cruzou a minha mente durante essa rápida queda, mas súbita e completamente inesperada, foi perturbador, e acredito que dificilmente pareceria compatível com o que os fisiologistas afirmavam, de que cada pensamento exigiria uma quantidade razoável de tempo.[1]

P. M. H. Atwater, autora de *Future Memory*, experienciou uma sensação alterada de percepção do tempo enquanto preparava um caldo de conservas que transbordou e sujou o chão de sua cozinha, deixando-o totalmente pegajoso. Embora tenha alegado que manteve a calma, ela admitiu também que, normalmente, estaria gritando desesperada. Essa combinação de calma e desespero pode ocorrer quando estamos diante de uma crise e não sabemos como reagir. Ela descreveu sua experiência como "tempo e espaço se sobrepondo e, então, convergindo um para o outro". Nesse estado alterado, ela teve a sensação de que seus movimentos se ralentavam significativamente, mas a verdade é que a limpeza estava concluída em apenas seis minutos, quando normalmente consumiria uma hora inteira. Isso incluiu esfregar e passar três vezes um pano no chão.

O aumento de atividade do sistema límbico e seu efeito sobre a percepção do tempo também podem ser observados no transtorno bipolar, anteriormente denominado de psicose maníaco-depressiva. No transtorno bipolar os humores podem chegar a extremos, tanto para cima quanto para baixo. Durante a fase maníaca ou de exaltação, geralmente há uma aceleração do pensamento. Usualmente, há uma tendência à loquacidade, e os pensamentos podem fluir tão rapidamente que se torna difícil controlar a fala. Quando isso acontece, a pessoa pode soar como um disco acelerado, pulando algumas palavras ou trechos mais longos de diálogo. Algumas vezes, a pessoa maníaca não percebe que está acelerada, queixando-se, justamente, de que todos os outros estão lentos. As pessoas deprimidas podem exibir um quadro oposto. Elas geralmente pensam, falam e se movimentam mais lentamente, percebendo que tudo à sua volta se desenrola com mais rapidez.

Uma teoria sobre nossa percepção do tempo foi apresentada pelo engenheiro biomédico que se tornou cosmologista Itzhak Bentov, em *À espreita do pêndulo cósmico: a mecânica da consciência*. Ele descreveu dois tipos de tempo e espaço — o objetivo e o subjetivo. O tempo e o espaço objetivos são o que medimos. Estamos geralmente em sincronismo com os outros por causa de um consenso sobre o tempo e o espaço objetivos. O tempo e o espaço subjetivos são produtos de nossa mente inconsciente e são capazes de expansão e contração. É por isso que o tempo é experienciado de forma tão diferente nos sonhos, que se passam no inconsciente.

Quando nossas mentes consciente e inconsciente estão em comunicação uma com a outra, isso pode gerar uma percepção alterada do tempo. O aumento de comunicação com o inconsciente durante estados místicos leva ao que Bentov chama de "convergência". A mente parece estar em todos os lugares ao mesmo tempo. Em outras palavras, nossa consciência pessoal parece preencher todo o universo instantaneamente. A privação de sono pode nos levar a esse estado, descrito por Charles Lindbergh depois de sua vigésima segunda hora de vigilância no comando do *The Spirit of St. Louis*. Sua descrição faz parecer perigoso pilotar aviões durante a convergência, mas a viagem de Lindbergh foi bem-sucedida.

> Não há limites para a minha visão — minha cabeça é um único e grande olho, avistando todos os lugares ao mesmo tempo (...). Não tenho consciência da direção do tempo (...). Todo o sentido de materialidade vai embora, meu corpo já não pesa mais, não tenho de me agarrar a mais nada. A sensação de ser de carne e osso foi embora (...) Vivo no passado, no presente e no futuro, aqui e em vários lugares diferentes ao mesmo tempo (...). Estou sobrevoando o Oceano Atlântico em um avião, mas também estou vivendo em anos muito distantes daqui.[2]

MODELOS DE TEMPO

As múltiplas experiências temporais da humanidade conduziram a diferentes modelos de tempo. No ocidente, costuma-se comparar o tempo a uma seta que se move para frente. A ponta da seta representa o momento presente e a haste representa o passado. O futuro não faz parte da seta. Ao contrário, o futuro é um mar aberto de potencialidades, e não está tão bem definido quanto o restante da seta. Uma vez que o futuro se encontra inteiramente aberto e indefinido, esse modelo não nos permite acessá-lo parapsiquicamente para aprender detalhes específicos do que acontecerá. Podemos somente fazer

A ESSÊNCIA DO TEMPO   241

predições sobre o futuro, ou sobre a direção que a seta assumirá. Quanto mais distantes no futuro, cada vez mais imprecisas se tornam as nossas predições. Posso dar um palpite muito bom sobre como será minha vida daqui a dois minutos, mas tenho muito menos chances de predizer com exatidão o seu conteúdo em nove anos. Em contraste, a precisão da precognição não está limitada pelo futuro próximo. Por esse motivo, evidências de precognição sugerem a incorreção do modelo "o tempo é uma seta".

Muitas culturas indígenas concebem o tempo de uma forma que admite a precognição. Nesse modelo, passado, presente e futuro coexistem em uma linha, embora não seja uma linha reta. Ao contrário, eles são representados por um círculo. O modelo é influenciado pelos ciclos da vida: as estações, as fases da lua, o ciclo dia-noite e o ciclo de nascimento-morte-renascimento. A linha também pode assumir a forma de uma espiral, que descreve tanto a natureza cíclica do tempo quanto as mudanças temporais que tornam cada ciclo diferente dos anteriores. O modelo circular é popular entre várias tribos de indígenas norte-americanos, que geralmente descrevem esse círculo como um arco em cuja região central encontra-se a atemporalidade. Durante os estados alterados de consciência, eles podem acessar o centro, onde experimentam uma sensação de atemporalidade, ou de um eterno presente.[3]

A FÍSICA DO TEMPO

Em março de 1955, no mesmo ano de sua morte, Einstein expressou suas conclusões sobre o tempo em uma carta para a viúva de seu amigo:

Ele partiu deste estranho mundo um pouco antes de mim. Isso não quer dizer nada. Pessoas como nós, que acreditam na física, sabem que a distinção entre passado, presente e futuro é apenas uma per sistente ilusão.[4]

Embora possamos experienciar o tempo de maneiras diferentes dependendo de nosso estado de consciência, estados diferentes de consciência, por si só, não são suficientes para nos autorizar a descartar a noção usual de tempo; tais experiências poderiam ser explicadas como ilusões. Um novo modelo de tempo precisa da física para sustentá-lo, e é isso que a física faz. O modelo afirma que o tempo não é uma constante, mas, sim, que varia dependendo do sistema de coordenadas. A física também apoia a ideia da atemporalidade, ou de coexistência entre passado, presente e futuro. Tais conclusões são o resultado de trabalhos que tiveram início com Einstein, mais de cem anos atrás. Para entender como se chegou a tais conclusões, recapitularei rapidamente como o conceito científico de tempo evoluiu.

Uma das primeiras mudanças foi a constatação de que o tempo não é uma constante universal, ou algo que se mantenha o mesmo, a despeito das condições sob as quais é mensurado. Na verdade, muito do que pensamos quando nos referimos a constantes físicas são constantes somente sob certas condições. Dois exemplos são a velocidade da luz, que diminui quando viaja através da água, e o ponto de fervura da água, que diminui em altitudes mais elevadas.

Einstein mostrou a mutabilidade do tempo em seus *gedanken*, ou experimentos mentais, que levaram às suas teorias especial e geral da relatividade. O que chamamos de "tempo" é somente algo que nossos relógios medem, e não há nenhum relógio independente fora do universo que funcione como um modelo de ouro para a passagem do tempo.[5] Ao contrário, nossa experiência do tempo é relativa ao nosso sistema de coordenadas. Uma pessoa pode perceber dois acontecimentos como simultâneos, mas sob um outro sistema de coordenadas, os acontecimentos podem ocorrem com alguns segundos de diferença. Tudo depende da relação entre a rapidez com que o observador está viajando e a localização dos dois acontecimentos.[6]

Outra mudança no conceito de tempo foi considerá-lo como inseparável do espaço. Em outras palavras, o espaço e o tempo formam um *continuum*, que Einstein chamou de espaço-tempo. O espaço-tempo é uma matriz do nosso universo e encontra-se distorcido ou curvo pelos volumosos planetas e estrelas dentro dele.[7]

Experimentos no mundo físico deram sustentação às teorias de Einstein.[8] Por exemplo, Einstein predisse que a luz das estrelas mais distantes seria defletida pelo espaço-tempo curvo em torno do sol. As anomalias na órbita de Mercúrio, em 1915, consubstanciavam sua teoria, assim como as observações de um eclipse solar ocorrido em 1919. E, então, a deflexão dos sinais de rádio da sonda Cassini, da NASA, em 2002, ofereceu provas do encurvamento do espaço-tempo com uma precisão cinquenta vezes maior do que as medições anteriores.

Na física, há incompatibilidades entre a teoria quântica e as teorias da relatividade de Einstein. Ambas as teorias possuem boas evidências experimentais e não podem ser descartadas. Os físicos quânticos descrevem o universo subatômico, enquanto as teorias de Einstein se voltam para o universo em larga escala; assim, algumas pessoas fazem vista grossa para as incompatibilidades. Porém, se a ideia de tempo sofrer uma revisão no futuro, a física poderá unificar tais teorias em uma teoria abrangente.

Uma tentativa de unificação foi realizada pelo renomado físico John Wheeler e Bryce DeWitt. Eles desenvolveram a equação Wheeler-DeWitt, que funciona somente se abrirmos mão da noção de tempo e aceitarmos o universo como atemporal. Em outras palavras, nosso conceito de que o tempo existe e é divisível entre passado, presente e futuro provém do modo como experienciamos a vida, em vez de ser um reflexo da realidade do universo.

As teorias das supercordas são outra tentativa de unificar a física. As SSTs admitem a existência de táquions, partículas que se movem mais rapidamente do que a luz. Descobrir se os táquions são reais é uma tarefa importante, porque essa parte das SSTs nos forçaria a mudar nosso conceito de tempo. Acreditava-se que os táquions não existiam, por conta das deduções da equação denominada Transformação Einstein-Lorentz, usualmente abreviada para $E=mc^2$. Essa equação diz que a massa de um objeto aumenta exponencialmente conforme ele se aproxima da velocidade da luz. A massa do objeto, segundo a equação, se tornaria infinita à velocidade da luz, mas isso seria impossível, pois o infinito é definido como uma grandeza ilimitada, vasta demais para ser alcançada. Além disso, quanto maior a massa de um objeto, mais complicado é aumentar a velocidade, e, portanto, à medida que o objeto ganha velocidade e massa, torna-se cada vez mais difícil atingir, e, mais ainda, ultrapassar a velocidade da luz. Os fótons conseguem viajar à velocidade da luz porque não têm massa alguma; consequentemente a equação não os afeta. Desse modo, a razão pela qual Einstein afirmou que nada pode viajar mais rápido do que a luz se relaciona a uma "singularidade", um limite no qual as leis da física são ineficazes.

Até o momento não há evidências experimentais convincentes da existência dos táquions, embora muitos físicos acreditem neles, com base nas deduções das equações elaboradas para se unificar a física. Os táquions forçam os físicos a utilizar os números "imaginários" em suas equações, o que cria ramificações do tempo.[9] Stephen Hawking se referiu a tais deduções em seu livro *Uma Breve História do Tempo*. Ele afirmou que se os números reais fossem substituídos por números imaginários poderíamos ir para frente e para trás no tempo, dependendo das circunstâncias.

Pode-se pensar que isso é um contrassenso, por causa da expressão "números imaginários", mas esse termo não significa que os números imaginários não são relevantes à realidade. A matemática foi criada pelos homens para expressar e predizer as leis universais, e os números imaginários são tão verdadeiros quanto os números "reais". Eles também são necessários para outras áreas da física.

Hawking chamou o tempo criado pela utilização de números imaginários de "tempo imaginário". Ele também disse:

> Talvez o tempo imaginário seja o autêntico tempo real e o que chamamos de tempo real seja somente um produto de nossa imaginação. No tempo real, o universo tem um começo e um fim em singularidades que formam um limite para o espaço-tempo e nas quais as leis científicas se mostram ineficazes. Mas no tempo imaginário não há singularidades ou limites. Assim, talvez o que chamamos de tempo imaginário seja realmente mais concreto, e o que

chamamos de real seja apenas uma ideia que inventamos para nos ajudar a descrever o que pensamos ser o universo.[10]

Uma teoria que pudesse abolir as singularidades, como aquelas associadas à velocidade da luz, é atraente. Por esse motivo, Hawking diz que o tempo imaginário pode estar mais próximo da verdade. Isso significa que o tempo não é uma seta; passado, presente e futuro coexistem, e podemos, teoricamente, nos mover através do tempo em qualquer direção e em velocidades distintas.

PRECOGNIÇÃO E LIVRE-ARBÍTRIO

As experiências precognitivas, místicas e parapsíquicas sugerem que o futuro já existe, pelo menos de alguma forma. Uma questão central daí derivada é: como podemos ter livre-arbítrio se o futuro já existe? Outra maneira de formular a pergunta seria: isso significa que já existe um roteiro para nossas vidas e não temos nenhum controle sobre elas? A resposta é não. Até mesmo Atwater, cujas descrições da memória do futuro parecem afirmar que o futuro está roteirizado, insiste na existência definitiva do livre-arbítrio.

Uma forma de encarar esse paradoxo é partir da premissa de que o universo é atemporal. Nossos cérebros, em sua maior parte, nos constrangem a vivenciar apenas o "agora" como uma experiência vívida e completa. Pode-se comparar essa experiência com a visualização de apenas um fotograma de um longa-metragem de cada vez, mesmo que haja um filme inteiro a ser visto. Exercitamos nosso livre-arbítrio em todos os instantes que chamamos de "agora", e nossas vidas consistem de uma sucessão ininterrupta de "agoras". Portanto, em nossas vidas sempre experienciamos o livre-arbítrio, mas, se pudéssemos observá-las sob um sistema de coordenadas diferente, veríamos que o futuro já existe.

Uma forma de reconciliar o conceito de livre-arbítrio com um futuro já existente é encarar o futuro como ainda passível de mutação, embora restringido por certos limites. Todos nós acreditamos que o futuro é influenciado pelo presente e pelo passado. Entretanto, há alguma evidência de que a influência pode ser exercida em ambas as direções. Em outras palavras, o futuro pode influenciar o presente. É assim que as pessoas explicam episódios de memória do futuro e de sonhos precognitivos nos quais o resultado real do acontecimento futuro se mostra convenientemente diferente. Nesses casos, a pessoa usou informações do futuro para fazer escolhas que lhe pareceram melhores.

A ideia de obter informações do futuro e usá-las para mudar o resultado se parece com filmes de ficção científica, nos quais as pessoas viajam no tempo para voltar ao passado, desfazem algo e evitam um desastre futuro. Porém, a ficção científica de hoje geralmente se torna a realidade de amanhã. Há inúmeros relatos nos quais as pessoas tiveram um sonho precognitivo que salvou suas vidas. Até o momento, no entanto, não houve nenhum relato de alguém que tenha voltado ao passado e desfeito algo — se existe um ciclo de realimentação no tempo, a única evidência convincente mostra que ele pode ocorrer entre o presente e o futuro.

A maioria de nós não se julga capaz de acessar o futuro, mas o trabalho de J. W. Dunne sobre sonhos precognitivos levou-o a acreditar que todos nós podemos ter essas experiências regularmente, sem, no entanto, reconhecê-las.[11] Ele afirmou que isso se explica porque tendemos a pensar que somente o passado influencia o presente e ignoramos, ou não buscamos, a influência do futuro no presente. Ele acreditava que nossos sonhos são uma combinação de imagens do passado e experiências futuras.

O argumento de Dunne é que normalmente esquecemos nossos sonhos quando não os registramos. Também tendemos a analisá-los com base no que conhecemos sobre o passado, partindo do princípio de que os sonhos não são precognitivos. A menos que o sonho tenha produzido um forte impacto emocional, podemos não nos lembrar ou reconhecer um acontecimento futuro como algo anteriormente previsto em sonhos. Dunne fazia diários extensos, com entradas detalhadas sobre seus sonhos e os acontecimentos de sua vida. Depois de anotar os acontecimentos do dia, ele vasculhava páginas anteriores de seu diário para verificar se havia alguma correlação com os sonhos que havia tido nos dias ou semanas precedentes. Isso facilitou o reconhecimento dos sonhos considerados precognitivos. Ele descobriu que se tratava de uma ocorrência relativamente comum, mesmo que a maior parte do material fosse banal e não lhe chamasse a atenção *a priori*.

O futuro não é mais o que costumava ser.

— LEWIS J. BATES, POETA NORTE-AMERICANO.

Por milênios, as pessoas procuraram os conselhos de profetas e místicos para conhecer o futuro. Mas enquanto desenvolvíamos relógios mais precisos durante os séculos XVII e XVIII, a ciência racional desassociava-se de qualquer coisa que se relacionasse ao místico ou ao oculto. Nosso conceito científico do futuro mudou e admite a existência da precognição, um componente importante dos antigos sistemas de crenças. A ciência dos séculos XX e XXI está nos levando de volta a uma visão do tempo que é semelhante à encontrada nas tradições antigas, mas mais sofisticada. A ciência se aprimora tanto a partir si mesma que seus conceitos, incluindo a visão do tempo, geralmente têm origem em uma revisão de velhas ideias, mas com novos contornos.

Capítulo 12

A SOMA DAS PARTES É MAIOR DO QUE O TODO

Ver num grão de areia um mundo
Numa flor um céu profundo,
Ter na mão a infinidade,
Num minuto a eternidade

— WILLIAM BLAKE (1757-1827)

ESTE FAMOSO TRECHO DE um poema de William Blake antecipa as descobertas de pesquisadores da física moderna, já que "ver num grão de areia um mundo" evoca a ideia de um universo holográfico enquanto experienciar "num minuto a eternidade" tangencia a relatividade do tempo. Poetas e artistas expressam comumente certos conceitos, antes que eles sejam descobertos pela ciência, sugerindo que seu inconsciente está em sintonia com uma realidade mais profunda.

Nos capítulos anteriores discutimos algumas áreas da física que descrevem essa realidade mais profunda e o que conhecemos sobre as mudanças na atividade cerebral que podem nos permitir vivenciá-la. Todas essas informações podem ser integradas, agora, em um modelo que chamo de mente Möbius. Ele conjuga tudo aquilo que sabemos sobre os fenômenos parapsíquicos e sobre a ciência, e se concentra no que é a consciência, na relação entre nossos mundos interior e exterior, em como podemos acessar informações sobre tempos e lugares para além do aqui e agora, e em onde essas informações são armazenadas.

O QUE É A CONSCIÊNCIA?

A essência da consciência poderia ser uma forma de energia, matéria ou força anteriormente desconhecida. Segundo a física clássica, a energia é o potencial de realização de um trabalho, e a matéria é a substância com a qual os objetos físicos são feitos. Pelo fato de a energia e a matéria poderem ser convertidas uma na outra, acredita-se, de um modo geral, que elas sejam diferentes fases da mesma coisa: energia/matéria. As forças, como as gravitacionais ou magnéticas, influenciam e organizam a energia/matéria. A consciência age como uma força quando faz com que nossos pensamentos alterem a programação de nosso cérebro; a pesquisa sobre psicocinese sugere que a consciência age como uma força porque ela consegue afetar os RNGs e o crescimento de bactérias; e ela também age como uma força que se opõe à entropia, ao evitar que nossos corpos se deteriorem ou percam a coordenação. Portanto, a descrição de força atende melhor à consciência do que a descrição de energia ou matéria.

A definição de força evoluiu a partir do conceito newtoniano, que a considerava como a habilidade de provocar a aceleração de um objeto, e era usado, por exemplo, para descrever a força empregada para arremessar uma bola. Quando os físicos modernos falam das forças da natureza, eles estão se referindo às quatro in-

A SOMA DAS PARTES É MAIOR DO QUE O TODO 253

fluências invisíveis, embora potentes, que são a base de nossa própria existência: a gravidade, o eletromagnetismo e as forças fortes e fracas no núcleo dos átomos. Cada força possui um campo associado, o espaço em torno de um objeto em que aquela força pode influenciar outro objeto. O campo gravitacional do sol, por exemplo, mantém a Terra em órbita em torno dele.

Evidências de que a consciência age como um campo de força provêm de pesquisas da física quântica, que sugeriram não ser mais possível observar o mundo físico como algo separado de nosso impacto consciente sobre ele.[1] Essa foi a conclusão de um experimento realizado em 1801 por Thomas Young, interessado em descobrir se a luz viajava como uma partícula, em linha reta ou como uma onda que se propagava para fora.

O famoso experimento de dupla fenda de Young consistia em colocar uma fonte de luz em frente a um anteparo com dois buracos, separados por alguns milímetros. Outro anteparo foi colocado atrás do primeiro, para captar a imagem da luz que passava através dos dois buracos. Conforme esperado, a imagem resultante era dois pontinhos de luz. Quando se diminuiu o tamanho dos buracos, os pontos também se tornaram menores. Young fez buracos ainda menores. E, então, algo inesperado aconteceu. Os pontos de luz não diminuíram de tamanho. Ao contrário, tornaram-se maiores, mas menos intensos. Isso não seria possível se a luz fosse uma partícula, pois as partículas se movem em linhas retas. Quando Young diminuiu ainda mais o tamanho dos buracos, começou a perceber linhas claras e escuras, compatíveis com os padrões de interferência das ondas. Depois disso, todos passaram a acreditar na teoria ondulatória da luz.

Então Max Planck e Albert Einstein mostraram que a energia eletromagnética, ou a luz, é formada por minúsculos pacotes de energia, chamados de quanta, cuja origem é a mesma da palavra latina "quanto" e que também resultou no nome "física quântica". Tais pacotes de luz são chamados de fótons e agem como partículas. A luz pode ser vista tanto como uma partícula quanto como uma onda, uma característica conhecida igualmente como dualidade onda/partícula.

No experimento de dupla fenda, detectores de fótons foram utilizados para medir os fótons emitidos individualmente sobre o segundo anteparo. Os detectores foram projetados para não obstruir o caminho dos fótons, já que identificar as vias percorridas por eles era o propósito da pesquisa. Quando o experimento foi realizado sem a utilização dos detectores, um padrão de interferência de onda apareceu no anteparo (como se os fótons viajassem como uma onda através de ambas as fendas). Quando os detectores foram acionados, observou-se que os fótons viajavam através de apenas um buraco ou fenda por vez. Quando os detectores foram novamente desativados, e tudo o mais foi mantido como estava, o padrão de interferência retornou. As implicações do experimento eram profundas: o comportamento da luz dependia da observação dos detectores. Isso significava que a luz é sempre uma partícula e uma onda, mas a percebemos como uma partícula ou como uma onda dependendo de como a observamos.

Um experimento recente realizado por Dean Radin no Institute of Noetic Sciences acrescentou uma reviravolta interessante aos experimentos de Young.[2] Um feixe de luz foi montado em um cômodo, enquanto experientes meditadores ficavam isolados em outro cômodo separado. Pediu-se que eles focassem sua atenção no feixe de luz a distância, funcionando essencialmente como detectores humanos de fótons (partículas de luz). Os padrões formados pelo feixe de luz quando os meditadores o estavam observando parapsiquicamente foram comparados aos outros padrões, livres de observação parapsíquica. Os resultados de nove sessões mostravam que a influência da observação remota era semelhante aos detectores de fóton do experimento de Young. A luz agia como uma partícula quando estava sendo observada remotamente, e como uma onda quando não estava. O coeficiente de probabilidades de que os resultados não eram relativos ao acaso era superior a cem mil para um.[3]

Por causa dos efeitos da observação, o físico John Wheeler propôs que não utilizássemos mais a palavra *observador* para descrever o papel de nossa consciência no universo.[4] Em seu lugar, ele prefere usar a palavra *participante*, porque não podemos observar algo no mundo quântico sem alterá-lo.[5]

A consciência também age como uma força na interface entre mente-corpo. Enxergamos nossa consciência como um "eu" que decide coisas, mas ela precisa interagir com o circuito cerebral apropriado para fazer com que nossos corpos ajam de acordo com nossas ideias. É necessária a intervenção da consciência no instante entre minha decisão de querer água e o início da movimentação de meu braço e de minha mão para apanhar um copo d'água. Analogamente, a consciência possibilita que o macaco em quem foi acoplado o braço mecânico, discutido no capítulo 6, inicie seu movimento para pegar comida.

É verdade que os campos de consciência são muito mais complexos do que os campos associados a outras forças, mas isso se deve ao fato de que nossos corpos e cérebros são mais complexos do que os ímãs, objetos maciços ou partículas subatômicas envolvidos nas outras forças. A consciência humana é capaz de refletir sobre si mesma e demonstrar livre-arbítrio, o que a torna diferente das outras forças. Porém, embora essas características sejam exclusivas da consciência, suas diferenças para com as outras não significam que ela não seja uma força. Todas as forças são únicas.

Pensemos na diferença entre os campos eletromagnético e gravitacional. Os primeiros podem transmitir informações bastante complexas, como a reexibição de nosso programa de televisão favorito ou uma conversa pelo telefone celular com nosso melhor amigo, enquanto os últimos são responsáveis por atrair objetos menores a um muito maior.

Acredita-se que cada um dos campos de força tenha uma partícula virtual associada a ele, que estabelece o campo ao ganhar uma existência temporária e transferir energia e *momentum* de uma partícula subatômica para outra, como as alavancas que são transitoriamente empurradas em uma máquina de *pinball* e impulsionam a bola para um objetivo desejado. Os fótons são as partículas virtuais associadas ao eletromagnetismo. Acredita-se que os grávitons sejam responsáveis pelo campo gravitacional, embora ninguém tenha ainda conseguido detectar algum deles. Mas certos físicos acreditam que a gravidade pode ser diferente de outras forças, e não possuir uma partícula virtual. A gravidade pode ser apenas uma função do encurvamento do espaço-tempo. Portanto, se a consciência for uma quinta força, ela também pode não possuir partículas virtuais associadas a ela. Entretanto, o ZPF é uma sopa de partículas virtuais, e talvez algum dia se descubra que uma ou mais de suas partículas virtuais estejam envolvidas na formação dos campos de consciência.

No primeiro capítulo, descrevi a discussão entre os dualistas e os monistas quanto à consciência e ao cérebro. Acredito que os dualistas estão corretos no sentido de que o cérebro é formado por energia/matéria, enquanto a consciência não parece ser nem energia, nem matéria, mas um campo. No entanto, no nível quântico, as distinções entre energia, matéria e campos começam a desaparecer. Naquele nível, a energia e a matéria são dois lados da mesma moeda, e podem ser convertidas uma na outra indefinidamente. As partículas subatômicas alcançam um ponto em que não podem ser mais quebradas em partes menores; ao contrário, suas colisões criam outras partículas, energia e partículas virtuais. E as partículas virtuais criam energia e campos à medida que ganham existência e desaparecem.

Os teóricos das supercordas acreditam que a melhor forma de explicar tais observações é conceber o mundo subatômico como formado por cordas que vibram em frequências distintas. O mundo subatômico na SST é uma rede relacional e interconectada. Uma compreensão baseada no raciocínio "e/ou" não é mais cabível. Em outras palavras, as fronteiras entre o mundo material e a consciência se tornam indistintas. No fim das contas, tudo pode fazer parte da mesma coisa. Esta última afirmação é uma forma de monismo neutro. Portanto, tanto os monistas quanto os dualistas podem estar corretos. Tudo depende do nível em que se observa.

A MENTE MÖBIUS: A RELAÇÃO ENTRE A CONSCIÊNCIA E O MUNDO FÍSICO

Lama Anagarika Govinda, budista tântrico, disse: "O budista não acredita na existência de um mundo exterior independente ou separado, em cujas forças dinâmicas poderia se inserir. O mundo exterior e seu mundo interior são, para ele, apenas os dois lados de um mesmo tecido". Em outras palavras, não existe uma realidade exterior objetiva ou independente, mas, ao contrário, um interjogo dinâmico entre nosso mundo psicológico interior e o mundo físico exterior. Ambos estão envolvidos no ato da coautoria.

Isso define o que chamo de mente Möbius. Escolhi o nome em referência à faixa de Möbius, criada a partir de uma tira de papel que sofre uma simples torção antes de ter ambas as pontas conectadas. O acréscimo dessa pequena torção transforma o círculo original, com uma superfície interior e exterior, em uma espiral na qual as superfícies são uma só e a mesma. É possível fazer uma faixa de Möbius e verificar por si mesmo que as superfícies são contíguas, desenhando uma linha ao longo do centro do papel. A linha terminará no mesmo ponto onde começou, e toda a área da superfície da espiral estará coberta por ela.

A faixa de Möbius é uma analogia perfeita para a relação entre os mundos interior e exterior, porque vemos o mundo exterior como algo separado de nosso mundo psicológico, mas eles são interdependentes. Nossos cérebros certamente afetam a forma como percebemos o mundo; não consigo enxergar os raios ultravioletas ou ouvir o sibilo de um cachorro, mas posso escutar uma canção no rádio e ler um livro. Em contrapartida, o mundo físico molda o circuito de nossos cérebros. Pesquisas com gatos mostraram que eles não conseguem pular de um poste vertical para outro se durante o estágio crítico de seu desenvolvimento tiverem sido criados em um ambiente no qual havia apenas postes horizontais. Seus cérebros se programaram para perceber e interagir apenas com aquilo com que foram criados.

Nosso estado de consciência também afeta o modo como interagimos com o mundo. Se estou no estado de "fluxo", posso jogar uma perfeita partida de tênis e passar tranquilamente por aquele dia. Em outro estado de consciência, posso me perder no estacionamento, tropeçar em um buraco na calçada e derramar café em minha roupa. A relação entre meu estado de consciência e o ritmo da vida é o outro aspecto do que pretendo dizer com mente Möbius.

Além disso, nossos cérebros são parte do mundo físico, e nossas consciências e cérebros se influenciam mutuamente. As pesquisas na área da terapia cognitiva mostram que o esforço para mudar os padrões de pensamento pode reprogramar o cérebro, e as pesquisas neurocirúrgicas mostram que mudar a programação do cérebro afeta os padrões de pensamento. Esse ciclo de realimentação mostra tanto o poder da consciência de mudar nosso cérebro quanto a forma pela qual nossa experiência consciente pode ser moldada por mudanças físicas em nosso cérebro.

A relação mais importante entre a consciência e o mundo físico é que o mundo físico precisa ser representado em nossa consciência para que possamos interagir com ele. E os fenômenos parapsíquicos sugerem que o campo da consciência contém uma representação muito maior do mundo do que jamais imaginamos; eles sugerem que todo o espaço e o tempo estão representados em nosso campo de consciência pessoal, mesmo que a maior parte dele esteja inconsciente.

O INCONSCIENTE COLETIVO

O conceito de inconsciente coletivo de Carl Jung teve origem no reconhecimento de que nossa consciência contém mais do que somente o inconsciente pessoal. Jung observou que mesmo na ausência de possibilidades de transmissão cultural, havia arquétipos ou temas expressos universalmente em sonhos, nas artes e na vida cotidiana. Jung acreditava que esses arquétipos eram parte de nossa herança, assim como os patos herdam o instinto de formar um V quando voam. Ele não acreditava que os arquétipos eram transmitidos por genes; mas acreditava, sim, que poderíamos acessar inconscientemente um inconsciente coletivo. C. George Boeree, Ph.D., explica o inconsciente coletivo como "o reservatório de nossas experiências enquanto espécie, um tipo de conhecimento com o qual todos nascemos. E, mesmo assim, é provável que nunca estejamos plenamente conscientes dele. Ele influencia todas as nossas experiências e comportamentos, mais especificamente os emocionais, mas somente sabemos de sua existência indiretamente, observando tais influências".[6]

Esse conceito é importante porque, assim como os fenômenos parapsíquicos, ele sugere que podemos acessar as informações a partir de um outro tempo e espaço. Jung afirmou que acessamos o passado coletivo de nossa espécie, mas não nos ofereceu um mecanismo para isso. A ressonância discutida no capítulo 10 é uma forma dos membros geneticamente semelhantes da mesma espécie estarem interconectados, e o capítulo sobre tempo explicou que as informações do passado podem ser acessadas porque ele coexiste com o presente. Portanto, o inconsciente coletivo sugere que estamos inconscientemente em ressonância com membros do passado de nossa espécie.

Porém, os arquétipos de Jung podem ser, simplesmente, temas recorrentes que refletem a natureza humana.[7] Nossa escolha de símbolos pode refletir apenas a forma pela qual nossos cérebros estão programados. Os linguistas descobriram que a atribuição que as pessoas fazem de palavras absurdas a objetos segue certos padrões. Embora haja centenas de línguas, elas compartilham algumas similaridades, não tendo se desenvolvido de modo completamente aleatório. A forma como uma palavra parece ou soa evocará um tipo de objeto, e não outro. Por exemplo, um objeto suave e arredondado tem mais probabilidades de ser associado a um nome como "bolha", que tem um som suave e letras arredondadas, do que a um nome que soa áspero, com letras agressivas, como "quebradiço".

A SOMA DAS PARTES É MAIOR DO QUE O TODO 261

Por causa da complexidade do cérebro humano, os cientistas acreditaram que a maioria dos arquétipos de Jung podem ser explicados pela sua própria configuração. Mas quando observamos espécies com cérebros pequenos, constatamos uma evidência ainda mais convincente de um "reservatório de experiências da espécie". O mistério científico para as habilidades de orientação ou migratórias de vários animais implica a existência de tal reservatório.

Um bom exemplo é a migração das borboletas monarcas, uma vez que é necessário mais de uma geração de borboletas para completar o ciclo de migração. As monarcas nascidas no Canadá, próximo aos Grandes Lagos, viajam sistematicamente para o sul, por 3,2 mil quilômetros, a fim de passar o inverno no México. Elas morrem no caminho de volta, no Texas ou em algum outro estado do sul. Sua prole continua a viagem de volta ao local original, no Canadá. Ao longo de um ano, as borboletas produzem de três a cinco gerações, e a última geração voa para o México no inverno. Embora nenhuma das monarcas consiga completar o ciclo inteiro sozinha, a rota de migração varia muito pouco de estação para estação. De fato, já vi milhares de borboletas monarcas voar para o mesmo bosque de árvores de eucalipto, ano após ano.

Por si só, o código genético não é suficiente para explicar o comportamento das monarcas. Nem a programação de seus cérebros. Assim como as misteriosas semelhanças entre gêmeos idênticos criados separadamente, o comportamento das monarcas pode ter origem na ressonância. As soberanas podem acessar seu inconsciente coletivo, entrando em ressonância com soberanas de gerações precedentes.

A ideia de que informações do passado podem ser obtidas através da ressonância entre seres geneticamente semelhantes oferece uma explicação para os curiosos relatos de receptores de transplantes de coração. Alguns transplantados descobriram mudanças pós-operatórias em suas reações, que, conforme se descobriu posteriormente, eram características dos doadores. Paul Pearsall, psiconeuroimunologista que estuda o cérebro e suas conexões com o sistema imunológico, reuniu 73 casos e os publicou em *The Heart's Code*.

Um dos mais famosos relatos pós-operatórios foi publicado por Claire Sylvia em *A voz do coração*. Ela desenvolveu um desejo por *nuggets* de frango seis semanas após fazer um transplante de coração e pulmão, ao mesmo tempo em que sonhava com um homem chamado Tim. As identidades dos doadores são mantidas em sigilo, mas Claire queria investigar a origem de seus sonhos. Ela compartilhou suas experiências com um paranormal, que a ajudou a localizar o obituário de Tim. Claire conseguiu contatar os pais de Tim e descobriu que ele era o seu doador. Ela também ficou sabendo que Tim era um grande consumidor de *nuggets* de frango e que, de fato, estava com alguns em seu bolso na hora da morte.

Uma forma de entender esses dramáticos relatos de transplantes é que os órgãos doados ainda se encontravam em ressonância com os doadores falecidos. Assim como as borboletas monarcas, isso sugere uma habilidade de estar em ressonância com uma criatura do passado geneticamente relacionada. Os órgãos parecem reter ou estar em conexão com informações sobre o doador, o que impacta, então, o comportamento de um receptor sensível. Tais relatos indicam, também, que nossos cérebros não são a única parte de nossos corpos que conseguem acessar esse reservatório de experiências pessoais. Eles sugerem a possibilidade do corpo ser um holograma vivo.

HOLOGRAFIA E HOLOGRAMAS VIVOS

No universo holográfico, as informações sobre todas as coisas no espaço-tempo estariam incrustadas em todos os lugares do espaço-tempo (conforme mencionado anteriormente, se quebrarmos qualquer coisa que contenha uma imagem tridimensional holográfica, uma réplica menor e exata da imagem maior poderá ser vista em cada uma das partes). Isso poderia ajudar a explicar o outro mistério da migração das monarcas: sua rota é tão específica que elas parecem navegar a partir de um mapa. Paralelamente, quando os paranormais veem locais com base em coordenadas geofísicas, onde está o mapa? O mapa pode estar em qualquer lugar, se nosso universo for mesmo holográfico.

David Bohm acreditava que o universo é organizado como um holograma, mas de forma dinâmica e não estática, como as imagens holográficas que criamos através dos *lasers*. Bohm baseou sua teoria, em parte, na observação de que os elétrons no estado de plasma recebem e reagem a informações de todo ambiente. Por exemplo, o movimento dos elétrons era influenciado por um campo magnético mesmo quando eles não estavam fisicamente circunscritos a ele.

As evidências de um universo holográfico também provêm de exemplos da natureza, na qual informações sobre o todo estão disponíveis em cada uma de suas partes, como na criação dos fractais, formas geométricas complexas que podem ser divididas de modo com que cada parte se pareça com uma versão menor do todo. Os flocos de neve são apenas um exemplo.

Cada uma de nossas células tem a mesma informação genética sobre todo o nosso corpo, mas os genes destas células são seletivamente ligados e desligados durante o desenvolvimento, dependendo do tipo de célula. Essa seletividade da expressão dos genes faz com que os vários tipos de células pareçam diferentes entre si e desempenhem funções igualmente distintas. Entretanto, a genética compartilhada entre nossas células as mantém em ressonância umas com as outras. Isso significa que somos hologramas vivos; cada uma de nossas células têm informações sobre todo o nosso ser.

O modelo holográfico também pode explicar um dos principais mistérios da biologia do desenvolvimento: o que orienta o desenvolvimento dos óvulos fertilizados e sua transformação em organismos completos? Sem um parâmetro para o organismo total, como as células poderiam "saber" em quantas vezes se dividir, de que tipo de célula se diferenciar e para onde migrar? E não há muito tempo para a transferência de informações entre as células durante esse processo rápido e complexo. Com apenas cinquenta divisões celulares, os seres humanos têm mais células do que o número de estrelas da Via Láctea, e cada célula passa por uma média de 100 mil reações químicas por segundo durante o início do processo de desenvolvimento. Os genes são ligados e desligados, mas o que "coordena o projeto" e orquestra as ações dos genes?

Rupert Sheldrake propôs que esse processo ocorre sob a orientação do campo morfogenético, um campo que organiza as células durante o desenvolvimento embrionário. Esse conceito foi a teoria principal da embriologia experimental durante os anos 1920 e 1930. Nos anos 1940, o conceito de campos morfogenéticos pareceu ser corroborado quando Harold Burr, neuroanatomista de Yale, detectou um campo de energia em torno de óvulos não fertilizados de salamandras que se assemelhava àqueles animais. Embora o conceito original de campos morfogenéticos tenha sido descartado quando os cientistas passaram a se dedicar mais aos genes, Sheldrake recuperou-o novamente.

Não se trata apenas do fato de nossas células terem informações sobre todo o nosso corpo. A ideia de que suas seções contêm uma representação em miniatura do todo foi descoberta empírica e independentemente em várias culturas. Um exemplo desse tipo de holografia do corpo é a reflexologia, cuja premissa básica é a de que seções específicas das plantas de nossos pés correspondem a partes específicas de nosso corpo, como o intestino grosso ou o fígado. Acredita-se que manipular ou massagear as seções correspondentes na planta do pé cure os órgãos do corpo a elas associados. A reflexologia remonta ao antigo Egito, e está retratada em uma pintura de parede egípcia na tumba de Ankhmahor, em Saqqara, também conhecida como "a tumba do médico".[8]

Outras culturas que descobriram a reflexologia incluem os indígenas norte-americanos, cujos curandeiros manipulam e estimulam os pés como parte de suas práticas de cura. A reflexologia teve seguidores na Europa; um dos primeiros livros sobre o assunto foi publicado em 1582 por dois eminentes médicos europeus, Dr. Adamus e Dr. A'tatis. A versão praticada no ocidente hoje em dia é baseada no trabalho de Eunice D. Ingham, fisioterapeuta que tratou de centenas de pacientes e publicou suas descobertas em *Histórias que os pés contam*, em 1938. A reflexologia também adquiriu prestígio suficiente para ser integrada ao atendimento de saúde oficial na China, Dinamarca e no Reino Unido.

A iridologia é outra prática baseada na holografia corporal. Desde o século XVII, os profissionais da medicina têm escrito sobre as correlações entre os sinais da íris ocular e a saúde. Um deles foi o Dr. Ignatz von Peczely, húngaro que se graduou na

Vienna Medical College, em 1867. Em sua infância, von Peczely ao quebrar acidentalmente a perna de uma coruja, reparou que uma mancha preta apareceu no olho do animal. Ao longo do tempo, a mancha mudou de forma e de cor. Isso o intrigou de tal forma que, depois, ele passou a estudar as íris de pacientes antes e depois de procedimentos cirúrgicos.[9] Ele registrou sistematicamente as correlações e publicou sua pesquisa no livro *Discoveries in the Realms of Nature and Art of Healing*. Também padronizou uma tabela da íris, em 1880, para os diagnósticos. Grande parte das pesquisas médicas norte-americanas sobre iridologia foi realizada pelo Dr. Henry Edward Lane e seu aluno, o Dr. Henry Lindlahr. Eles fizeram correlações cirúrgicas e de autópsia e as publicaram no livro de Lane, *Iridology: The Diagnosis from the Eye*, em 1904. Os autores foram meticulosos em sua pesquisa. Lane afirmou que "milhares foram examinados antes de confirmar cada um dos sinais".

A acupuntura também se vale de uma visão holográfica do corpo. Os pontos de acupuntura na orelha, por exemplo, correspondem a partes do corpo. Na verdade, o diagrama se parece com a figura de uma pessoa em miniatura, pintada na orelha. Analogamente, inúmeras áreas cerebrais envolvidas no processamento de sensações físicas e no controle muscular foram mapeadas por neurocirurgiões, e sua representação gráfica lembra homúnculos, com grandes mãos e cabeças.

Outra evidência da organização holográfica dentro de nossos corpos provém das pesquisas de Konstantin Korotkov, Ph.D., diretor do Centro de Pesquisas de Medicina e Engenharia Biológica de São Petesburgo. Ele inventou um instrumento de visualização por descarga de gás (GDV, na sigla em inglês), que usa um fenômeno conhecido como descarga de corona. Um eletrodo é utilizado para criar um campo elétrico de alta energia em

A SOMA DAS PARTES É MAIOR DO QUE O TODO

torno de um objeto, que, então, descarrega faíscas elétricas que formam um padrão semelhante ao halo do sol durante um eclipse. Os padrões de descargas de corona podem ser produzidos em torno de objetos inanimados, como uma pedra, e, portanto, não são a mesma coisa que as auras ou os campos de energia da filosofia oriental.

O ponto interessante do trabalho de Korotkov é que as imagens geradas a partir das pontas dos dedos de uma pessoa apresentam padrões de descarga de corona que fornecem informações sobre o corpo como um todo. Os impulsos GDV são enviados para as pontas dos dedos, de onde as medições são transmitidas para um computador que gera imagens coloridas da luz em torno do corpo da pessoa. A pesquisa de Korotkov descobriu associações entre certas aberrações no padrão de descarga de corona e enfermidades específicas. Um tumor no fígado aparece como uma anomalia na seção correspondente ao fígado no padrão. Mais de 400 máquinas GDV foram vendidas ao redor do mundo, e muitas foram usadas em pesquisas financiadas pelos Institutos Nacionais de Saúde dos Estados Unidos.

O neurocirurgião Karl Pribram sugeriu que o cérebro funciona como um holograma, em parte por causa do trabalho sobre a memória, realizado pelo psicólogo norte-americano Karl Lashley. Nos anos 1920, Lashley treinou ratos para executar determinadas tarefas e, em seguida, destruiu várias seções de seus córtices cerebrais. Ele descobriu que era a quantidade de córtex removido, e não a localização, o fator importante que afetava ou não a memória. Isso ia contra a teoria de que a memória estava codificada em circuitos específicos no cérebro, e sugeriu-lhe que ela estava armazenada em todo o córtex cerebral. Sua pesquisa foi publicada na monografia *Brain Mechanisms and Intelligence*, em 1929.

Assim como nossos corpos possuem características holográficas e uma parte da memória está armazenada holograficamente dentro do cérebro, nossos campos de consciência podem fazer parte de um holograma, no qual todos os cérebros se encontram. Se esse holograma contiver informações sobre o universo ao longo do tempo e do espaço, isso explicaria muitos relatos de paranormais e místicos. Quando os místicos experienciam a expansão de suas consciências e afirmam que elas "preenchem todo o espaço-tempo", o que está se passando, provavelmente, é que todos os campos de consciência estão sendo preenchidos, e não o universo como um todo. A visão remota pode ser compreendida como o acesso a uma parte do campo de consciência normalmente filtrada pelo cérebro, por não ser relevante para o presente, mas que se torna significativa quando o indivíduo participa de um experimento de visão remota. E, durante uma EFC, é possível que a atenção consciente esteja acessando um lugar dentro do campo de consciência no qual se pode ver as coisas de um ponto de vista ou de uma localização diferentes. Da mesma forma que os sonhos, a perspectiva ou a orientação do indivíduo deixam de ser dominadas pelo estímulo sensorial corporal.

COMO EU ME LEMBRO DE VOCÊ?
DEIXE-ME ENUMERAR OS MEIOS

Friedrich Nietzsche levantou uma questão interessante quando afirmou que "A existência do esquecimento nunca chegou a ser provada; apenas sabemos que há coisas que não nos vêm à mente quando mais precisamos delas".[10] A memória realmente se perde, ou nós é que apenas não conseguimos acessá-la?

A SOMA DAS PARTES É MAIOR DO QUE O TODO   269

A resposta depende de onde e em que medida se acredita que a memória está armazenada. A memória é importante porque está na interseção entre a consciência, o cérebro e o armazenamento de informações. Inúmeros cientistas, incluindo o físico Erwin Laszlo, sugerem que o armazenamento de nossas memórias pessoais pode não diferir muito do mecanismo de armazenamento de informações parapsíquicas. Talvez nossos cérebros estejam programados para facilitar mais o acesso a memórias pessoais do que a informações parapsíquicas.

A neurociência construiu seu modelo memorial com base em pacientes com déficits de memória e suas correlações com as lesões cerebrais. Os cientistas dividem a memória pessoal em vários tipos. A memória declarativa é a que usamos para aquisição de fatos, como a linguagem ensinada na escola. É a memória que as pessoas dizem que perdemos se não a utilizarmos. A memória episódica é a memória que recorda acontecimentos em nossas vidas, como o primeiro namoro. Ela permanece conosco caso tenha sido significativa ou emocionalmente carregada, mas os detalhes podem ser distorcidos ao longo do tempo. E a memória motora é a memória da coordenação de ações, como andar de bicicleta. Podemos reter essas habilidades mesmo que tenham se passado anos desde a última vez em que as utilizamos.

Lembrar de uma palavra é uma atividade que depende do córtex, local de organização da linguagem. Um pequeno derrame pode apagar todas as palavras relacionadas a vegetais, ferramentas ou alguma outra categoria, ao mesmo tempo em que deixa intactas as palavras para todo o resto. No modelo neurocientífico, a memória depende do fortalecimento das conexões sinápticas entre as células do córtex cerebral pelo uso repetitivo.

Mas esse modelo não levou em consideração pessoas com memórias extraordinárias, como os autistas Savant e o sinesteta conhecido como S, casos que deveriam ter sido incluídos para que o modelo se tornasse completo. Uma explicação para esses indivíduos é que eles acessam informações de seus campos de consciência holográficos.

Outro desafio para o modelo científico da memória foi apontado pelo neurologista britânico John Lorber, em um artigo da *Science* intitulado "Is Your Brain Really Necessary?".[11] Lorber escaneou o cérebro de um estudante com QI de 126 pontos, que havia conquistado um grau honorífico de primeira ordem em matemática e cujas habilidades sociais eram completamente normais. A imagem escaneada de seu cérebro mostrava que seu córtex não possuía os quatro a cinco centímetros de espessura usual. Ao contrário, era uma camada extremamente fina, medindo 1 milímetro ou menos, o que correspondia a 1/450 da espessura normal. A maior parte de seu cérebro era constituída pelas estruturas profundas, como o sistema límbico.

O quadro do estudante era causado por hidrocefalia, conhecida também como "água no cérebro", um problema no qual o fluido cérebro-espinhal é bloqueado e armazenado no cérebro, causando uma lesão cerebral pela compressão contra o crânio. O córtex é o mais afetado, por ser a camada mais exterior. Esse era um caso tão dramático que levou Lorber a concluir que "o córtex, provavelmente, é responsável por muito menos coisas do que as pessoas imaginam". O interessante é que o estudante apresentava um grau bastante alto de compensação, e, ao contrário de outros casos de lesões cerebrais, a compensação não envolvia a utilização de outras áreas do córtex.

O que se sabe a respeito do aluno de Lorber e dos autistas Savant sugeriria que os cientistas deveriam reconsiderar a ideia

A SOMA DAS PARTES É MAIOR DO QUE O TODO 271

de que a memória é codificada pelo aumento da força das conexões sinápticas específicas entre as células corticais. O estudante com quase nenhum córtex não prova que o córtex não está envolvido na memória; sugere, apenas, que pode não ser tão essencial à memória. Os autistas Savant, como Kim Peek, conseguem memorizar mais de 12 mil livros, apesar de possuir menos conexões no córtex do que a maioria de nós.

Quando os estudos com ressonância magnética funcional e escâners PET mostram atividade no córtex durante o acesso à memória, significa apenas que nosso córtex desempenha um papel importante nesse procedimento. E se o córtex apresentar alguma anormalidade durante os períodos críticos de desenvolvimento, ele não se tornará parte do mecanismo de acesso à memória. As pesquisas com Savant e paranormais sugerem fortemente que estruturas mais profundas do cérebro conseguem acessar informações quando o córtex se encontra debilitado ou subativo.

Descobertas das pesquisas clínicas sobre déficits da memória associados a lesões cerebrais mostram que as pessoas com as maiores perdas são aquelas com lesões no hipocampo, que eu sugiro ser a parte do sistema límbico que acessa informações parapsíquicas a partir de um campo de consciência holográfico. Algumas pessoas sofrem lesões corticais depois de terem dependido por longo tempo de seus córtices para acessar a memória. Pelo fato de grande parte dos córtices ainda estar intacto, normalmente elas não recorrem às estruturas profundas do sistema límbico para acessar as memórias.

Então como a informação parapsíquica é armazenada no campo da consciência? Edgar Cayce afirmava que acessava informações parapsíquicas dos "registros Akashic". A palavra *Akashic* provém da palavra em sânscrito para "espaço" ou "éter". Cayce usava essa palavra para dizer que as informações sobre todas as coisas estavam armazenadas no espaço. Erwin Laszlo comparou os registros Akashic ao campo do ponto zero, o *"vacuum"* que, conforme descobriu-se depois, estava cheio de energia e partículas virtuais. Laszlo argumentou que o cérebro é, simplesmente, um mecanismo de acesso e leitura dos estímulos do ZPF, que ele chama de "o meio supremo de armazenamento". De modo análogo, David Bohm e Rupert Sheldrake também classificaram o ZPF como um dispositivo de armazenamento. Concordo com eles que a informação é armazenada em um campo, que eu chamo de campo pessoal de consciência. Questiono apenas se o campo de consciência de uma pessoa corresponde exatamente à mesma coisa que uma parte pessoal do ZPF.

A ideia de armazenamento de memória em um campo não é uma novidade. A maioria de nossas tecnologias modernas de comunicação baseia-se na capacidade dos campos. A novidade é considerar que nossas próprias memórias, juntamente com todas as informações impessoais sobre todas as coisas no espaço-tempo, estão armazenadas em um campo. Pelo fato de as memórias pessoais serem tão importantes para nós, nossos cérebros estão programados para acessá-las preferencialmente. Em contraste, os autistas geralmente se mostram atraídos por coisas, em vez de pessoas, em grande parte porque as pessoas lhes parecem tão volúveis e imprevisíveis que eles se mostram assustados. Portanto, as informações preferencialmente acessadas pelos autistas Savant consistem, tipicamente, em listas de números de telefones, calendários, números primos, músicas ou alguma outra coisa que apresente ordem e previsibilidade.

VENDO ATRAVÉS DO TERCEIRO OLHO: A GLÂNDULA PINEAL

Harold Puthoff, um dos físicos que conduziu pesquisas sobre visão remota, concluiu que todos nós temos todas as informações do mundo em algum nível da atenção consciente. Ele acreditou que as pessoas bem-sucedidas na visão remota conseguiam amortecer com mais facilidade o ruído proveniente de todas as outras distrações. As afirmações de Puthoff faziam eco às de Patanjali, o antigo filósofo hindu e autor de *Yoga Sutras*. Estudos neurológicos sobre habilidades parapsíquicas e o cérebro sugerem a mesma coisa: amortecer os ruídos significa desligar a atividade do córtex relativa à ativação do sistema límbico.

O segredo para acessar informações que estão em nosso campo de consciência se resume a uma substância química presente naturalmente no cérebro, a N,N-dimetiltriptamina (DMT). Rick Strassman, psiquiatra que realizou pesquisas extensivas sobre a DMT em humanos, ficou intrigado com essa questão: por que existiria um psicodélico tão potente em nossos cérebros? Nossos cérebros têm encefalinas como opiatos naturais, que reduzem a dor, e a melatonina, que induz o sono depois do pôr do sol, mas por que os cérebros teriam moléculas que causariam EFCs e experiências alucinatórias? A DMT parece ter dois propósitos adaptativos. Um é o seu papel nos fenômenos parapsíquicos, e o outro é tornar o processo da morte menos assustador quando chegar a nossa hora.

A fonte de DMT é a glândula pineal, geralmente chamada de "terceiro olho". Isso se refere à sua rica associação cultural à visão de outros domínios da realidade. No entanto, em pelo menos uma espécie, ela apresenta, de fato, as características de um terceiro olho. O lagarto (*Sceloporus occidentalis*) possui uma abertura no topo de sua cabeça através da qual podemos observar a metade superior do órgão pineal, com lentes óticas, córnea e retina. Durante o curso da evolução, a glândula pineal surgiu como um olho no topo da cabeça que perdeu suas funções oculares e foi encoberta. O desenvolvimento do sistema límbico a encobriu, mas ela ficou ainda mais escondida após a expansão da parte mais externa de nosso cérebro, o córtex cerebral. Nos seres humanos, a glândula pineal fica no meio do cérebro, ligeiramente acima do nível de nossos olhos.

Os sonhos e as EFCs, os dois principais estados de consciência associados às informações parapsíquicas, estão ligados à DMT. Pequenas quantidades de DMT são liberadas durante a atividade onírica, o que pode contribuir para a nitidez dos sonhos. A DMT também facilita os sonhos parapsíquicos e as EFCs, pelo seu efeito sobre o sistema límbico. Portanto, a DMT suspende temporariamente o filtro de nosso cérebro, mudando a atividade relativa do córtex e do sistema límbico e fazendo com que nossa consciência tenha um acesso maior às informações que estão no campo de consciência holográfico.

Quando as pessoas se aproximam da morte, a grande liberação de DMT pode levar a uma experiência de quase-morte, incluindo EFCs e outras características, como visualização de anjos reconfortadores. Algumas vezes, a experiência de quase-morte é muito assustadora, especialmente se, em algum nível, a pessoa sentir que não está levando sua vida de acordo com a moral ou os valores da sociedade. Independentemente da experiência de quase-morte soar agradável ou assustadora, de um modo geral, as pessoas ficam mais espiritualizadas depois dela. Além disso, uma vez que grandes quantidades de DMT foram liberadas, o sistema de filtros do cérebro mostra-se, geralmente, menos eficaz. Muitos sobreviventes da quase-morte têm mais probabilidades de experienciar fenômenos parapsíquicos no estado de vigília. As evidências de que seus sistemas límbicos e lobos temporais mudaram permanentemente de programação incluem os estudos mencionados anteriormente. Em um deles, mais de 20% dos sobreviventes de quase-morte mostravam evidências de convulsões nos lobos temporais. Em outro, havia um distúrbio característico no ciclo de sono normal de pessoas que passaram por EQMs.

Os místicos engajam-se em certos rituais para expandir seu nível de consciência e de habilidades parapsíquicas. Tais práticas parecem estimular o cérebro a produzir e a liberar mais DMT. Durante a yoga kundalini, algumas pessoas experienciam um fluxo de energia que percorre desde a base da coluna até o cérebro. A experiência kundalini intensifica-se à medida que vai sendo repetida, resultando, finalmente, no que alguns descrevem como uma "tempestade elétrica". Muitos veem uma luz ofuscante, uma das razões pelas quais tais experiências estão associadas a um caminho para a "iluminação" ou a um estado de consciência altamente evoluído, com espiritualidade, cognição e habilidades parapsíquicas aprimoradas.

Praticar yoga kundalini e jejuar pode ativar esse processo, mas para alguns indivíduos as experiências kundalini podem ocorrer espontaneamente. Para alguns, também, a experiência pode ser agravada por sintomas psicóticos, talvez por causa de uma liberação descontrolada de muito DMT, ou de um metabolismo inadequado da DMT liberada. Gopi Krishna descreveu extensivamente suas experiências kundalini, incluindo o assustador período no qual, temporariamente, perdeu a razão.[12] Mais tarde, ele recobrou a sanidade e mostrou ter mais habilidades cognitivas e parapsíquicas do que antes.

Os paranormais, incluindo Edgar Cayce, geralmente identificam a glândula pineal como a fonte de suas habilidades. As religiões orientais também ensinam que a glândula pineal é transformada pela experiência kundalini. Pesquisas científicas apoiam a conexão entre a glândula pineal e as experiências parapsíquicas, pois a glândula pineal libera DMT. Além disso, ela é influenciada pelos campos eletromagnéticos da Terra, que, conforme inúmeros estudos já demonstraram, afetam os fenômenos parapsíquicos.[13] Nem Cayce nem os místicos orientais possuíam pesquisas modernas à mão para chegar à essa conclusão sobre a glândula pineal. Eles a acessaram parapsiquicamente, o que torna qualquer confirmação científica especialmente intrigante.

COLOCANDO O MODELO DA MENTE MÖBIUS EM PERSPECTIVA

Estamos na circunferência e supomos, enquanto o segredo está no centro e sabe.

— ROBERT FROST

A afirmação de Robert Frost serve como um lembrete de que as teorias ou modelos científicos são somente uma tentativa de aproximação da verdade, pela utilização dos fatos que temos à nossa disposição. Esse é o propósito do modelo da mente Möbius, que pode ser resumido da seguinte forma:

1. Os fenômenos parapsíquicos parecem ser tanto reais quanto uma potencialidade em todos nós.

2. Os sonhos, a meditação, a sinestesia, a projeção astral e as mentes dos autistas Savant são todos condições ou estados de consciência nos quais as habilidades parapsíquicas podem ser aprimoradas; todos mostram uma alteração da dominância usual da atividade cerebral do hemisfério esquerdo e do córtex para o sistema límbico.

3. A DMT é uma substância química produzida por nossa glândula pineal e que também existe nas plantas. Foi usada por milênios pelos xamãs para dar margem às experiências parapsíquicas. De forma compatível aos estados mencionados acima, ela estimula o sistema límbico a ser mais ativo do que o córtex.

4. As propriedades da consciência são equivalentes a uma força capaz de agir sobre o mundo físico, tanto local quanto remotamente. As quatro forças principais da física possuem campos que influenciam a matéria ao seu alcance. Se nossa consciência for uma quinta força física, ela também teria um campo. E, assim como os outros campos, a consciência existiria tanto dentro quanto além de sua fonte.

5. Há uma boa documentação acerca de casos de experiências fora do corpo e fenômenos parapsíquicos. Isso significa que podemos acessar informações de outros locais no espaço e no tempo. Como uma força, a consciência não estaria confinada ao cérebro, mas isso não quer dizer que ela percorra longas distâncias para acessar informações longínquas. Uma explicação mais simples é que temos um acesso mais fácil a todos os nossos campos de consciência durante as EFCs e estados parapsíquicos, e que nossos campos de consciência contêm uma representação em miniatura do universo. Essa

ideia é compatível com a teoria de David Bohm de que nosso universo é holográfico, e que cada parte contém informações sobre o todo.

6. O tempo e o espaço não podem ser separados. Ao contrário, eles formam uma matriz chamada espaço-tempo. Pelo fato de o passado, presente e futuro coexistirem, torna-se possível prever o futuro. Nesse modelo, no entanto, o futuro ainda pode ser alterado e o livre-arbítrio é um exercício possível.

7. Nosso universo é multidimensional e altamente interconectado. Tais conexões e outras dimensões não estão imediatamente aparentes em nosso estado de consciência normal, durante o qual nossos mundos interior e exterior parecem estar separados. Mas, assim como a faixa de Möbius, os mundos interior e exterior são contíguos. Eles também interagem em um processo dinâmico de influências mútuas.

IMPLICAÇÕES DO MODELO DA MENTE MÖBIUS

Não há dúvida de que muitos cientistas permanecerão céticos quanto aos fenômenos parapsíquicos, apesar das evidências críveis que documentam a sua existência. Outros, porém, podem querer investigá-los, intrigados pela promessa de que um novo modelo de consciência e de funcionamento da mente possam ajudar a compreender anomalias aparentemente inexplicáveis. Independentemente de ser validado, contestado ou refinado pelos cientistas, o novo paradigma do modelo da mente Möbius merece uma pesquisa científica séria.

A SOMA DAS PARTES É MAIOR DO QUE O TODO

Uma das razões pelas quais os fenômenos parapsíquicos ainda não tenham sido mais amplamente aceitos dentro da neurociência talvez se deva ao fato de que a maior parte dos neurocientistas não examinou detidamente os dados disponíveis. Além disso, os neurocientistas tradicionais não tentam integrar as teorias da física ao seus modelos. Embora os físicos nos informem que o mundo não é como o percebemos diretamente através dos sentidos, nossas percepções são tão convincentes que elas dominam nossas crenças. O fato de muitas das teorias da física serem tão difíceis de compreender, até mesmo pelos físicos, não ajudou muito, e elas acabaram tendo um impacto limitado no que consideramos possível. *Poderes paranormais* apresentou os conceitos básicos dessas teorias sob uma forma mais acessível para a maior parte dos leitores, encorajando cientistas e leitores leigos a incorporá-las no exame das anomalias psicológicas, tais como a precognição e a telepatia.

O modelo da mente Möbius exige uma mudança de paradigma análoga à revolução copernicana, que precisou de mais de um século para se concretizar. Por conta das anomalias nos movimentos planetários, Nicolaus Copernicus propôs, em 1543, que a Terra não era o centro do sistema solar. Mas a visão copernicana não foi aceita até o trabalho realizado por Isaac Newton em 1687, 55 anos depois de Galileo Galilei ter sido processado por ter apoiado aquela teoria.

Os fenômenos parapsíquicos e outras anomalias psicológicas estão nos levando ao desenvolvimento de uma nova teoria sobre a consciência, embora impliquem uma realidade tão espantosa que ainda permaneçam controversos. Mas uma mudança de paradigma já está acontecendo, mesmo que haja uma oposição generalizada. O ceticismo e a oposição são características das mudanças de paradigma, reconhecidos pelo filósofo do século XIX Arthur Schopenhaeur, que afirmou, "Toda verdade passa por três estágios. No primeiro, ela é ridicularizada. No segundo, é violentamente rejeitada. No terceiro, é aceita como óbvia e evidente".[14] Estivemos até agora no segundo estágio, mas estamos chegando ao terceiro.

Para qualquer pessoa interessada em compreender as manobras da mente e a complexa interação com o mundo à nossa volta, fazer vista grossa para os fenômenos parapsíquicos é uma opção análoga à recusa em acreditar que uma espaçonave pousou na lua, simplesmente porque não conseguimos explicar a física que tornou tal feito uma realidade possível. Albert Einstein sintetizou a importância da exploração de ideias sobre nós mesmos quando disse:

> Um ser humano é parte do todo, por nós denominado de "Universo" (...). Ele percebe a si próprio, os seus pensamentos e sentimentos como algo separado do resto, uma espécie de ilusão de ótica de sua consciência. Essa ilusão constitui um tipo de prisão para nós, limitando-nos a nossos desejos pessoais e à afeição por algumas poucas pessoas que nos cercam. Nossa tarefa deve consistir em nos libertarmos dessa prisão, alargando o nosso círculo de compaixão, de modo que consigamos abraçar todos os seres vivos e toda a natureza em sua beleza.[15]

Poderes paranormais representa uma mudança que pode se tornar o próximo salto evolucionário da compreensão de

A SOMA DAS PARTES É MAIOR DO QUE O TODO

nós mesmos e de nosso lugar no universo. No passado, criamos nossas próprias prisões nos atendo a crenças limitadas sobre o que era possível. Talvez agora possamos começar a abrir nossas mentes e os portões.

AGRADECIMENTOS

Não seria possível escrever este livro sem a preciosa pesquisa de muitos homens e mulheres brilhantes, alguns dos quais (Gary Schwartz, Dean Radin e Marilyn Schlitz) conheci durante o processo de escrita. Com muito apreço, gostaria de agradecer a todos aqueles cujas pesquisas me motivaram a escrever este livro: minha maravilhosa e adorável editora na Walker & Company, Jacqueline Johnson, por ter acreditado em mim, por seu entusiasmo por este livro, e sua edição amável e inspiradora; minha agente literária, Victoria Pryor, cuja dedicação extremada a seus autores e seus livros é verdadeiramente notável; Jean Houston, uma mentora brilhante e inspiradora, para mim e para outros autores; meu irmão Kenneth Hennacy, médico com profundos e vastos conhecimentos sobre a consciência; Richmond Mayo-Smith e Danny Mack, por seu generoso apoio ao meu trabalho; e os membros do meu grupo de escrita que me encorajaram, oferecendo-me um inestimável retorno (Anne Batzer, Fayegail Mandell Bisaccia, Kathy Bryon, Kathie Olesen e Sharon Schaefer). O curto espaço não me permite incluir todos aqueles que merecem reconhecimento e, portanto, estendo meus sinceros agradecimentos a todos, citados ou não, que participaram da gênese deste livro.

NOTAS

INTRODUÇÃO

1. Francis Crick, *The Astonishing Hypothesis* (Nova York: Scribner, 1994), 3.
2. Adrian Parker, "We ask, does psi exist? But is this the right question and do we really want an answer anyway?", *Psi Wars: Getting to Grips with the Paranormal* in James E. Alcock, Jean E. Burns e Anthony Freeman (eds.), Exeter, UK: Imprint Academic 2003, 111-14.
3. William James, "Essays in popular philosophy: What psychical research has accomplished", in *The Will to Believe and Other Essays in Popular Philosophy* (Nova York, Londres e Bombay: Longman Green and Co, 1899), 319.

Capítulo 1: A CONSCIÊNCIA E O CÉREBRO

1. Físicos como Fritz Capra, que escreveu *O Tao da Física*, reconheceram um paralelismo entre essas visões das religiões orientais e a física quântica. Como resultado, alguns físicos adotaram a perspectiva mentalista.
2. A glândula pineal chamou a atenção de Descartes por causa de sua localização central, mas também pelo fato de ser uma estrutura única, ao contrário do resto do cérebro, que se

apresenta em pares, divididos entre os hemisférios esquerdo e direito.

3. William James, "Human immortality: Two supposed objections to the doctrine", in G. Murphy e R. O. Ballou (eds.), *William James on Psychical Research* (Nova York: Viking, 1960), 279-308. Trabalho originalmente apresentado como palestra, em 1898.

4. Aldous Huxley, *The Doors of Perception* (Nova York: Harper and Brothers, 1954).

5. O homúnculo do lado direito recebe estímulos e exerce influência sobre o lado esquerdo do corpo, enquanto o do lado esquerdo corresponde ao lado direito do corpo. Todos os homúnculos têm uma forma distorcida, que está relacionada ao próprio corpo, porque áreas altamente inervadas, como as mãos e os lábios, exigem uma superfície maior de representação cerebral do que áreas como o dorso.

6. Os escâneres de tomografia por emissão de pósitrons (TEP) foram desenvolvidos em 1973. Eles geravam imagens codificadas em cores dos graus de flutuação da atividade cerebral do sujeito durante a execução de tarefas cognitivas. Eles exigem a injeção de substâncias radioativas específicas, como glucose ou oxigênio, que seriam absorvidas preferencialmente pelas células mais ativas. Hoje em dia, os cientistas usam com frequência a imagem por ressonância magnética funcional (IRMf), que se vale de poderosos campos magnéticos para detectar diferenças entre o sangue oxigenado e o desoxigenado, revelando diferenças na irrigação sanguínea das regiões corporais, sem expor a pessoa à radiação.

7. Embora esse cálculo astronômico de possibilidades de atividade cerebral seja citado com frequência, na realidade as combinações potenciais são menores, pois o cérebro está organizado em

NOTAS

sistemas que possuem padrões preferenciais de atividade cerebral. Por exemplo, cada um dos órgãos dos sentidos tem o seu próprio sistema no cérebro para processar suas informações sensórias, e essas regiões formam conexões que são mais previsíveis do que as áreas envolvidas em processos que permitem uma flexibilidade maior e que apresentam mais variações de indivíduo para indivíduo.

8. Os neurotransmissores acionam uma cadeia de reações que, no fim das contas, mudam a expressão dos genes. Quando um gene é ligado, ele produz uma proteína que tem efeitos fisiológicos. Os pesquisadores acreditam agora, por exemplo, que a maioria dos antidepressivos funciona aumentando os neurotransmissores, que iniciam uma reação em cascata de múltiplas fases, resultando na ligação do gene do BNDF, ou gene do fator neurotrófico derivado do cérebro. O BDNF auxilia as células do cérebro a sobreviver, estimula a criação de novas células cerebrais e ajuda a criar novas conexões entre as células do cérebro.

9. A. M. Owen, M. R. Coleman, M. Boly, et al., "Detecting awareness in the vegetative state", *Science* 313 (2006): 1402.

Capítulo 2: VOCÊ VÊ O QUE EU VEJO? UM EXAME DAS EVIDÊNCIAS DA TELEPATIA

1. Ian Stevenson, *Telepathic Impressions* (Charlottesville, VA: University of Virginia Press, 1970).

2. Berthold Schwarz, *Parent-Child Telepathy* (Nova York: Garrett Publications, 1971).

3. Louisa E. Rhine, *The Invisible Picture: A Study of Psychic Experiences* (Jefferson, NC: McFarland, 1981).

4. Carl Jung acreditava em um inconsciente coletivo que continha material arquetípico herdado e universal, e, portanto, sua defi-

nição de inconsciente abrangia muito mais do que o inconsciente pessoal.

5. E. Gurney, F. Myers e F. Podmore, *Phantasms of the Living* (Londres: Trübner Co. 1986), 202.

6. Hornell Hart, "Reciprocal dreams", *Proceedings of the Society for Psychical Research* 41 (1933): 234-40.

7. Raymond de Becker, *The Understanding of Dreams: and their Influence on the History of Man*, traduzido por Michael Heron (Nova York: Bell Publishing Company, 1948), 394-95.

8. Montague Ullman e Stanley Krippner, *Dream Studies and Telepathy* (Nova York: Parapsychology Foundation, 1970); Montague Ullman, Stanley Krippner e Alan Vaughan, *Dream Telepathy* (Jefferson, NC: McFarland, 1989).

9. S. Krippner, C. Honorton e M. Ullman, "A long-distance ESP dream study with the Grateful Dead", *Journal of the American Society of Psychosomatic Dentistry and Medicine* 20 (1973): 9-17.

10. I. L. Child, "Psychology and anomalous observations: The question of ESP in dreams", *American Psychologist* 40 (1985): 1219-30.

11. A. Vaughn, "A dream grows in Brooklyn", *Psychic* (Jan./Feb. 1970): 40-45.

12. S. J. Sherwood e C. A. Roe, "A review of dream ESP studies conducted since the Maimonides dream ESP studies", in James E. Alcock, Jean E. Burns e Anthony Freeman (eds.), *Psi Wars: Getting to Grips with the Paranormal* (Charlottesville, VA: Imprint Academic, 2003).

13. M. Bertini, H. Lewis e H. Witkin, "Some preliminary observations with an experimental procedure for the study of hypnagogic and similar phenomena", *Archivio de Psicologia, Neurologia, Psichiatria e Psicoterapia* 25 (1964): 493-534.

NOTAS

14. Dean Radin, *Mentes interligadas: Evidências científicas da telepatia, da clarividência e de outros fenômenos psíquicos* (Nova York: Pocket Books, 2006).

15. Adrian Parker, "We ask, does psi exist? But is this the right question and do we really want an answer anyway?", in James E. Alcock, Jean E. Burns e Anthony Freeman, (eds.), *Psi Wars: Getting to Grips with the Paranormal* (Charlottesville, VA: Imprint Academic, 2003).

16. Upton Sinclair, *Mental Radio* (Charlottesville, VA: Hampton Roads Publishing, 2001).

17. Whately Carington, *Thought Transference: An Outline of Facts, Theory and Implications of Telepathy* (Nova York: Creative Age Press, 1946).

18. Um dos principais críticos ao trabalho de Rhine foi Mark Hansel, que escreveu *ESP, a Scientific Evaluation*. Hansel afirmou ter efetivamente duvidado de Rhine, identificando cenários em que quatro dos voluntários de Rhine poderiam ter trapaceado. Não havia nenhuma evidência de fraude, e Rhine se precaveu contra isso. Ainda assim, muitos céticos ainda descartam o corpo de trabalho de Rhine por causa dos escritos de Hansel.

19. O instituto foi parcialmente fundado pelo fisiologista Dr. Charles Richet, vencedor do Prêmio Nobel de Fisiologia ou Medicina em 1913, por sua descoberta da reação anafilática. Ele também era membro do SPR e, conforme os anos se passaram, dedicou cada vez mais o seu tempo ao estudo de fenômenos parapsíquicos. Cinco anos depois de receber o Prêmio Nobel, ele ajudou a fundar o Institut Métapsychique International, em Paris.

20. René Warcollier, *Mind to Mind* (Nova York: Creative Age Press, 1948).

21. As conclusões de Warcollier me fazem recordar dos Savant, alguns dos quais têm, notoriamente, habilidades parapsíquicas.

290 Poderes paranormais

Os autistas Savant têm fascínio por repetição, movimento e relações espaciais, mas têm dificuldades com as abstrações mentais e não impõem a consciência imaginativa naquilo que veem. Alguns também apresentam relações perceptivas únicas entre forma e cor.

22. V. Bekhterev, "Direct influence of a person upon the behavior of animals", *Journal of Parapsychology* 13 (1924): 166-76.

23. Rupert Sheldrake, *Dogs That Know When Their Owners Are Coming Home* (Nova York: Three Rivers Press, 1999).

24. J. Grinberg-Zylberbaum e J. Ramos, "Patterns of inter-hemispheric correlation during human communication" *International Journal of Neuroscience* 36 (Sept. 1987): 41-52.

25. As gaiolas foram inventadas em 1836 por Michael Faraday.

26. Michael Gershon, *The Second Brain: The Scientific Basis of Gut Instincts and a Groundbreaking New Understanding of Nervous Disorders of the Stomach and Intestine* (Nova York: HarperCollins, 1999).

27. O eletrogastrograma é utilizado clinicamente para verificar se as dificuldades de esvaziamento do conteúdo estomacal têm a ver com uma motilidade anormal do estômago.

28. D. Radin e M. Schlitz, "Gut feelings, intuition, and emotions: An exploratory study", *Journal of Alternative and Complementary Medicine* II, 1 (2005): 85-91.

Capítulo 3: DOIS CORAÇÕES QUE BATEM COMO UM SÓ: GÊMEOS IDÊNTICOS E CONSCIÊNCIAS INTERLIGADAS

1. Francis Galton, "The history of twins, as a criterion of the relative powers of nature and nurture", *Journal of the Anthropological Institute of Great Britain and Ireland* 5 (1876): 391-406.

NOTAS

2. Guy Playfield, *Twin Telepathy: The Psychic Connection* (Londres: Vega, 2002).

3. Horatio Newman, *Twins and Super-Twins* (Londres: Hutchinson, 1942).

4. R. Sommer, H. Osmond e L. Pancyr, "Selection of twins for ESP experimentation", *International Journal of Parapsychology* 3,4 (1961): 55-73.

5. S. J. Blackmore e F. Chamberlain, "ESP and thought concordance in twins: A method of comparison", *Journal of the Society for Psychical Research* 59, 831 (1993): 89-96.

6. F. Barron e A. M. Mordkoff, "An attempt to relate creativity to possible extrasensory empathy as monitored by physiological arousal in identical twins", *Journal of the American Society for Psychical Research* 62, 1 (1968): 73-79.

7. E. A. Charlesworth, "Psi and the imaginary dream", *Research in Parapsychology* (1974): 85-89.

8. F.-H. Robichon, "Contribution a l'étude du phénomene télépathique avec des individus liés par la condition biologique de gemellité monozygote", *Revue française de psychotronique* 2, 1 (1989): 19-35.

9. T. D. Duane e T. Behrendt, "Extrasensory electroencephalographic induction between identical twins", *Science*, October 15, 1965, 367.

10. Nancy Segal, *Entwined Lives: Twins and What They Tell Us About Human Behavior* (Nova York: Dutton, 1999).

11. Outro exemplo triste aconteceu no dia 8 de outubro de 1983. A mãe das gêmeas Samantha e Gabrielle Connolly, de quatro meses de idade, descobriu que ambas haviam morrido de síndrome de morte súbita infantil em camas separadas.

12. R. Jirtle e R. Waterland, "Transposable elements: targets for early nutritional effects on epigenetic gene regulation", *Molecular and Cellular Biology* 23, 15 (2003): 5293-300.

292 Poderes paranormais

13. D. K. Sokol, C. A. Moore, R. J. Rose, C. J. Williams, T. Reed e J. C. Christian. "Intrapair differences in personality and cognitive ability among young monozygotic twins distinguished by chorion type", *Behavior Genetics* 25, 5 (1995): 457-66.

Capítulo 4: CLARIVIDÊNCIA: A HABILIDADE DA VISÃO REMOTA

1. E. Haraldsson e J. M. Houtkooper, "Psychic experiences in the Multinational Human Values Study: Who reports them?" *Journal of the American Society for Psychical Research* 85 (1991): 145-65.

2. Gina Cerminara, *Many Mansions: The Edgar Cayce Story on Reincarnation* (Nova York: Signet Books, 1967).

3. K. Paul Johnson, *Edgar Cayce in Context: The Readings: Truth and Fiction* (Albany: SUNY Press, 1998).

4. Edgar E. Cayce e Hugh L. Cayce, *The Outer Limits of Edgar Cayce's Power* (Nova York: Paraview, 2004).

5. C. Norman Shealy e Caroline Myss, *The Creation of Health* (Walpole, NH: Stillpoint Publishing, 1988).

6. C. Tart, "A psychophysiological study of out-of-the-body experiences in a selected *subject*", *Journal of the American Society for Psychical Research* 62, 1 (1968): 3-27.

7. Russell Targ e Harold Puthoff coordenaram a pesquisa entre 1972 e 1986, e Edwin C. May coordenou-a de 1986 até a conclusão, em 1995. Os últimos quatro anos do programa foram na Scientific Applications International Corporation (SAIC), um fornecedor militar.

8. Apesar da Guerra Fria ter sido considerada um incentivo, uma parte das pesquisas do SRI foi realizada, efetivamente, em colaboração com a União Soviética, sob os auspícios da Academia de

Ciências da URSS. Targ conduziu dois experimentos entre Moscou e São Francisco em 1984, com um famoso paranormal russo chamado Djuna Davitashvili. A uma distância de mais de 16 mil quilômetros, Djuna descreveu com precisão onde um colega do SRI se esconderia duas horas depois em São Francisco.

9. James Spottiswoode, "Geomagnetic fluctuations and free-response anomalous cognition: A new understanding", *Journal of Parapsychology 6 (1997)*.

10. Ingo Swann, *Natural ESP* (Nova York: Bantam Books, 1987).

11. A latitude e a longitude eram geralmente fornecidas em código binário, uma série de combinações entre os números 1 e 0, que pode ser usada para representar qualquer número. Por exemplo, 110, em código binário, é o número 6.

12. Joe McMoneagle, *Remote Viewing Secrets* (Charlottesville, VA: Hampton Roads, 2000).

13. Russell Targ e Jane Katra, *Miracles of Mind: Exploring Non-local Consciousness and Spiritual Healing* (Novato, CA: New World Library, 1998).

14. B. Dunne e R. Jahn, "Information and uncertainty in remote perception research", *Journal of Scientific Exploration* 17, 2 (2003): 207-42.

15. H. Reed, "Intimacy and psi: An initial exploration", *Journal of the American Society for Psychical Research* 88 (1994): 327-60.

16. Russell Targ, *Limitless Mind* (Novato, CA: New World Library, 2004).

Capítulo 5: O FUTURO É AGORA: EVIDÊNCIAS DE PRECOGNIÇÃO

1. Peter Hurkos, *Psychic: The Story of Peter Hurkos* (Londres: Arthur Barker, 1961).

2. Andrija Puharich, *Beyond Telepathy* (Garden City, NY: Doubleday, 1962).

3. Ward Hill Lamon, *Recollections of Abraham Lincoln 1847-1865*, disponível no momento através da série especial Legacy Reprint Series, da Kessinger Publishing LLC.

4. Heinz Pagels, *The Cosmic Code: Quantum Physics as the Language of Nature* (Nova York: Simon and Schuster, 1982).

5. John W. Dunne, *An Experiment with Time* (Charlottesville, VA: Hampton Roads, 2001).

6. John B. Priestley, *Man and Time* (Londres: Aldus Books, 1964).

7. S. Krippner, M. Ullman e C. Honorton, "A precognitive dream study with a single subject", *Journal of the American Society for Psychical Research* 65 (1971): 192-203; "A second precognitive dream study with Malcolm Besant", *Journal of the American Society for Psychical Research* 66 (1972): 269-79.

8. C. Honorton e D. C. Ferrari, "Future telling: A meta-analysis of forced-choice precognition experiments, 1935-1987", *Journal of Parapsychology* 53 (1989): 281-308.

9. B. J. Dunne, R. G. Jahn e R. D. Nelson, "Precognitive remote perception", *Princeton Engineering Anomalies Research Laboratory Report*, agosto 1983.

10. Russell Targ e Jane Katra, *Miracles of Mind: Exploring Non-local Consciousness and Spiritual Healing* (Novato, CA: New World Library, 1998).

11. Dean Radin, *Mentes interligadas: Evidências científicas da telepatia, da clarividência e de outros fenômenos psíquicos* (Nova York: Pocket Books, 2006).

12. Ibid.

13. Ibid.

14. Joseph B. Rhine, "The present outlook on the question of psi in animals", *Journal of Parapsychology* 15, 4 (1951): 230-51.

NOTAS

15. J. G. Craig e W Treurniet, "Precognition in rats as a function of shock and death", in W. G. Roll, R. L. Morris e J. D. Morris, (eds.), *Research in Parapsychology* (Metchuen, NJ: Scarecrow Press, 1973).

16. Phyllis Atwater, *Future Memory* (Charlottesville, VA: Hampton Roads, 1999).

17. Os sonhos têm sido um das principais fontes de profecias, desde os tempos mais remotos. Os sonhos eram tão valorizados que os reis, como Nebuchadnezzar, usavam os intérpretes de sonhos para orientá-los em seus assuntos de estado. Um dos primeiros registros formais de sonhos proféticos data de 2000 a.C. (o papiro egípcio de Deral-Madineh). Durante essa era, os egípcios construíram templos especificamente para dormir, de modo a induzir os sonhos. As teorias sobre a origem dos sonhos proféticos diferem de acordo com as religiões. Muitas culturas antigas, incluindo a egípcia e a judaica, acreditavam que os sonhos eram revelações divinas. A Bíblia tem cerca de setenta referências a tais sonhos e visões. Já os hindus, em vez de compreender os sonhos como um dádiva de Deus, atribuíam todos eles à alma do sonhador. As antigas escrituras védicas (1500-1000 a.C.) consideravam que os sonhos telepáticos e proféticos eram evidências da viagem da alma para fora do corpo, a fim de percorrer mundos distintos durante os sonhos.

Capítulo 6: A MENTE SOBRE A MATÉRIA: EVIDÊNCIAS DE PSICOCINESE

1. Brendan O'Regan e Caryle Hirshberg, *Spontaneous Remission: An Annotated Bibliography* (Sausalito, CA: Institute of Noetic Sciences, 1993); Tilden Everson e Warren Cole, *Spontaneous Regression of Cancer* (Filadélfia: W B. Saunders Company, 1966).

2. R. C. Byrd, "Positive therapeutic effects of intercessory prayer in a coronary care unit population", *Southern Medical Journal* 81 (1988): 826-29.

3. Larry Dossey, *Prayer Is Good Medicine* (Nova York: Harper-Collins, 1996).

4. Leonid L. Vasiliev, *Experiments in Mental Suggestion,* tradução A. Gregory (Londres: Institute for the Study of Mental Images, 1963). Disponível no momento através da Hampton Roads.

5. William Braud, *Distant Mental Influence* (Charlottesville, VA: Hampton Roads, 2003).

6. Ibid.

7. N. Richmond, "Two series of PK tests on paramecia", *Journal of the American Society for Psychical Research* 46 (1952): 577-87.

8. C. B. Nash, "Psychokinetic control of bacterial growth", *Journal of the American Society for Psychical Research* 51 (1982): 217-331.

9. Braud, *Distant Mental Influence.*

10. Russell Targ, *Limitless Mind* (Novato, CA: New World Library, 2004).

11. A PEAR encerrou suas atividades, depois de décadas dedicadas à pesquisa.

12. B. J. Dunne, "Gender differences in human/machine anomalies", *Journal of Scientific Exploration* 12, 1 (1998): 3-55.

13. Dean Radin, "Exploring relationships between random physical events and mass human attention: Asking for whom the bell tolls", *Journal of Scientific Exploration* 16, 4 (2002): 533-48.

14. Dean Radin, *The Conscious Universe: The Scientific Truth of Psychic Phenomena* (Nova York: HarperCollins, 1997).

15. Ibid.

16. J. M. Schwartz, P. W. Stoessel, L. R. Baxter et al., "Systematic changes in cerebral glucose metabolic rate after successful behavior

NOTAS 297

modification treatment of obsessive-compulsive disorder", *Archives of General Psychiatry* 53 (1996): 109-13.

17. Esse trabalho foi apresentado em fevereiro de 2005, no encontro anual da Sociedade Americana Para o Progresso da Ciência.

Capítulo 7: ELA ESTAVA FORA DA MENTE OU FORA DO CORPO?

1. Edward Kelly, Emily Kelly, et al., *Irreducible Mind* (Lanham. MD: Rowman and Littlefield, 2007).

2. C. S. Alvarado, "Out-of-body experiences", in Etzel Cardenia, Steven J. Lynn e Stanley Krippner (eds.), *Varieties of Anomalous Experience* (Washington, DC: American Psychological Association, 2000).

3. C. S. Alvarado, "ESP and out-of-body experiences: A review of spontaneous studies", *Parapsychology Review* 14, 4 (1983): 11-13.

4. Alvarado, "Out-of-body experiences".

5. H. Ehrsson, "The experimental induction of out-of-body experiences", *Science, August 23, 2007*.

6. Henrik Ehrsson e seus colegas fizeram um estudo de neuroimagem durante a ilusão da mão de borracha. Essa ilusão acontece quando uma mão de borracha é posicionada de modo a parecer que é o prolongamento do braço de alguém, enquanto a mão verdadeira e sua conexão com o braço ficam escondidas. Quando ambas as mãos, a de borracha e a verdadeira, são acariciadas em locais semelhantes ao mesmo tempo, o sujeito experiencia a carícia como se ela tivesse ocorrido apenas na mão de borracha. Voluntários de teste também recuavam quando Ehrsson ameaçava esmagar a mão de borracha com seu punho e ficavam surpresos quando não conseguiam mover os dedos das mãos de borracha. Embora os sujeitos estivessem a par da configuração

298 Poderes paranormais

do experimento, continuavam reagindo dessa forma à ilusão sensorial. A neuroimagem mostrou uma atividade aumentada no córtex pré-motor, que processa sensações como dor, tato, vibrações, propriocepção (a capacidade de reconhecer a localização espacial das partes do corpo) e temperatura. A informação proveniente do sistema visual não apenas influenciava o córtex pré-motor como também tinha um peso maior quando o sujeito tinha de decidir onde estava a sua mão.

7. R. L. Morris, S. Harary et al., "Studies of communication during out-of-body experiences", *Journal of the American Society for Psychical Research* 72 (1978): 1-21.

8. C. Tart, "A psychophysiological study of out-of-the-body experiences in a selected subject", *Journal of the American Society for Psychical Research* 62, 1 (1968): 3-27.

9. M. A. Persinger, W. G. Roll et al., "Remote viewing with the artist Ingo Swann: Neurological profile, electroencephalographic correlates, magnetic resonance imaging (MRI), and possible mechanisms", *Perceptual and Motor Skills* 94 (2002): 927-49.

10. A atividade foi descrita como "pico de 7 hertz e ondas baixas".

11. O. Blanke, S. Ortigue, T. Landis et al., "Stimulating own-body perceptions", *Nature* 419 (2002): 269-70.

12. O giro angular direito está associado ao processamento visual-espacial e à orientação espacial do corpo. O giro angular direito é quase sempre significativamente menor do que o giro angular esquerdo, associado à linguagem.

13. O. Blanke, T. Landis et al., "Out-of-body experiences and autoscopy of neurological origin", *Brain* 12, 2 (2004): 243-58

14. M. Niznikiewicz et al., "Abnormal angular gyrus asymmetry in schizophrenia", *American Journal of Psychiatry* 157 (2000): 428-37.

NOTAS

15. S. J. Blackmore, "Out-of-body experiences in schizophrenia: A questionnaire survey", *Journal of Nervous and Mental Disease* 174 (1986): 615-19.

16. Stephen LaBerge, *Lucid Dreaming* (Los Angeles, Tarcher, 1985).

17. K. Nelson, M. Mattingly e F. Schmitt, "Out-of-body experience and arousal", *Neurology* 68, 10 (2007): 794-95.

18. Tais alucinações e paralisias durante o sono são dois dos quatro sintomas da narcolepsia, mas também podem ocorrer em pessoas cujos ciclos de sono tenham sido severamente perturbados, como depois de um longo período de privação de sono. Estudos epidemiológicos da prevalência da paralisia do sono na população em geral apresentaram coeficientes estimados entre 6% e 11%.

19. Phyllis M. H. Atwater e David H. Morgan, *The Complete Idiot's Guide to Near-Death Experiences* (Indianapolis, IN: Alpha Books, 2000).

20. Kenneth Ring, *Heading Toward Omega: In Search of the Meaning of the Near-Death Experience* (Nova York: Morrow, 1984).

21. J. E. Owens, E. W. Cook (Kelly) e I. Stevenson, "Features of 'near-death experience' in relation to whether or not patients were near death", *Lancet* 336 (1990): 1175-77.

22. K. Ring e S. Cooper "Near-death and out-of-body experiences in the blind: A study of apparent eyeless vision", *Journal of Near-Death Studies* 16 (1997): 101-47.

23. J. E. Whinnery, "Psychophysiologic correlatcs of unconsciousness and near-death experiences", *Journal of Near-Death Studies* 15 (1997): 231-58.

24. Atwater e Morgan, *The Complete Idiot's Guide to Near-Death Experiences.*

25. Michael Sabom, *Recollections of Medical Death: A Medical Investigation* (Nova York: Harper and Row, 1982).

26. Michael Sabom, *Light and Death: One Doctor's Fascinating Account of Near-Death Experiences* (Grand Rapids, MI: Zondervan, 1998).

27. M. A. Persinger, "Near-death experiences: Determining the neuroanatomical pathways by experiential patterns and simulation in experimental settings", in L. Besette (eds.), *Healing: Beyond suffering or death* (Chabanel, Quebec: MNH, 1994), 277-86.

28. O glutamato é um neurotransmissor excitatório, o que significa que ele aumenta a atividade cerebral. Embora a quetamina bloqueie os receptores de glutamato, isso não resulta em uma atividade diminuída no cérebro como um todo. A atividade diminui no lobo frontal, mas tem um efeito secundário no aumento da liberação do glutamato e da atividade dos lobos temporais. J. F. Deakin et al., "Glutamate release and the neural basis of the subjective effects of ketamine", *Archives of General Psychiatry* 65, 2 (2008): 154-64.

29. Muitas dessas drogas são extremamente tóxicas e a superdosagem pode causar vacúolos, ou pequenos buracos, no cérebro. As mulheres são mais suscetíveis a isso do que os homens, talvez porque seus sistemas límbicos sejam ligeiramente diferentes.

30. K. L. R. Jansen, "The ketamine model of the near-death experience: A central role for the N-methyl-D-aspartate receptor", *Journal of Near-Death Studies* 16 (1997): 5-26.

31. J. C. Gillin, J. Kaplan et al., "The psychodelic model of schizophrenia: The case of N,N,-dimethyltryptamine", *American Journal of Psychiatry* 133 (1976): 203-8.

32. Richard Strassman, *DMT: The Spirit Molecule* (Rochester, VT: Park Street Press, 2001).

33. A glândula pineal contém os maiores níveis cerebrais de ingredientes necessários para a produção da DMT. Isso inclui níveis

mais altos de serotonina do que qualquer outra parte do corpo, enzimas para converter a serotonina em triptamina e concentrações extremamente elevadas de enzimas (metiltransferases), essenciais para a conversão da triptamina em DMT.

34. J. C. Callaway, H. Morimoto, J. Gynther et al., "Synthesis of (3H) pinoline, an endogenous tetrahydro-beta-carboline", *Journal of Labelled Compounds and Radiopharmaceuticals* 31 (1992): 355-64.

35. O maior relógio biológico de nosso corpo é o núcleo supraquiasmático (SCN, na sigla em inglês), um conjunto de células localizado no hipotálamo, parte do sistema límbico. O SCN recebe informações sobre luminosidade das retinas e do fundo dos olhos através de um feixe de fibras conectoras, denominado trato retino-hipotalâmico. O SCN envia, então, os sinais de volta à glândula pineal, influenciando a produção da melatonina.

O trato retino-hipotalâmico não é a única forma pela qual a luminosidade influencia a glândula pineal. Um estudo com ratos cegos, sem nenhum receptor retinal (receptores no fundo dos globos oculares), descobriu que sua produção de melatonina era normal. Isso era um indício de que a pineal conseguiria perceber diretamente a luz do sol. Outra evidência proveio da terapia da luz, usada para tratar o distúrbio afetivo sazonal, uma forma de depressão que ocorre nos dias mais curtos do outono e nos meses de inverno. A luz eficaz para tratamentos precisa ter a mesma lux (intensidade) que a luz solar, mas pode incidir sobre a parte posterior dos joelhos, em vez dos olhos, e, ainda assim, produzir o mesmo efeito benéfico. Acredita-se que os benefícios com a terapia da luz sejam um resultado da redefinição do relógio biológico.

36. O termo *energia/matéria* é utilizado porque a energia e a matéria podem ser convertidas uma na outra.

302   Poderes paranormais

37. Atwater e Morgan, *The Complete Idiot's Guide to Near-Death Experiences*.

38. J. Doyon e B. Milner, "Right temporal lobe contribution to global visual processing", *Neuropsychologia* 29 (1991): 343-60.

Capítulo 8: A EVOLUÇÃO E AS EXTRAORDINÁRIAS HABILIDADES HUMANAS

1. René Warcollier publicou um livro intitulado *La Télépathie* em 1921, e outro intitulado *Mind to Mind*, em 1948. Ele acreditava que os erros encontrados comumente em desenhos telepáticos eram uma pista para o mecanismo da telepatia. Os componentes dos desenhos eram rearranjados em padrões que lhe chamaram a atenção por se assemelharem à maneira que nossos sonhos processam as informações. Eles revelavam um processo não linear e mais primitivo do que o pensamento comum.

2. Rupert Sheldrake, *Dogs That Know When Their Owners Are Coming Home* (Nova York: Three Rivers Press, 1999).

3. J. Tolaas, "Vigilance theory and psi. Part I: Ethological and phylogenetic aspects", *Journal of the American Society for Psychical Research* 80,4 (1986). Embora a teoria de Tolaas fosse apenas sobre mamíferos, também poderia ser aplicada aos pássaros. A teoria foi desenvolvida por Montague Ullman nos anos 1950.

4. A base para esta afirmação não é clara, mas é possível que tenha se originado do exame de bebês prematuros.

5. Phyllis M. H. Atwater e Dave H. Morgan, *The Complete Idiot's Guide to Near-Death Experiences* (Indianápolis, IN: Alpha Books, 2000).

6. M. Jouvet, "The function of dreaming: A neurophysiologist's point of view", in *Handbook of Psychobiology* (Nova York: Academic Press, 1975).

NOTAS

7. Em um pequeno percentual de pessoas, a linguagem encontra-se do lado direito do cérebro. Alguns a têm em ambos os lados.

8. A. R. Braun et al., "Regional cerebral blood flow throughout the sleep-wake cycle. An H_2O PET study" *Brain*, 120 (1997): 1173-97.

9. G. Baylor, "What do we really know about Mendeleev's dream of the periodic table? A note on dreams of scientific problem solving", *Dreaming* II, 2 (2001): 89-92.

10. O. T. Benfrey, "August Kekulé and the birth of the structural theory of organic chemistry in 1858", *Journal of Chemical Education*, 35 (1958), 21-23.

11. Daniel Tammet, *Born on a Blue Day* (Nova York: Free Press, 2006).

12. Pi é a constante matemática que, ao ser multiplicada por seu diâmetro, propicia o cálculo da circunferência de círculos. Ela é usualmente arredondada para 3,14, mas os números depois da unidade decimal parecem estender-se até o infinito.

13. Peek havia lido 9 mil livros até 2006, quando estava com 55 anos de idade. O número registrado em 2007 foi de 12 mil livros.

14. B. Rimland e D. Fein, "Special talents of autistic savants", in L. K. Obler e D. Fein (eds.), *The Exceptional Brain* (Nova York: Guilford Press, 1988), 474-92. Darold A. Treffert, *Extraordinary People* (Londres: Bantam, 1989).

15. T. L. Brink, psicólogo do Crafton Hills College, na Califórnia, publicou um estudo em 1980 sugerindo que as mudanças no hemisfério esquerdo eram importantes na síndrome de *savant*. Um menino normal de nove anos de idade tornou-se surdo-mudo e ficou paralisado do lado direito do corpo quando uma bala atingiu seu cérebro esquerdo. Ele desenvolveu habilidades mecânicas de autista Savant depois do acidente e conseguiu reparar bicicletas de múltiplas marchas e inventar diversos dispositivos.

16. H. Koshino, P. Carpenter, et al., "Functional connectivity in fMRI working memory task in high-functioning autism", *Neuroimage* 24 (2005): 810-21.

17. A sinestesia tem intrigado os cientistas há três séculos. Sinestésicos famosos incluem o autor russo Vladimir Nabokov, o pintor alemão Wassily Kandinsky, o artista norte-americano David Hockney e os compositores russos Alexander Scriabin e Nikolay Rimsky-Korsakov. As pessoas familiarizadas com suas obras podem perceber com facilidade a maneira pela qual a sinestesia as moldou. Nabokov, por exemplo, frequentemente usa sentidos variados na descrição das coisas. A primeira vez que li sobre sinestesia foi no livro *The Man Who Tasted Shapes,* de Cytowic, que tratava de um homem que percebia sistematicamente formas geométricas específicas em sua língua, associadas a gostos específicos. Por exemplo, sempre que comia algo com sabor de menta, também sentia colunas de vidro frias. Esta é uma das formas mais raras de sinestesia. A mais comum (121 dentre 165 casos estudados) é ver cores em torno de letras, a chamada sinestesia léxica. Por exemplo, um sinestésico afirma que a letra *b* tem sempre a cor azul marinho, o *a* é azul cinzento, e o *c* é vermelho alaranjado.

18. V. S. Ramachandran e E. M. Hubbard, "Hearing colors, tasting shapes", Scientific American.com, 13 de abril, 2003.

19. Aleksandr Luria, *The Mind of a Mnemonist* (Cambridge, MA: Harvard University Press, 1968).

20. Estudos mais recentes usaram a tomografia de emissão de pósitrons, que também utiliza radioatividade para identificar a atividade relativa de regiões cerebrais. Tais estudos eram sobre a forma mais comum de sinestesia (cores associadas a palavras) e demonstraram aumentos dramáticos tanto no córtex visual quanto no de processamento de linguagem. Baron-Cohen

observou que as crianças têm um aumento significativo semelhante em resposta a estímulos auditivos e visuais, assim como os sinestésicos. Ele sugeriu que *todos nós* nascemos sinestésicos, mas que nossos sistemas sensoriais se separam depois dos seis meses de idade. Segundo Baron-Cohen, as pontes entre essas áreas continuam existindo nos sinestésicos. Isso corrobora as hipóteses de Donna Eden, autora de *Energy Medicine*, que acredita que todos nós nascemos vendo auras, mas essa habilidade desapareceria, em muitos de nós, nos primeiros anos de vida. S. Baron-Cohen, J. Harrison, J. Goldstein e M. Wyke, "Coloured speech perception: Is synaesthesia what happens when modularity breaks down?" *Perception* 22 (1993): 419-26. Donna Eden e David Feinstein, *Energy Medicine* (Nova York: Penguin Putnam, 1998). O comentário sobre auras foi feito durante a apresentação de Eden na conferência sobre Ciência e Consciência, em Albuquerque, em abril de 2004.

21. Grossenbacher foi citado por Brad Lemley em seu artigo "Do you see what they see?" *Discover*, dezembro de 1999, 87.
22. J. P. McKane e A. M. Hughes, "Synaesthesia and major affective disorder", *Acta Psychiatrica Scandinavica* 77, 4 (1988): 493-94.

Capítulo 9: A CONSCIÊNCIA EM COMPARTIMENTOS

1. Os termos *hemisférios direito* e *esquerdo* (como na citação de Sperry no início deste capítulo) são sinônimos de *cérebro direito* e *esquerdo*. Ambos são compostos pelos córtices dos lobos frontal, temporal, parietal e occipital. O córtex é a seção mais exterior do cérebro e está associada ao processamento de alto nível de informações.

2. Embora o hemisfério esquerdo esteja associado à linguagem na maioria das pessoas, isso só é verdadeiro em cerca de 90% a 95% dos adultos destros, e em 60% dos canhotos. No restante dos canhotos, metade deles apresenta a linguagem no hemisfério direito, e a outra metade dividida entre os dois hemisférios. Além disso, a tendência de que a linguagem predomine em um dos lados se aplica mais ao caso de homens heterossexuais, não musicais e destros. Mulheres, homens homossexuais e músicos têm a linguagem dividida entre os dois hemisférios, mesmo que ela esteja mais notadamente representada em um dos lados. Essa presença da linguagem no hemisfério direito pode explicar por que esses três grupos, de um modo geral, estão mais conectados com suas emoções e têm um interesse ligeiramente maior na espiritualidade do que homens não musicais, heterossexuais e destros.

3. As funções foram inicialmente atribuídas observando os resultados de lesões específicas. Além disso, as ondas cerebrais registradas pelo EEG mostram diferenças dependendo de qual dos hemisférios encontra-se mais ativo. O hemisfério mais ativo geralmente apresentará mais ondas beta, e o menos ativo mais ondas alfa. A mais recente tecnologia de neuroimagem confirmou tais diferenças.

4. Décadas atrás, os hemisférios direito e esquerdo dos pacientes eram desconectados cirurgicamente um do outro para prevenir a propagação de convulsões. Aparentemente, os pacientes pareciam e se sentiam normais. Pelo fato da comunicação interna do cérebro ter sido comprometida, cada lado do cérebro podia ser testado independentemente um do outro. Quando se pedia ao sujeito que examinasse um objeto com o olho e a mão direitos, ele conseguia nomeá-lo, mas não conseguia explicar para que servia o objeto. O lado direito do corpo usa o cérebro es-

querdo, que é capaz de usar a linguagem, mas não consegue entender a função de um objeto. A mão e o cérebro esquerdos usam o cérebro direito e conseguem demonstrar o uso prático do objeto, mas são incapazes de nomeá-lo, porque o cérebro direito entende a função, e não a linguagem. Aqueles que têm conexões intactas entre os dois hemisférios conseguem nomear um objeto que seguram com a mão esquerda acessando seu nome do lado direito. Pacientes com o "cérebro dividido" também têm duas autoimagens. Pediu-se a um paciente com alguma capacidade linguística no cérebro direito que apontasse para o nome de sua carreira preferida. Seu cérebro esquerdo (mão direita) apontou para "desenhista", e seu cérebro direito (mão esquerda) para "piloto de carro de corrida". Seu cérebro esquerdo fez uma escolha pragmática, e o direito escolheu o sonho. Alguns dos pacientes com "cérebro dividido" desconheciam o que uma de suas mãos estava fazendo. Um paciente tentou tirar suas calças, enquanto tentava colocá-las com a outra mão. Outro homem segurou sua esposa e sacudiu-a violentamente com a mão esquerda, enquanto a mão direita tentava intervir. Um terceiro paciente deu um tapa em seu cachorro com a mão esquerda, enquanto o acariciava com a direita. A mão esquerda é controlada pelo hemisfério direito, mais agressivo ou violento. A palavra esquerdo tem as mesmas origens da palavra *sinistro,* e pode ter derivado de antigas observações de pessoas com lesões cerebrais, cuja mão esquerda era mais violenta. O controle da agressividade maior do cérebro direito pode ser uma das razões pelas quais o cérebro esquerdo domina o direito, conseguindo manter as intenções deste último inconscientes. Rosadini realizou experimentos com pessoas normais, anestesiando alternativamente cada metade de seus cérebros através da injeção de sódio amital na artéria carótida esquerda ou direita. Quando apenas o cérebro direito ficava ligado, elas se mostravam mais deprimidas. E se mostravam eufóricas quando apenas o cérebro esquerdo ficava ligado. A pesquisa de Dimond mostrou que o cérebro direito tendia a considerar certos filmes mais "desagradáveis" ou "terríveis" do que o esquerdo. O lobo frontal esquerdo é mais responsivo à música alegre, e o lobo frontal direito responde mais à música atemorizante e triste. Pesquisas com recém-nascidos, feitas por Richard Davidson, demonstraram que tais diferenças emocionais entre as ondas do cérebro estão presentes desde o nascimento, não sendo resultantes da aprendizagem. Essa diferença pode ser comprovada como o padrão geral pelo seguinte teste: considere primeiro a foto do rosto de alguém. Crie, então, um desenho que seja o espelho desta imagem. Corte ambas as figuras ao meio e coloque as duas metades esquerdas e as duas metades direitas lado a lado. O lado esquerdo do rosto é controlado pelo cérebro direito, e mostra emoções mais intensas. Deste modo, a composição com as duas metades esquerdas parece mais emotiva do que a composição com as metades direitas, especialmente se, ao desenhar, a pessoa estivesse sentindo emoções negativas. Uma das razões pelas quais o sorriso de Mona Lisa é chamado de "enigmático" é porque ela está sorrindo somente com o lado esquerdo de seu rosto, algo controlado pelo cérebro direito. Subconscientemente, esperamos que o lado mais feliz do rosto seja o direito. S. J. Dimond, L.. Farrington, P. Johnson, "Differing emotional response from right and left hemisphere", *Nature* 261 (1976): 690-92; R. J. Davidson e N. A. Fox, "Asymmetrical brain activity discriminates between positive and negative affective stimuli in human infants", *Science* 218 (1982): 1235-37; G. Rosadini e G. F. Rossi, "On the suggested cerebral dominance for consciousness", *Brain* 90 (1967): 101-12.

NOTAS 309

5. O uso ativo do cérebro direito na língua hebraica pode ter contribuído para seu caráter sagrado e o poderoso papel que ela ocupa no estudo religioso e em rituais, uma vez que o cérebro direito está envolvido na espiritualidade.

6. Trata-se de especulação, mas as diferenças de orientação entre as formas de escrita de linguagens fonéticas são, provavelmente, um resultado da programação do cérebro. Uma vez que o cérebro direito faz-se necessário quando não há vogais, provavelmente as pessoas acham mais fácil ler quando escrevem dessa forma, da mesma maneira que a maioria das pessoas acha mais fácil segurar o telefone no ouvido esquerdo, o que ativa o cérebro esquerdo, no qual, na maioria de nós, a linguagem está armazenada.

7. Lesões no cérebro esquerdo são muito mais comuns do que lesões no cérebro direito, por causa das diferenças de circulação entre os dois lados. Pelo menos quatro entre cinco derrames ocorrem do lado esquerdo, afetando, assim, o lado direito do corpo. O cérebro esquerdo também é mais suscetível dentro do útero e durante os partos traumáticos.

8. De um modo geral, as pessoas com lesões no cérebro direito não conseguem captar o sentido de piadas ou perceber o sarcasmo. Se o sinal telefônico estiver fraco e elas perderem uma em cada cinco palavras, geralmente passarão por mais dificuldades para acompanhar a conversa do que alguém com o cérebro direito intacto. Lesões no cérebro direito também podem causar um acentuado descaso pela metade esquerda do mundo. Por exemplo, se estas pessoas forem solicitadas a desenhar um relógio, colocarão todos os 12 números do lado direito. Podem, até mesmo, negar que a metade esquerda de seu corpo lhes pertence. Há um caso famoso, de um homem que sofreu um derrame no cérebro direito e passou a se jogar da cama, porque pensava

310 Poderes paranormais

que o lado esquerdo de seu corpo pertencia a um outro homem que estaria na cama com ele. As lesões no cérebro direito também podem fazer com que o sujeito perca a habilidade de organizar seu mundo perceptivo. Jürgen Lange estudou tais pacientes e descobriu que eles ficaram totalmente incapacitados. Eles não conseguiam determinar se os objetos estavam no primeiro plano ou em planos mais afastados. Também se mostraram tão desorientados que não conseguiam andar, ficar em pé ou, até mesmo, dizer onde estavam. Robert Ornstein, *The Right Mind: Making sense of the Hemispheres* Nova York: Harcourt Brace & Company), 59.

9. As ondas cerebrais durante a meditação eram predominantemente do nível delta, de um a três ciclos por segundo (cps), e theta, de quatro a sete cps, em vez do nível alfa usual, de oito a 12 cps, ou beta, de 13 a trinta cps.

10. Mihaly Csikszentmihalyi, *Flow: The Psychology of Optimal Experience* (Nova York: Harper and Row, 1990).

11. E. G. d'Aquili e A. Newberg, "The neuropsychology of aesthetic, spiritual & mystical states", in R. Joseph (ed.), *Neurotheology: Brain, Science, Spirituality, Religious Experience* (San Jose, CA: University Press, 2002).

12. J. Schlag, M. Schlag-Rey, C. Peck et al., "Visual responses of thalamic neurons depending on the direction of gaze and the position of targets in space", *Experimental Brain Research* 40 (1980): 170-84.

13. James Austin, *Zen and the Brain* (Cambridge, MA: MIT Press, 1999), 491.

14. T. Ono, K. Nakamura, M. Fukuda et al., "Place recognition responses of neurons in monkey hippocampus", *Neuroscience Letters* 121 (1991): 194-98.

15. A amídala é parte do sistema límbico e participa da inibição latente.

NOTAS   311

16. A cegueira à mudança foi explorada primeiro por George Mc-
    Conkie, no fim dos anos 1970, mas o termo foi cunhado por
    Ronald Rensink, em 1997. George W. McConkie e Christopher
    Currie, "Visual stability across saccades while viewing complex
    pictures", *Journal of Experimental Psychology: Human Perception
    and Performance* 22, 3 (1996): 563-81; Ronald Rensink, Kevin
    O'Regan e James Clark, "To see or not to see: The need for atten-
    tion to perceive changes in scenes", *Psychological Science* 8, 5
    (1997): 68-73.

Capítulo 10: A CONSCIÊNCIA E A REDE DA VIDA

1. C. G. Jung, "Synchronicity: An acausal connecting principle",
   in *The Collected Works of C. G. Jung* (Princeton: Bollingen,
   1973), 8:15.

2. Há experiências místicas "introvertidas" e "extrovertidas". Nas
   primeiras, todos os objetos físicos e mentais parecem desaparecer e surge uma consciência unificada. Isso é acompanhado por
   sentimentos de felicidade e paz. Nas últimas, os objetos materiais não parecem desaparecer, mas são percebidos como se tivessem uma unidade subjacente.

3. Thomas Cleary, *Entry Into the Realm of Reality: A Guide* (Boston: Shambhala Publications, 1989), 1190-91.

4. Newberg e seus colegas usaram a SPECT (tomografia computadorizada por emissão de fóton único) para medir a atividade cerebral.

5. Nossos cérebros geralmente criam uma perspectiva singular do
   mundo e não nos permitem perceber as interconexões entre os
   objetos. Mudanças na atividade cerebral podem fragmentar
   nossa perspectiva singular. A analogia com o peixe me fez lembrar as EFCs de meu paciente, nas quais ele testemunhava as

cenas tanto de sua perspectiva corporal usual quanto de um ponto de vista panorâmico, do alto.

6. Fritjof Capra, *The Tao of Physics,* quarta edição (Boston: Shambhala Publications, 2000), 68.

7. Há certos parâmetros necessários. O sincronismo entre os dois pêndulos parará se eles forem colocados a mais de 1,80m de distância um do outro ou se estabelecerem um ângulo de noventa graus entre si.

8. Um objeto selecionará preferencialmente sua frequência de ressonância quando estimulado por uma complexa combinação de frequências. Ele vibrará em sua própria frequência e filtrará as outras. Se golpearmos uma mola suspensa que tenha um tijolo preso à parte de baixo, de início ela balançará erraticamente, mas, ao fim, vai estabelecer um ritmo que é a sua frequência natural. As vibrações de uma frequência de ressonância podem ter vários efeitos poderosos. Podem criar um ciclo de retroalimentação que aumente o sinal. É por isso que o vidro se rompe quando uma onde, sonora o atinge em sua frequência de ressonância. Nikola Tesla, o inventor da corrente AC e dos geradores AC, quase derrubou um prédio ao aplicar-lhe vibrações em sua frequência de ressonância.

9. Os átomos são formados por elétrons, nêutrons e prótons; e os nêutrons e prótons são formados por *quarks*. O nível abaixo dos *quarks* é composto por "cordas", segundo a teoria das cordas.

10. Em temperaturas próximas ao zero absoluto, a matéria pode se tornar uma supercondutora, pois não há nenhuma resistência. A matéria resultante não é um gás, líquido, sólido ou plasma. Os átomos se fundem em um agrupamento indistinto, sem identidades separadas. Esse agrupamento é chamado de condensado de Bose-Einstein. Vaticinado por Satyendra Bose e Albert Einstein em 1925, foi demonstrado em 1995, quando Eric

NOTAS

Cornell e Carl Wieman conseguiram resfriar a matéria a 20 bilhões de graus abaixo do zero absoluto.

11. A mais simples evidência experimental da existência da energia do ponto zero na teoria do campo quântico é o efeito Casimir. Esse efeito foi proposto em 1948 pelo físico holandês Hendrik B. G. Casimir. Feynman é citado na obra de Lynne McTaggart, *The Field: The Quest For the Secret Force of the Universe,* (Nova York: Harper Collins, 2002), 23-24.

12. Por exemplo, dois pontos quaisquer podem ser conectados desenhando-se uma linha entre eles, o que aumenta as dimensões de zero (um ponto não tem nenhuma dimensão) para uma (uma linha tem uma dimensão). Não poderemos ver a linha de conexão se nossa visão estiver limitada pela ausência de dimensões; veríamos apenas os pontos. Três pontos podem ser conectados no espaço para formar um triângulo, o que aumenta as dimensões de uma para duas. Mas se não pudermos perceber essa segunda dimensão, veremos apenas uma linha e um ponto. Um cuarto ponto sobre o triângulo pode ser conectado para formar uma pirâmide, mas não a veremos se não pudermos perceber a terceira dimensão.

13. Muito do que sabemos sobre o Big Bang provém de cálculos matemáticos usando a atual taxa de expansão do universo, as medidas da radiação cósmica de fundo e a maneira pela qual os elementos estão distribuídos no universo. Os cientistas concluíram, a partir destes elementos, que 96% da matéria e da energia do universo não nos são perceptíveis através de qualquer meio direto, e é por isso que chamamos a isso de "escuro".

14. Aspect ganhou a medalha de ouro, em 2005, do CNRS (Centre National de la Recherche Scientifique) por seu trabalho sobre emaranhamento.

15. Zhi Zhao et al., "Experimental demonstration of the fivephoton entanglement and open-destination teleportation", *Nature* 430 (2004): 54-58.

16. As manchetes se referiam de maneira bem-humorada ao potencial do teletransporte com frases como "Faça-me voar, Scotty". Estamos a uma longa distância do teletransporte, mas ele funcionaria da seguinte forma: se duas partículas, A e B, forem aproximadas o suficiente para que possam se emaranhar, elas funcionarão como uma única unidade, mesmo quando estiverem totalmente separadas. Quando uma terceira partícula, C, transfere informação para A, as características de C automaticamente também se transferem para B.

17. Douglas Hofstadter é o físico que ganhou o Prêmio Pulitzer de 1980 por seu livro de não ficção *Gödel, Escher, Bach: um entrelaçamento de gênios brilhantes*.

18. Também conhecido como "dependência sensível das condições iniciais".

19. Essa retenção da mesma forma é conhecida como "autossimilariedade". Foi popularizada por imagens geradas por computador e autossimilares, conhecidas como "fractais". As estruturas fractais são prevalentes na natureza. A forma espiral logarítmica de uma pinha é uma das muitas expressões naturais da sequência matemática chamada de sequência Fibonacci. Tal sequência matemática é derivada da soma dos dois núme os anteriores da sequência para se chegar ao próximo, e assim por diante, ao longo da sequência. Os primeiros nove números da sequência são 1, 1, 2, 3, 5, 8, 13, 21 e 34. O fato de que cada número é derivado do que o precedeu cria a autossimilariedade. Embora essa soma de dois números adjacentes seja uma versão bastante simples da autorreferência, ainda assim ela cria números que não parecem ordenados, até serem mapeados.

Isso contrasta com a sequência 1, 2, 3, 4, 5, 6 etc., que parece estar ordenada mesmo sem gráficos, pois cada número está sofrendo o mesmo grau de mudança, não importando o lugar que ocupe na sequência.

20. Os cientistas ficaram fascinados com estes relatos sobre os vagalumes e publicaram vinte artigos sobre este fenômeno no periódico *Science*, entre 1915 e 1935.

Capítulo 11: A ESSÊNCIA DO TEMPO

1. *The Autobiography of Charles Darwin*, Francis Darwin, ed. (Nova York: Dover, 1958), 8-9.

2. Charles Lindbergh, *The Spirit of St. Louis* (Nova York: Scribner's 1995), 389-91.

3. Tribos norte-americanas com quatro estações, como aquelas das planícies, geralmente pensam o tempo em quatro estágios, e cada estágio é uma preparação para o próximo.

4. Citado por Tim Folger em "In no time: Searching for the essence of time leads to a confounding question: Does it even exist?" *Discover*, 12 de junho, 2007. A amiga era Michele Besso.

5. O mais famoso experimento *gedanken* de Einstein foi o de um gêmeo idêntico viajando em uma nave espacial à velocidade da luz, enquanto o outro gêmeo permanecia na Terra. Quando o gêmeo da nave espacial retornava, percebia que havia envelhecido significativamente menos do que o gêmeo que ficara. Viajar à velocidade da luz desacelera qualquer forma de medição do tempo. Não importa se os relógios usados para medir o tempo sejam de pulso, atômicos ou os relógios biológicos das pessoas. Todos eles diminuiriam seu ritmo se estivessem viajando à velocidade da luz, porque os intervalos de tempo, ou períodos entre os acontecimentos, tornam-se maiores conforme nos aproximamos

da velocidade da luz. O tempo entre os "tics" e os "tacs" se torna maior, e a isso se chama de "dilatação do tempo". Menos tempo teria se passado de acordo com o relógio da espaçonave, porque lá haveria menos "tics" e "tacs" em comparação com o relógio da Terra. A dilatação do tempo é um tanto perturbadora, até que se perceba que o tempo, assim como nosso peso, é somente algo que medimos. É fácil perceber que o peso não é uma constante universal. Vimos astronautas flutuarem no espaço pela televisão, pois nosso peso muda quando a força da gravidade também se altera. Os cálculos comprovam essa relação entre peso e gravidade. Mas os cálculos também mostram uma relação entre a velocidade de deslocamento de um dispositivo de medição do tempo e a própria medição do tempo. As pessoas ainda não viajaram à velocidade da luz, e, portanto, ainda não assistimos uma gravação de televisão mostrando um gêmeo envelhecendo de forma mais lenta sob essas condições.

6. Einstein afirmou, também, que o tempo não pode ser separado do espaço. Ele forma um *continuum*, chamado de "espaço-tempo". Assim como o tempo, o espaço também é mutável. Conforme a velocidade do observador se aproxima da velocidade da luz, as distâncias entre os objetos parecem diferentes do que se observados de uma posição fixa.

7. Einstein comparou o espaço-tempo a um grande lençol de borracha, com nossos planetas e estrelas dispostos sobre ele como bolas de boliche. Quanto mais pesado é o planeta, mais ele arqueia o lençol de borracha, ou o espaço-tempo. Quaisquer objetos pequenos que adentrassem o espaço-tempo curvo em torno do planeta rolariam em sua direção, e é isso que experienciamos como gravidade. Percebemos a gravidade como razoavelmente constante, pois a massa da Terra que causa o encurvamento do espaço-tempo mantem-se constante onde

NOTAS

quer que estejamos na superfície do planeta. A analogia do lençol de borracha não é perfeita, porque o encurvamento do espaço-tempo ocorre em torno da Terra como um todo, e não apenas embaixo dela. Na verdade, não existe algo "embaixo" da Terra, porque não há "em cima" e "embaixo" no espaço. Se o hemisfério sul aparecesse na parte superior do globo terrestre, isso estaria igualmente correto. Nosso globo traz o hemisfério norte na parte de cima porque ele é o local de residência da maioria dos cartógrafos e exploradores.

8. Outra previsão de Einstein era a de que os relógios se adiantariam quando submetidos a uma força gravitacional mais fraca. Em 1976, um foguete levou um relógio de hidrogênio-maser para uma altitude de cerca de 10 mil metros, onde o efeito da gravidade é mais fraco do que na Terra. Depois de duas horas, a marcação do tempo foi comparada à de um relógio idêntico na Terra. O relógio da altitude mais alta havia apresentado um ritmo ligeiramente mais rápido, e suas informações estavam dentro da margem de erro prevista pela equação de Einstein. Em um relógio de hidrogênio-maser, mede-se o tempo através da frequência de emissão de micro-ondas. O relógio na Terra emitiu micro-ondas a 1,42 gigahertz, enquanto o relógio no foguete mostrou-se 1 hertz mais rápido na altitude de 10 mil metros. Embora não pareça uma diferença muito significativa, as emissões do relógio de hidrogênio-maser não diferem tanto na Terra.

9. Números imaginários são definidos como números que contêm a raiz quadrada de -1. Na matemática usual, é impossível encontrar a raiz quadrada de um número negativo, pois a raiz quadrada de um número é o número que pode ser multiplicado por si mesmo de modo a se chegar ao número do qual ele é a raiz quadrada. Podemos multiplicar dois números positivos e

obter um número positivo, e podemos multiplicar dois números negativos, o que também resulta em um número positivo. Mas precisamos usar os números imaginários para obter dois números idênticos que possam ser multiplicados um pelo outro para se chegar a um número negativo.

10. Stephen Hawking, *Uma breve história do tempo* (Nova York: Bantam Books, 1988).

11. John W Dunne, *An Experiment with Time* (Charlottesville, VA: Hampton Roads, 2001).

Capítulo 12: A SOMA DAS PARTES É MAIOR DO QUE O TODO

1. No século XVII os cientistas se questionavam se a luz era uma onda ou uma partícula. Entre os defensores da segunda hipótese estava Pierre Gassendi (1592-1655), que influenciou a teoria das partículas de Newton sobre a luz. A principal argumentação era a de que a luz viajava em linhas retas, o que seria uma característica de partículas e não de ondas, que se propagavam para fora. Christiaan Huygens (1629-1695) era um dos defensores da hipótese da natureza ondulatória da luz. O fato de que a luz se propagava como uma onda foi provado em 1801, por Thomas Young. Experimentos posteriores descobriram que a dualidade entre onda/partícula também se aplica a partículas subatômicas, como os elétrons.

2. Radin instalou um raio *laser* de baixa intensidade e um interferômetro para criar os padrões de interferência das ondas luminosas. Este dispositivo foi instalado dentro do laboratório em uma câmara protegida com paredes de dupla cobertura de aço, com uma câmara digital para registrar os padrões de luz.

NOTAS

3. D. Radin, "Intention and reality: The ghost in the machine returns", *Shift: At the Frontiers of Consciousness*, junho-agosto 2007, 23-26.

4. John Wheeler propôs um experimento de dupla fenda, chamado de "escolha retardada", acrescentando um obturador extremamente rápido em frente a uma das fendas. O obturador abria ou fechava no breve intervalo de tempo depois que o fóton já havia atravessado a fenda, mas antes da luz atingir o anteparo. O padrão de luz resultante dependia mais do bloqueio da fenda pelo obturador no momento em que o fóton atingia o anteparo, do que do bloqueio da fenda quando o fóton a estava atravessando. Isso era o oposto do que se esperaria. Era como se a resposta dos fótons se alterasse depois do episódio. O experimento demonstra que nosso senso de tempo sequencial está incorreto.

5. J. Wheeler, "Is physics legislated by cosmogony?" in C. J. Isham, Roger Penrose, D. W. Sciama (eds.), *Quantum Gravity: an Oxford Symposium* (Oxford: Clarendon, 1975).

6. C. George Boeree, Ph.D., é professor de psicologia da Shippensburg University, Pensilvânia, e esta citação foi retirada da definição da Wikipedia sobre o inconsciente coletivo.

7. Os conteúdos do inconsciente coletivo são chamados de arquétipos. Exemplos de símbolos arquetípicos incluem a rosa, a cobra e o sol. A rosa é frequentemente associada ao romance; o sol a um deus, e a cobra ao renascimento. Temas arquetípicos incluem a passagem da inocência para a experiência e o desgosto de um amor não correspondido. Os personagens arquetípicos incluem o irmão de sangue, o rebelde, o herói, a mulher fatal e o avô ou avó sábios. Padrões arquetípicos de ação e de temas incluem a indagação, a descida aos infernos e a hostilidade.

8. A pintura egípcia na parede que retrata a reflexologia data de aproximadamente 2.330 a.C.

9. Na língua inglesa, no campo da medicina, o plural de *iris* é *irides*, ao contrário do plural de flor, que é *irisis*.

10. De www.lifesci.sussex.ac.uk/home/Alan_Garnham/Teaching/LTM/mem2.ppt/.

11. J. Lorber, "Is your brain really necessary?" *Science* 210 (1980)· 1232-34.

12. Gopi Krishna, *Kundalini: The Evolutionary Energy in Man* (Londres: Shambhala, 1971).

13. Flutuações no campo magnético da Terra têm uma correlação negativa com resultados parapsíquicos. Os resultados parapsíquicos aumentam três vezes mais em relação ao nível normal quando os experimentos são conduzidos às 13h30 da hora sideral local (LST, na sigla em inglês), uma hora a mais ou a menos. Uma interpretação possível é que a parte central da galáxia está sob o horizonte às 13h30 LST, o que significa que quaisquer efeitos de radiação dela provenientes são barrados pela Terra. Outra possível razão para que esta seja a hora mais favorável seria os relógios biológicos, que afetam nossa fisiologia. Por exemplo, há inúmeros hormônios, como o cortisol, que variam bastante durante o ciclo diário.

14. De www.gaia.com/quotes/Arthur_Schopenhauer/.

15. Citado em Howard Eves, *Mathematical Circles Adieu: A Fourth Collection of Mathematical Stories and Anecdotes* (Boston: Prindle, Weber and Schmidt, 1977), 60.

ÍNDICE REMISSIVO

OBSERVAÇÃO: Os números em itálico indicam as ilustrações.

A

Abbott, Edwin, 225
Academia de Ciências da USSR, 292-93n.8
acetilcolina, 174
acupuntura, 266
Aharonov, Yakir, 223
alucinações, 136, 146, 299 n.18
ambiente, 70, 72, 74, 207
Amini, Fari, 232
animais
células cerebrais de, 29
funções cerebrais e, 192
habilidades migratórias de, 261, 263
precognição em, 104-106
sincronização e, 232
sistema de "GPS" em, 200-201
sistema límbico e, 167, 172
sonho REM e, 166-67, 168
telepatia em, 53, 59
teorias das supercordas e, 220
anjos, 148, 150, 153, 274
arginina vasotocina (AVT), 159-60
Aristóteles, 21
Aspect, Alain, 228, 313n.14
atemporalidade, 241, 242
atenção consciente
DMT e, 274
filtrando mecanismos para a, 198, 202, 207, 274
lobos temporais e, 33
percepção do tempo e, 239
atividade convulsiva
autistas Savant e, 178
cães de alerta e cães que reagem a convulsões, 104

eletroencefalogramas e, 142

experiências de quase-morte e, 153, 274

pacientes com cérebro dividido e, 306n.4

sinestesia e, 187

Atwater, P. M. H., 106, 110, 184, 238, 246

auras, 184, 267, 305n.20

Austin, James, 200

autismo

autistas Savant, 17, 177-82, 184, 187, 201, 207, 270, 271, 272, 277, 289n.21

cérebro esquerdo e, 180, 181-82, 303n.15

habilidades parapsíquicas e, 166

auto-hipnose, 137

autossimilariedade, 314n.19

Axelrod, Julius, 155

ayahuasca, 156, 157

B

Barrett, H. J., 211

Barron, Frank, 63

Bates, Lewis J., 248

Bentov, Itzhak, 239

Besant, Malcolm, 44, 100

betacarbolinas, 157

Bíblia, 10, 295n.17

Bierman, Dick, 104

Big Bang, 226, 313n.13

bio-PK. *Vide* interação mental direta sobre sistemas vivos (DMILS)

Blackmore, Susan, 63

Blanke, Olaf, 142, 143

Bohm, David, 216, 223-24, 263, 272, 278

Braud, William, 47, 118-20, 130

bruxaria, 10, 113

Burke, Martha, 63

Burr, Harold, 264

Byrd, Randolph, 116

C

campo

campo do ponto zero (ZPF), 221, 224, 256, 272, 312n.10, 313n.11

campos magnéticos, 105, 124, 160, 224, 263, 320n.13

campos morfogenéticos, 264

consciência como, 161, 256, 259, 268, 271, 272, 274, 277

definição de, 222, 252-53

forças e, 255

gravidade e, 162, 256

ÍNDICE REMISSIVO

campo do ponto zero (ZPF), 221, 224, 256, 272, 312n.10, 313n.11

campo geomagnético (GMF), 124, 160

campos magnéticos, 105, 124, 160, 224, 263, 320n.13

campos morfogenéticos, 264

câncer, remissão espontânea do, 115, 116

Capra, Fritjof, 217, 28532n.1

Carington, Whately, 36-37

cartas de percepção extrassensorial, 37, 43, 49

Casimir, Hendrik B. G., 259n.2

Cayce, Edgar, 60-62, 107, 108, 133, 222, 226

cegueira à mudança, 206, 311n.16

"célula de Bill Clinton", 27

células
  interação mental direta sobre sistemas vivos e, 129
  holografia e, 265
  ressonância umas com as outras, 264

células do coração, 29

cérebro. *Vide também* cérebro esquerdo; cérebro direito
  a relação da consciência com o, 14, 19, 23-33, 34, 128-29, 133-34, 163, 258
  arquétipos e, 260
  circuitos do, 192
  clarividência e, 89
  como holograma, 267
  complexidade do, 31
  DMT e, 155-57, 160
  estimulação de áreas cerebrais, 26
  evolução do, 137, 166, 171
  experiências de quase-morte e, 150, 152-54, 163
  experiências fora do corpo (EFCs) e, 137, 154, 165
  fenômenos parapsíquicos e, 134, 165
  frequências de ressonância do, 232
  funções das regiões do cérebro, 189
  ilusão da mão de borracha e, 297n.6
  interface mente-corpo e, 125
  lesões no, 11, 24-25, 30, 15, 190, 269, 270, 271, 306, 307n.3, 309n-4, 309n.7
  lobos do, *141*
  modelo científico do, 11-12, 14, 18

percepção do tempo e, 236

plasticidade do, 72, 188

precognição e, 104

sincronização de ondas cerebrais, 232

sonhos e, 165-66, 177

telepatia e, 53, 57, 64

transmissão eletromagnética e, 83

cérebro direito

autismo e, 180, 181-82

cultura ocidental e, 194

definição de, 305n.1

dinâmica com o cérebro esquerdo, 173, 182, 190, 192, 196-97, 306-308n.4

evolução do cérebro e, 172

funções do, 190, 192, 306n.3

lesão no, 190, 195, 309nn.7, 8

linguagem e, 194, 303n.7, 309n.6

medição do tempo e, 195,96

sincronismo com o cérebro esquerdo, 233

sinestesia e, 185

cérebro esquerdo

autismo e, 180, 181-82, 303 n.15

cultura ocidental e, 194

definição de, 305n.1

dinâmica com o cérebro direito, 173, 182, 190, 192, 196-97, 306, 308n.4

evolução do, 172

funções do, 190, 192, 306n.3

lesão no, 190, 309n.7

linguagem e, 173, 190, 194, 303n.7, 306n.2, 309n.6

medição do tempo e, 195-96

sincronismo com o cérebro direito, 233

sinestesia e, 185

sistema límbico e, 173-74

sonhos e, 175-177

cérebro subcortical, 189, 197, 203

ceticismo, 11, 280

Charlesworth, Edward, 64

CIA, 65, 86, 98

ciência. Vide também neurociência; física; física quântica; física subatômica

dualismo e, 22

estudos sobre cura pela oração e, 116

fenômenos parapsíquicos e, 12, 13-14

funções dos cérebros esquerdo/direito e, 190-94

método científico, 11

reprodutibilidade e, 89

revoluções científicas, 14

tempo e, 249

clarividência

campo da consciência e, 268

coordenadas geográficas como base para, 84, 90, 201, 263n.2

de autistas Savant, 178

definição de, 77

diagnóstico médico e, 78-81

estudos sobre, 17, 81, 292 nn.7, 8

etapas da, 91

experiências fora do corpo e, 78, 82

psicocinese diferenciada de, 114

sinestesia e, 184

Warcollier e, 51

coincidências, 209. *Vide também* sincronicidades

conceitos abstratos, 172, 180, 207

condensado de Bose-Einstein, 312n.10

condutividade cutânea, 103, 118, 130

consciência

como força, 252-56, 277

como um campo, 161, 256, 259, 268, 271, 272, 274, 277

consciências interligadas, 55-56, 59, 61, 65, 74

definição de, 19-20, 33, 34, 252, 256

dinâmica cérebro esquerdo/cérebro direito e, 174

efeito ordenador do universo, 131

experiências de quase-morte e, 162-63

experiências fora do corpo e, 78, 134, 161, 268, 277

materialismo e, 24, 129

modelo científico da, 11, 14

modelos de, 20, 128, 134, 279

percepção do tempo e, 242

pesquisas sobre o parapsiquismo e, 15, 18

prodígios e, 17

psicocinese e, 128-30, 131

relação do cérebro com a, 12, 14, 19, 22-23, 33, 34, 128-29, 133-34, 163, 258

consciências interligadas, 55-56, 59, 61, 65, 74

contínuo espaço-tempo, 110, 243, 256, 278, 316n.6, 316-17n.7

convergência, 239

coordenadas geográficas, visão remota com base em, 84, 90, 201, 263

corda Möbius, 257, 278

corpo astral, 135, 162

corpo caloso, 181-82, 193

córtex

corrugações do, 172

  córtices associativos, 172, 175

  derrames e, 24

  DMT e, 277

  evolução do, 172, 274

  memória e, 267, 269-71

  mudança para cérebro subcortical e, 189

  processamento de alto nível e, 198, 305n.1

  sistema límbico e, 273, 274

córtices associativos, 172, 175

crenças budistas, 21, 257

crenças hindus, 21, 273, 295n.17

crescimento de bactérias, 119

criatividade, 58, 89, 196

Crick, Francis, 12, 24, 33

crise

clarividência e, 93

  telepatia em estados de crise, 39, 59, 62, 74, 93, 174

percepção do tempo e, 238

cristalomancia, 10

Csikszentmihalyi, Mihaly, 199

cultura ocidental, 190, 194

cura pela oração, 113, 115, 130

Cytowic, Richard, 184, 186, 304n.17

D

Darwin, Charles, 238

déjà vu, 107, 108, 142

demência frontotemporal (FTD), 182

Dement, William, 140

depressão, 187, 239

derrames, 25

descarga de corona, 266

Descartes, René, 22-23, 125, 285n.2

Deschamps, Émile, 211

diagnóstico médico, 78-81

diapasões, 219, 221

dualidade ondas/partículas, 254, 318nn.1, 2

dilatação do tempo, 316n.5

distúrbio afetivo sazonal, 301n.35

DMT (N, N-dimetiltriptamine), 137, 155, 157, 160, 176, 273, 275, 277, 300n.33

ÍNDICE REMISSIVO

DNA, 12, 70-71, 176, 220

doadores de metil, 71

dopamina, 12, 31, 174

Dossey, Lany, 116

Dressler, Fritz R. S., 93

drogas dissociativas, 154, 300 n.29

dualismo, 21, 129, 256

Duane, T. D., 65

Dunne, Brenda, 88, 102

Dunne, John William, 98, 247

Durov, Vladimir, 54

E

Edison, Thomas, 79

efeito borboleta, 229-30

efeito de pressentimento, 103

efeito gaveta, 57

efeito nocebo, 126

efeito placebo, 117, 119, 126

egípcios, 9, 165, 265, 295n.17, 319n.8

Ehrsson, Henrik, 137, 143, 297n.6

Einstein, Albert
  Bohm e, 216
  campo do ponto zero e, 221, 313n.11
  contínuo espaço-tempo e, 110, 243, 316nn.6, 7

experimentos *gedanken*, 242, 315n.5

e a consciência, 61

e a dualidade ondas/partículas, 254

e a não-localidade, 227

e a totalidade do universo, 280

e o tempo, 235, 241-42, 317n.8

e Sinclair, 48

teorias da relatividade de, 217-18, 243

eletro-oculogramas (EOGs), 43, 46

eletrocardiogramas (EKGs), 56

eletroencefalogramas (EEGs)
  clarividência e, 82
  energia eletromagnética medida em, 162
  funções do cérebro e, 303 n.3
  meditação e, 197
  experiências de quase-morte e, 151, 153
  experiências fora do corpo e, 139, 146
  atividade convulsiva e, 142
  sincronismo de, 231
  telepatia e, 16, 43, 46, 56, 59

328 Poderes paranormais

eletrogastrogramas (EGGs), 56, 290n.27

emaranhamento, 227

energia

energia escura, 226, 313n.13

física e, 34, 252

epigenética, 71-72

epilepsia do lobo temporal, 108, 142, 153

equação de Wheeler-DeWitt, 244

escâners PEP (tomografia por emissão de pósitrons), 127, 156, 175, 271, 286n.6

escrituras védicas, 295n.17

espaço

interpretação do, 221

objetivo e subjetivo, 239

espirais logarítmicas, 229, 314n.19

esquizofrenia, 135, 143, 155, 212

estado de fluxo, 199, 200, 258

estado vegetativo, 33

estados alterados de consciência, 23, 47, 203, 214

estados de sono. *Vide também* sono REM

escâners PEP dos, 175

experiências de quase-morte, 152, 274

experiências fora do corpo e, 138-39, 144

influência mental direta sobre sistemas vivos, 117

melatonina e, 159

sistema límbico e, 154

estados de transe, 10, 165

estados de vigília

acesso à informação parapsíquica nos, 203

e a dinâmica entre os cérebros esquerdo e o direito, 174

experiências fora do corpo e, 144

habilidades parapsíquicas e, 275

influência mental direta sobre sistemas vivos e, 117

padrões de atividade cerebral e, 166

percepção do tempo e, 236-37

telepatia e, 50-53, 165

estimulação magnética transcranial, 183

estímulo emocional

cérebro direito e, 197

experiências fora do corpo e, 154

inconsciente coletivo e, 259

ÍNDICE REMISSIVO

influência mental direta sobre sistemas vivos e, 117

percepção do tempo e, 237

precognição e, 103-104, 109

sonhos e, 166, 175, 248

telepatia e, 53, 56, 63

estímulo sensorial

aspecto experimental do, 32

atividade do PGO e, 40

autismo e, 181

como estímulo para neurônios, 30

córtex e, 172

lesões no, 30

descarga de neurônios em resposta ao, 30

experiências fora do corpo e, 268

giro angular e, 143

homúnculo e, 26

lobos parietais e, 141

mecanismo de filtragem do, 198-201, 203

sinestesia e, 183

sono REM e, 175

telepatia e, 13

estresse, 137, 158

estudos sobre gêmeos. *Vide* gêmeos idênticos

éter, 221

"Eu", 15, 22, 32, 214, 255

eu, senso de, 24, 30, 134

Everson, T. C., 115

evolução

da glândula pineal, 274

do cérebro, 137, 166, 171

sonhos e, 166-71

expectativas, 90, 206-207

experiências de quase-morte (EQM)

características das, 148-51

consciência e, 15, 163

DMT e, 274

experiências fora do corpo e, 144, 154

experimentos sobre, 151

giro angular e, 153, 183

habilidades parapsíquicas e, 86, 169, 275

experiências fora do corpo (EFCs)

clarividência e, 78

consciência e, 78, 134, 161-63, 268, 277

descrições das, 134

DMT e, 155, 156, 157, 273

epilepsia do lobo temporal e, 142

estudos sobre, 140-42, 153

experiências de quase-morte e, 145, 147-54

giro angular e, 143-44, 153, 183

glândula pineal e, 157

James e, 22, 133

neurologia das, 139

orientação para o aqui e o agora, 203

óxido nítrico e, 110, 137, 154

perspectivas experienciadas nas, 311n.5

projeção astral, 121, 135, 137

relatos sobre, 136

experiências místicas

consciência e, 134, 268

DMT e, 274

futuro e, 246

interconectividade e, 214-16

experiências introvertidas e extrovertidas, 311n.2

percepção do tempo e, 214, 240

percepção do mundo e, 21

experimentador psi, 58

experimento de Einstein-Podolsky-Rosen (EPR), 227

experimento de Mitchelson-Morley, 221

experimento do braço robótico, interface mente-corpo, 128

experimentos *ganzfeld*, 47-48, 89

F

Faraday, Michael, 222

fascinante, 147

Feldstein, Sol, 45

fenômenos parapsíquicos

cérebro e, 134, 165

coerência da atividade cerebral e, 83

consciência e, 277

crenças sobre, 11, 279-81

diferenciando sonhos da realidade e, 171

DMT e, 273

dualismo e, 21-22

epilepsia do lobo temporal e, 153

experiências de quase-morte e, 153, 163, 274

glândula pineal e, 160

impacto do segredo sobre, 86

inconsciente coletivo e, 259

interconectividade e, 210, 212

materialismo e, 24

mentalismo e, 21

método científico e, 11

monismo neutro e, 23

não-localidade e, 227

sonhos relacionados com, 39

ÍNDICE REMISSIVO

Ferrari, Diane, 101
Feynman, Richard, 222
física. *Vide também* física quântica; física subatômica
  da energia e da matéria, 34, 252
  da força, 252
  interconectividade e, 131, 210, 216
  neurociência e, 279
  tempo e, 210, 241, 245
física quântica
  estudo do cérebro e, 34
  impacto consciente no mundo físico, 253
  psicocinese e, 131
  teorias da relatividade de Einstein e, 243
  visões ocidentais e, 134, 285n.1
física subatômica
  dualidade ondas/partículas e, 318n.1
  estudo do cérebro e, 34
  fenômenos parapsíquicos e, 20
  física quântica e, 243
  interconectividade e, 216
  teorias das supercordas e, 218-19, 257, 312n.9
  fractais, 229, 263, 314n.19

fraude, 130
Freud, Sigmund, 127
Frost, Robert, 276
funcionamento cognitivo, 174, 186
futuro, 110, 240, 246-48

G

gaiolas de Faraday, 55, 82, 117, 160, 232
galho de samambaia, 229
Galton, Francis, 61
gás hilariante. *Vide* óxido nítrico
Geller, Uri, 120
gêmeos idênticos
  experimentos *gedanken* de Einstein e, 315n.5
  fatores influenciando a semelhança entre, 69-74
  gêmeos criados separadamente, 66-70, 71
  morte e, 69, 291n.11
  ressonância de, 220, 261
  sincronismo e, 232
  telepatia e, 61, 62-66, 74
  genes e genética
gêmeos idênticos e, 66, 70-71, 74-75
  neurotransmissores e, 174, 287n.8

pessoas destras e, 185

ressonância e, 260

seletividade na expressão do gene, 263

sincronismo e, 232

teorias das supercordas e, 219

gênero, 56, 122, 306n.2

genoma humano, 70, 75, 220

geradores de números aleatórios (RNGs), 123, 130, 252

giro angular, 142, 153, 183, 298n.12

glândula pineal

Descartes e a, 22, 285n.2

diagrama da, *159*

DMT e, 156-57, 176, 273-75, 277, 300n.33

melatonina e, 159-60, 301 n.35

experiências fora do corpo e, 158-162

habilidades parapsíquicas e, 160, 275

Gleason, Adele, 42

Global Consciousness Project, 123, 131

glutamato, 31, 154, 300n.28

Goodship, Daphne, 67

Governo dos Estados Unidos, estudos de clarividência, 82

Govinda, Anagarika, 257

Grandin, Temple, 180-81, 207

gravidade, 129, 162, 253, 256, 316nn.5, 7

Grécia, 10, 194

Grinberg-Zylberballm, Jacobo, 55

Guerra Fria, 82, 90, 292n.8

H

habilidades migratórias, 261, 236

habilidades parapsíquicas. *Vide também* clarividência; precognição; psicosinesia (PK); telepatia

campo magnético e, 320n.13

cérebro e, 166, 175

consciência após a morte e, 163

criatividade e, 89, 196

dos autistas Savant, 178, 187

estados de consciência que aprimoram as, 277

expectativas e, 206

experiências de quase-morte e, 86, 169, 274

experiências fora do corpo e, 161

glândula pineal e, 160, 276

inibição latente e, 205

investigação científica das, 15

IRMfs e, 92

meditação e, 215, 277

misticismo e, 275

pesquisas do governo norte-americano sobre, 82

realidade externa e, 171

rivalidade binocular e, 193

seleção natural das, 168

sinestesia e, 184, 187

solucionando crimes com, 83

Hameroff, Stuart, 279

Hammid, Hella, 87, 102

Harary, Keith, 139

Harrison, Bridget, 67

Hart, Hornell, 41

Hawking, Stephen, 245

Hearst, Patty, 13, 84

Herbert, Barbara, 67

Heródoto, 10

hipocampo, 25, 152, 163, 186, 200, 271

hipotálamo, 237, 301n.35

Hofstadter, Douglas, 228, 314 n.17

hologramas, 224, 262, 267

Homo erectus, 172

Homo sapiens sapiens, 172

Homo sapiens, 172

homúnculo, 26, 27, 286n.5

Honorton, Charles, 47, 89, 100, 101

Hughes, A. M., 187

Hurkos, Peter, 94

Hurst, Nita, 63

Huxley, Aldous, 23

Huygens, Christiaan, 218, 318n.1

I

ilusão da mão de borracha, 2297n.6

ilusões de ótica, 207

imagem por ressonância magnética (IRM), 140-41, 142, 156

imagem por ressonância magnética funcional (IRMf)

autismo e, 181

atividade cerebral exibida na, 286n.6

detecção de mentiras e, 28

memória e, 271

de pessoas em estado vegetativo, 33

precognição e, 104

telepatia e, 59

imagens arquetípicas, 122, 259, 260, 319n.7

inconsciente
  agindo com base em informações inconscientes, 199
  cérebro direito e, 190
  clarividência e, 78
  como parte da consciência, 259
  definição do, 202
  diagnóstico médico remoto e, 81
  experiências fora do corpo e, 147
  inconsciente coletivo, 259, 287 n.4
  mecanismos de filtragem e, 203-207
  precognição e, 99, 109
  psicocinese e, 125
  reação de conversão histérica e, 127
  sonhos e, 39, 202
  tempo e espaço subjetivos e, 239
inconsciente coletivo, 259, 287 n.4
Índia, 10
indígenas norte-americanos, 265, 315n.3
indivíduos cegos, 149, 184
influência mental direta sobre sistemas vivos (DMILS)

influência remota. *Vide* psicocinese (PK)
Ingham, Eunice D., 265
inibição latente, 205
Institut Métapsychique International, 51, 289n.19
Institute of Noetic Sciences (IONS), 48, 115, 254
Institutos Nacionais de Saúde dos Estados Unidos, 267
intenção consciente, 114, 124, 125, 128
intervenção divina, 130
intuição, 123
  cura pela oração e, 113, 115-17
  humanos e, 117, 130
  sistemas vivos não-humanos e, 119, 130
iridologia, 265

J

Jahn, Robert, 88, 102
James, William, 14, 22, 57, 133, 215
Jansen, K., 154, 157
jejuar, 275
jet lag, 159
Jirtle, Randy, 71
Johnson, Kenneth Paul, 80
Jouvet, Michel, 170

ÍNDICE REMISSIVO

Jung, Carl G., 37, 93, 210-11, 259, 260, 287n.4

K

Kekulé, Friedrich, 165, 176
Kennedy, Robert, 93
Ketchum, Wesley, 73
Korotkov, Konstantin, 266-67
Krippner, Stanley, 44, 46, 93, 100
Kuhn, Thomas, 15

L

La Peyronie, François de, 11
LaBerge, Stephen, 144, 171
Lago Hebgen, 105
Lane, Henry Edward, 266
Lannon, Richard, 232
Lao-tse, 215
Lashley, Karl, 267
Laszlo, Erwin, 269, 272
Lemke, Leslie, 179
Lerner, Aaron, 159
Lewis, Helen, 47
Lewis, Thomas, 232
limiares, 205
Lincoln, Abraham, 96
Lindbergh, Charles, 240
Lindlahr, Henry, 266

língua hebraica, 194, 309n.5
língua japonesa, 195
linguagem
    autismo e, 179
    cérebro direito e, 194, 303n.7, 39nn.5, 6
    cérebro esquerdo e, 173, 190, 194, 303n.7, 306n.2, 309n.6
    giro angular e, 143, 298 n.12
    pensamentos conscientes e, 173
livre arbítrio, 12, 15, 22, 32, 111, 246, 255
lobos frontais, *141*, 172, 174, 180, 182, 305n.1
lobos occipitais, 140, 141, *141*, 305n.1
lobos parietais, 141, *141*, 142, 172, 200, 215, 305n.1
lobos pré-frontais, 200, 215
lobos temporais
    cérebros direito e esquerdo, 305n.1
    consciência e, 33, 163
    demência fronto-temporal e, 182
    diagrama dos, *141*
    evolução dos, 172
    experiências de quase-morte e, 151, 153, 274

experiências fora do corpo e, 142, 143, 153

sincronicidades e, 213

Lorber, John, 270

Lorenz, Edward, 228-30

Lowe, Dorothy, 67

luz

dualidade ondas/partículas e, 254, 318n.1

meio de transmissão da, 221

velocidade da, 242, 244, 246, 315n.5

M

macro-PK, 114, 120-121, 130

Mahowald, Mark, 169

Maimonides Dream Laboratory, 43-46, 100

mal de Alzheimer, 174, 182

mamíferos, 29, 166-67, 170, 172, 192, 232

matéria

física da, 34, 252

matéria cinzenta, 226, 313 n.13

materialismo, 24, 129

Maugham, W. Somerset, 19, 24

Maxwell, James Clerk, 222

May, Edwin C., 82, 103, 292n.7

McConkie, George, 311n.16

McDougall, William, 50

McKane, J. P., 187

McMoneagle, Joe, 86-87, 91

mecanismos de sobrevivência, sonhos telepáticos como, 41

medicina holística, 80

médicos intuitivos, 80

meditação

estado de fluxo em comparação com a, 200

experiências fora do corpo e, 136

habilidades parapsíquicas e, 215, 277

mente silenciosa e, 173

níveis de consciência e, 21, 34

ondas cerebrais durante a, 197, 310n.9

sincronismo e, 232

mediunidade, 163-64

medos, 173, 237

melatonina, 159-60, 273, 301n.35

memória

armazenamento da, 269-72

autistas Savant e, 187

consciência e, 269

habilidades parapsíquicas e, 187

Lashley e a, 267
memória de longo prazo, 25, 154, 166
memória do futuro, 106-108, 109, 142, 237, 246, 247
modelos de, 269
neurônios e, 11, 27
sinestesia e, 184-85
memória declarativa, 269
memória de longo prazo, 25, 154, 166
memória do futuro, 106-108, 109, 142, 237, 246, 247
memória episódica, 269
memória motora, 269
Mendeleev, Dmitri, 177
mentalismo, 21, 129, 285n.1
mente
crenças sobre, 11
   interface mente-corpo, 125
   mentalismo e, 21, 129
   teoria computacional da, 32
mente de macaco, 173
mente Möbius, 251, 257, 276
metilação, 71
micro-PK, 115, 121-22, 130
migração de borboletas monarcas, 261-62, 263
Miller, Bruce, 182
Mind Science Foundation, 118
monismo, 21-23, 256

monismo neutro, 23, 257
Moody, Raymond, 148, 152
Morris, Robert, 105, 139
Morse, Melvin, 147
morte. *Vide também* experiências de quase-morte (EQM)
   consciência e, 134, 163
   DMT e, 273, 274
   gêmeos idênticos e, 66-67, 69
   percepção do tempo e, 237
   precognição e, 104-106
   sonhos telepáticos e, 39, 41
   Mount Pelée, 98
Mullis, Kary, 103
Myss, Caroline, 81
navalha de Occam, 129, 164

N

Nelson, Roger, 102, 123
neurociência
experiências de quase-morte e, 149-50
   experiências fora do corpo e, 137
   fenômenos parapsíquicos e, 20, 35, 278, 279
   memória e, 187, 269-70
   precognição e, 109

neurologia

das habilidades parapsíquicas, 273

experiências fora do corpo, 138

memória do futuro e, 108

neurônios

atividade elétrica dos, 27-29

conexões entre, 30-31, 287n.7

modelo científico dos, 11

neurotransmissores, 29, 31, 174, 287n.8, 300n.28

Newberg, Andrew, 215, 311n.4

Newton, Isaac, 279, 318n.1

norepinefrina, 31, 174

núcleos supraquiasmáticos (SCN), 301n.35

números imaginários, 245, 317 n.9

O

ondas ELF (frequência extremamente baixa), 160

oráculo de Delfos, 10

órgãos sensoriais, 20

óxido nítrico, 22, 108, 110, 137, 154

Owens, J. E., 149

P

pacientes com "cérebros divididos", 306n.4

padrões de pensamento, 259

padrões de vibração, 218-19, 222, 313n.8

Pagels, Heinz, 96

Pancyr, Lucille, 62

Paracelso, 113

paralisia do sono, 145, 299n.18

Parker, Adrian, 13, 47

partículas virtuais, 217

pássaros, 160, 166, 167, 192

PEAR (Princeton Engineering Anomalies Research), 122

Pearce, Hubert E., Jr., 51

Pearsall, Paul, 262

Peek, Kim, 178, 181, 193, 271, 303n.13

percepção extrassensorial, 114. *Vide também* clarividência; precognição; habilidades parapsíquicas; telepatia

Persinger, Michael, 140, 152-53

pesquisas neurocirúrgicas, 259

pesquisas sobre parapsiquismo, 14, 15, 17, 82

pessoas canhotas, 185, 306n.2

pessoas destras, 185, 306n.2

ÍNDICE REMISSIVO

pi, 178, 185, 303n.12

pinolina, 157, 160

pistas subliminares, 83, 205

Planck, Max, 253

plasma, 223, 263

Platão, 21, 148

ponto-geniculo-occipital (PGO)

variação, 140

Porter, Nettie, 63

precisão, 53, 89, 90, 91

precognição

definição de, 93

em animais, 104-106

estudos sobre, 17, 95, 100-104

implicações da, 109

livre arbítrio e, 111, 246

memória do futuro e, 106-108, 109

psicocinese diferenciada da, 114

psicometria e, 95

sonhos e, 93, 95, 109, 165, 247, 248, 295n.17

tempo e, 98, 107, 110, 241

premonições, 184

Pribram, Karl, 267

Price, Pat, 13, 83-84, 86, 200

Priestley, J. B., 99

privação de sono, 212

projeção astral, 121, 135, 137, 139, 144, *277. Veja também* experiências fora do corpo (EFCs)

protocolo de escolha forçada, 101

psi, 15. *Vide também* habilidades parapsíquicas

psicocinese (PK). *Vide também* interação mental direta sobre sistemas vivos (DMILS)

definição de, 113

estudos sobre, 17, 114, 120, 125, 126, 130

interface mente-corpo e, 125

macro-PK, 114, 120-121, 130

micro-PK, 115, 121-22, 130

sincronicidades e, 213

sinestesia e, 184-86

psicodélicos, 157, 273

psicologia cognitiva, 32, 259

psicometria, 95

psiquiatria, 11, 46

Puharich, Andrija, 95

Puthoff, Harold, 13, 82, 87, 88, 273, 292n.7

Q

quetamina, 137, 154, 157, 300 n.28

R

Rabi, Tamara, 68

raciocínio
evolução do cérebro e, 172-73
pensamento positivo, 113

Radin, Dean, 47, 55, 57, 103, 123, 254, 283, 318n.2

Ramachandran, V. S., 25, 184

Ramos, Julieta, 55

reação de conversão histérica, 127

realidade externa
interconectividade e, 216
limites do cérebro e do sistema sensorial e, 210
realidade interna e, 213-214
relação da consciência com a, 257-59
representações da, 259
sincronicidades e, 213
sonhos diferenciados da, 171

realidade interna, 213

realimentação, 92, 230-31, 233, 247, 259, 312n.8

receptores de corações transplantados, 262

receptores NMDA, 154, 157

reencarnação, pesquisas sobre, 162

reflexologia, 265, 319n.8

religião. *Vide também* religiões e filosofias orientais

cura pela oração e, 113
dualismo e, 21
sonhos proféticos e, 295 n.17

religiões e filosofias orientais 21, 134, 276, 285n.1

relógio biológico, 301n.35

remissão espontânea, 115

Rensink, Ronald, 311n.16

resistência, na transmissão de ondas, 221, 312n.10

ressonância, 218-20, 232, 260, 264, 313n.8

revelação divina, 10

revolução copernicana, 11, 15, 279

Rhine, J. B., 51, 105, 294n.18

Richmond, N., 119

Rimland, Bernard, 180

Ring, Kenneth, 148, 149

Ritalina, 174

rivalidade binocular, 193

Robertson, Morgan, 97

Robichon, Fabrice-Henry, 65

Roe, Chris, 46

Rose, Richard, 72-73

Ryle, Gilbert, 22

S

Sabom, Michael, 151, 152
Sacks, Oliver, 25, 178
Schlitz, Marilyn, 55, 57, 118
Schopenhauer, Arthur, 77
Schwartz, Andrew, 128
Schwartz, Jeffrey, 127
Schwarz, Berthold, 38
Scott, Adriana, 68
Seattle, Chief, 209
Segal, Nancy, 66
sequência Fibonacci, 314n.19
serotonina, 12, 29, 31, 157, 300-301n.33
Shealy, Norman, 81
Sheldrake, Rupert, 53, 54, 264-65, 272
Sherwood, Simon, 46
sinapses, 31
Sinclair, Mary Craig, 49, 50
Sinclair, Upton, 48
sincronicidades
gêmeos e, 75
precognição e, 93, 97, 98
telepatia e, 59, 61, 75
sincronismo
de pêndulos, 219, 312n.7
sinestesia, 166, 183, 187, 277, 304nn.17, 20
sistema límbico

autismo e, 179
DMT e, 156, 273-74, 277
evolução do, 167, 171
cérebro esquerdo e, 173-74
memória e, 270, 271
experiências de quase-morte e, 153-54, 274
experiências fora do corpo e, 150
percepção do tempo e, 237, 238
glândula pineal e, 273
habilidades parapsíquicas e, 273
sono REM e, 175
sistema de recompensas do, 173
sincronicidades e, 212-13
sincronismo e, 232
sinestesia e, 187
sistemas "GPS" em animais, 200-201
Snyder, Allan, 182
sobrenatural, 11, 76
sobrevivência da prole, 167
Sociedade Teosófica, 44
Society for Psychical Research (SPR), 40-43, 53, 58, 61, 289n.19
Sommer, Robert, 62

sonambulismo, 146

sonhos. *Vide também* sono REM

cérebro e, 166

  consciência e, 134

  dinâmica cérebro esquerdo/cérebro direito e, 174

  DMT e, 155, 273

  evolução e, 166-71

  experiências de quase-morte e, 153

  experiências fora do corpo e, 139, 143

  giro angular e, 143, 144

  glândula pineal e, 159, 160

  habilidades parapsíquicas e, 277

  inconsciente coletivo e, 259

  inconsciente e, 39, 202

  orientação para o aqui-e-agora, 203

  percepção do tempo e, 236, 239

  pesquisa de laboratório sobre, 43

  precognição e, 93, 95, 109, 248

  realidade diferenciada dos, 171

  telepatia e, 39, 53, 59, 166, 168, 307n.1

  sonhos acordados, 144, 145

sonhos compartilhados, 42-43

sonhos de despedida, 40

sonhos lúcidos, 144, 158

sonilóquio, 146

sono REM

atividade do cérebro durante o, 175

  evolução do, 166-67

  experiências de quase-morte e, 153

  experiências fora do corpo e, 139, 144

  glândula pineal e, 159

  precognição e, 100

  sobrevivência da prole e, 167

SPECT (tomografia computadorizada de emissão de fótons únicos), 311n.4

Sperry, Roger, 189

Spinoza, Baruch de, 23

Spottiswoode, James, 103

SQUID (Superconducting *Quantum* Interference Device), 121

Stanford Research Institute (SRI), 13, 82, 87, 90, 91, 102, 292n.8

Stanley, Henry, 40

Stern, Otto, 221

Stevenson, Ian, 38, 97

Stohr, Oskar, 68

Strassman, Rick, 155-56, 273

ÍNDICE REMISSIVO

Suzuki, D. T., 214
Swann, Ingo
experiências fora do corpo e, 121, 134, 139, 143, 145
identificando localizações na visão remota, 83, 84, 85, 201
Sylvia, Claire, 262

T

tabela periódica, 177
táquions, 244-45
taitianos, 10
tálamo, 140, 200
Tammet, Daniel, 178, 184, 187
Taoísmo, 215
Targ, Elizabeth, 102
Targ, Russell
clarividência e, 82-83, 292nn.7, 8
precognição e, 99, 102
Tart, Charles, 82, 95, 136, 139, 143
telepatia
clarividência diferenciada da, 89
consciências interligadas e, 55-56, 59, 61, 65, 74
definição de, 37-38
eletroencefalograma (EEG) e, 15, 43, 55, 59, 65
estados alterados e, 47
estados de vigília e, 50
estudos sobre, 14, 17, 56
experiências fora do corpo e, 138
gêmeos e, 61, 62-66, 74
interação mental direta sobre sistemas vivos e, 114
psicocinese diferenciada da, 114
relatos de, 77
resultados de pesquisa e, 57
sincronicidades e, 59, 61, 75
sonhos e, 39, 46, 51, 53, 166, 302n.1
telepatia animal, 53-55
teletransporte, 228, 314n.16
teoria computacional da mente, 32
teoria da privação de oxigênio, das experiências de quase-morte, 150, 152
teoria do caos, 125, 228-29, 230
teoria do tudo (TOE), 217
teorias das supercordas (SSTs), 216-18, 220, 225, 244, 257, 312n.9
tempo
cérebros esquerdo/direito e, 194, 195-96
clarividência não limitada ao tempo presente, 86

conceito de, 210, 235-36, 319 n.4

epilepsia e, 108

física e, 241

modelos de, 240, 278, 315n.3

percepção do, 236

precisão quanto ao tempo, 89

precognição e, 98, 109-10, 241

relatividade do, 251

tempo imaginário, 245

tempo presente, 86, 246-47

terapia da luz, 301n.35

terceiro olho, 273

Tesla, Nikola, 79, 313n.8

Titanic, 97

Tolaas, Jon, 168-69, 302n.3

transformação de Einstein-Lorenz ($E=mc^2$), 244

transtorno bipolar, 212, 238

transmissão eletromagnética

campos e, 256

clarividência e, 89

como força, 252, 256

fenômenos parapsíquicos e, 160

gaiolas de Faraday e, 55, 82, 117

glândula pineal e, 276

proteção de Swann da, 121

trato retino-hipotalâmico, 301 n.35

triptofan, 159

U

Ullman, Montague, 44, 46, 93, 100, 302n.3

União Soviética, 13, 82, 292 n.8

universo interconectado

Bohm e o, 216, 223-24

coincidências e, 209

consciência e, 134

física e, 210, 216

multidimensionalidade e, 225, 278

não-localidade e, 227-28

percepção do, 236

ressonância e, 218-20, 230, 232, 260, 312n.8

sincronicidades e, 210-13

sincronismo e, 230-232

teoria do caos e, 228

teorias das supercordas e, 218-19, 225, 257, 312n.9

U.S. National Institute of Mental Health, 155

V

vaga-lumes, 231, 232, 315n.20

Van de Castle, Robert, 46

Vasiliev, Leonid, 117

ÍNDICE REMISSIVO

Vaughn, Alan, 45, 93
viagem no tempo, 110
vínculos sociais, 64, 154, 167, 180, 233
visão remota. *Vide* clarividência
visualização, interface mente-corpo, 125
visualização por descarga de gás (GDV), 266
von Peczely, Ignatz, 265-66

W

Warcollier, René, 51-53 98, 289n.21, 302n.1
Westerlund, Joakim, 13, 48

Wheeler, John, 244, 255, 319n.4
Wigan, Arthur Ladbroke, 190
Wilson, Woodrow, 79
Wiltshire, Stephen, 179
Woodhouse, Barbara, 53

Y

yoga kundalini, 275
Young, Thomas, 253, 318n.1
Yufe, Jack, 68

Z

Zen Budismo, 214
Zhao, Zhi, 228

NOTA SOBRE A AUTORA

DIANE HENNACY POWELL, M.D., completou sua formação em medicina, neurologia e psiquiatria na Escola de Medicina da Johns Hopkins University. Também estudou no Queen Square e no Institute of Psychiatry, em Londres, e cursou a Harvard Medical School antes de deixar a academia e dedicar-se à prática particular. Dra. Powell é membro de um grupo de pesquisas interdisciplinares sobre a consciência no Salk Institute, em La Jolla, Califórnia. Seus artigos já foram publicados em periódicos de neurociência e neuropsiquiatria, e o artigo "We Are All Savants" foi publicado no *Shift*, periódico trimestral do Institute of Noetic Sciences (IONS). Ela foi a autora principal de uma publicação especial do IONS, chamada *The 2007 Shift Report*. Dra. Powell vive em Medford, Oregon, e em Los Angeles, Califórnia. Acesse www.dianehennacypowell.com.

Este livro foi composto na tipologia Minion Pro,
em corpo 11/15,9, e impresso em papel off-white 80g/m²
pelo Sistema Cameron da Distribuidora Record
de Serviços de Imprensa S.A.